本书由广西壮族自治区党委宣传部和桂林市委宣传部课题资助出版

湘江战役精神

赵晓刚 等著

中共中央党校出版社

图书在版编目（CIP）数据

湘江战役精神/赵晓刚等著．--北京：中共中央党校出版社，2021.4

ISBN 978-7-5035-6606-6

Ⅰ.①湘… Ⅱ.①赵… Ⅲ.①湘江战役（1934）-文集 Ⅳ.①E297.23－53

中国版本图书馆 CIP 数据核字（2019）第 119758 号

湘江战役精神

策划统筹 任丽娜
责任编辑 任丽娜 桑月月 牛琴琴
责任印制 陈梦楠
责任校对 马 晶
出版发行 中共中央党校出版社
地　　址 北京市海淀区长春桥路 6 号
电　　话 （010）68922815（总编室） （010）68922233（发行部）
传　　真 （010）68922814
经　　销 全国新华书店
印　　刷 北京中科印刷有限公司
开　　本 700 毫米×1000 毫米 1/16
字　　数 218 千字
印　　张 16
版　　次 2021 年 4 月第 1 版 2021 年 4 月第 1 次印刷
定　　价 58.00 元

微 信 ID： 中共中央党校出版社 **邮 箱：** zydxcbs2018@163.com

序

伟大精神是湘江战役胜利的密码

红军长征的那个年代，中国处在半殖民地半封建社会的黑暗境地，社会危机四伏，日寇野蛮侵略，国民党反动派置民族危亡于不顾，向革命根据地连续发动大规模“围剿”，中国共产党和红军到了危急关头，中国革命到了危急关头，中华民族到了危急关头。面对生死存亡的严峻考验，我们党领导中央红军从中央苏区出发，开始了震撼世界的伟大远征。

2016 年 10 月，习近平总书记在纪念红军长征胜利 80 周年大会上的讲话中指出，长征途中，英雄的红军，血战湘江，四渡赤水，巧渡金沙江，强渡大渡河，飞夺泸定桥，鏖战独树镇，勇克包座，转战乌蒙山，击退上百万穷凶极恶的追兵阻敌，征服空气稀薄的冰山雪岭，穿越渺无人烟的沼泽草地，纵横十余省，长驱二万五千里。2017 年 4 月，习近平总书记在广西考察工作结束时的讲话中指出，广西是革命老区，1934 年惨烈的湘江战役就发生在广西境内。

1934 年 11 月底至 12 月初，为确保党中央和中央红军主力渡过湘江，中央红军在湘江上游广西境内的兴安县、全州县、灌阳县，与国民党军苦战数昼夜，最终从全州、兴安之间强渡湘江，突破了国民党军的第四道封锁线，粉碎了敌人围歼中央红军于湘江以东的企图。数万名红军将士血染湘江两岸，谱写了气壮山河的英雄史诗，立起了一座光照千秋的革命丰碑。湘江战役是红军长征的壮烈一战，是关系中央红军生死存亡的关键一战，是事关中国革命生死存亡的重要历史事件，是马克思主义中国化的重要节点。

湘江战役之后，中央红军由长征出发时的8.6万人锐减至3万多人，但红军广大指战员并没有丧失对革命的信心，而是始终抱着必胜信念，在万里征途上英勇鏖战，最终胜利完成了伟大长征。红军将士靠什么创造出气吞山河的人间奇迹？靠的就是忠贞不渝的共产主义远大理想和坚定执着的革命信念，靠的就是坚忍不拔的顽强意志和永不言弃的拼搏精神。一百年来，我们党历经各种挫折，一次次绝处逢生，靠的就是坚如磐石的理想信念，靠的就是共产主义一定要实现的坚定信心。

习近平总书记高度评价湘江战役，始终牵挂在湘江战役中牺牲的革命先烈，明确要求做好烈士遗骸收殓保护工作、规划建设好纪念设施，充分体现了对党的初心使命的坚持坚守，对传承红色基因、推进伟大事业的高度自觉。20世纪80年代以来尤其是党的十八大以来，在党中央的亲切关怀和中宣部具体指导下，广西各级党委、政府持续抢救性保护红军长征过广西的纪念设施、遗址遗存，妥善安放或就地保护红军烈士遗骸，修缮纪念塔、纪念碑，建设纪念园、纪念馆、长征国家文化公园（广西段），成为缅怀革命先烈、加强爱国主义和革命传统教育的重要阵地。

2021年4月25日至27日，习近平总书记到广西壮族自治区考察调研，先后来到桂林、柳州、南宁等地，深入革命纪念馆、民族博物馆等，就贯彻党的十九届五中全会精神、开展党史学习教育等进行调研。4月25日上午，习近平总书记来到位于桂林市全州县才湾镇的红军长征湘江战役纪念园，向湘江战役红军烈士敬献花篮并三鞠躬，瞻仰“红军魂”雕塑，参观纪念馆。习近平总书记表示，我到广西考察的第一站就来到这里，目的是在全党开展党史学习教育之际，缅怀革命先烈，赓续共产党人精神血脉，坚定理想信念，砥砺革命意志。革命理想高于天，理想信念之火一经点燃就会产生巨大的精神力量。红军将士视死如归、向死而生、一往无前、敢于压倒一切困难而不被任何困难所压倒的崇高精神，永远值得我们铭记和发扬。在实现第二个百年奋斗目标的新长征路上，我们要抱定必胜信念，勇于战胜来自国内外的各种重大风险挑战，朝着实现中华民族伟大复兴的目标奋勇前进。4 月 27 日上午，习近平总书记听取了广西壮族自治区党委和政府工作汇报，对广西各项工作取得的成绩给予肯定，希望广西各族干部群众奋力谱写全面建设社会主义现代化国家的广西篇章，以优异成绩庆祝建党一百周年。

信仰、信念、信心，任何时候都至关重要。在前进道路上，我们确实会遇到不少困难和问题，但能比红军长征更困难吗？能比湘江战役更艰苦吗？理想因其远大而为理想，信念因其执着而为信念。崇高的理想，坚定的信念，是中国共产党人的政治灵魂，是人民军队的精神支柱。无论过去、现在还是将来，对马克思主义的信仰，对中国特色社会主义的信念，对实现中华民族伟大复兴中国梦的信心，都是指引和支撑中国人民站起来、富起来、强起来的强大精神力量。

湘江战役的伟大历程艰苦卓绝、可歌可泣，中国共产党人和红军将士以对党、对革命事业的无限忠诚，意志顽强、血战到底，用生命和热血铸就了光照千秋的湘江战役精神。这是湘江战役这一我们党、人民军队和中国革命历史上的伟大壮举，留给我们最可宝贵的精神财富。湘江战役精神坚定了共产党人在危急关头革命必胜的信念，保存了党的骨干和红军的主力。党和红军在革命遭遇严重挫折的情况下，经过正反两方面对比、汲取惨痛教训，实现伟大觉醒并走向成熟，为遵义会议胜利召开、实现伟大历史转折奠定了重要基础。湘江战役精神，是伟大长征精神的重要组成部分，是伟大民族精神和革命精神的集中体现，是推进新时代强党强国强军事业的强大精神力量。

作为有情怀的党史学人，我们长期坚持学习、研究、宣传湘江战役和蕴含其中的伟大精神。多年来特别是党的十八大以来，我们以纪念湘江战役80周年和长征胜利80周年为重要契机，积极从事湘江战役研究、教学、宣传。2018—2019年，在新中国成立70周年暨湘江战役85周年之际，我们积极参与咨政文稿（信息）撰写、红军遗骸收殓保护、展陈大纲修改等工作，主编的《信仰的力量——湘江战役故事集》和《历史的见证——湘江战役遗址遗存与纪念设施概览》入选广西壮族自治区党委宣传部纪念红军长征湘江战役85周年主题出版项目。在此基础上，我们联系有关专家、学者、红军后人等撰写文章，多角度分析阐述湘江战役精神。

关于湘江战役精神的形成和内涵，我们有这样的理解和认识。党和红军到了危急关头、面对生死存亡严峻考验是历史背景，以突破湘江为代表的突破敌人四道封锁线是载体，红军将士浴血奋战是实践基础，党和红军光荣传统是关键，中华民族优良传统是文化土壤。

湘江战役精神的深刻内涵，包括：

——在战略层面信念坚定、绝对忠诚的站位；

——在战术层面敢于担当、勇于突破的战法；

——在战况层面视死如归、向死而生的勇气；

——在整体层面一往无前、压倒困难的作风；

——在保障层面顾全大局、严守纪律的实践。

湘江战役精神竖立起信念坚定、绝对忠诚的精神标杆，视死如归、向死而生的生动教材，一往无前、压倒困难的光辉榜样，顾全大局、严守纪律的崇高典范，不仅在当时激励红军将士战胜敌人、突破封锁，而且跨越时空、历久弥新。

我们党之所以历经百年而风华正茂、饱经磨难而生生不息，就是凭着那么一股革命加拼命的强大精神。一百年来，在应对各种困难挑战中，我们党锤炼了不畏强敌、不惧风险、敢于斗争、勇于胜利的风骨和品质。这是我们党最鲜明的特质和特点。湘江战役精神等革命精神，集中体现了党的坚定信念、根本宗旨、优良作风，凝聚着中国共产党人艰苦奋斗、牺牲奉献、开拓进取的伟大品格，深深融入我们党、国家、民族的血脉之中，是新时代开展党史教育、爱国主义教育，培育和践行社会主义核心价值观的重要资源，为我们立党兴党强党提供了丰厚滋养。

新时代新征程，发扬红色传统、传承红色基因、赓续共产党人精神血脉，对建设更加强大的马克思主义执政党、建设听党指挥能打胜仗作风优良的世界一流军队、凝聚各族人民力量全面建设社会主义现代化国家具有重要意义。一是坚定党性立场和忠诚为民宗旨，推进党的建设伟大工程；二是传承大无畏的英雄气概和铁一般的组织观念，加快建设世界一流军队；三是增强生死存亡的忧患意识和危机感、紧迫感，妥善应对各种风险挑战，进行具有新的历史特点的伟大斗争；四是保持理论上的清醒和坚持求真务实作风，推进中国特色社会主义伟大事业；五是激发百折不挠的奋斗精神，凝聚起共筑中国梦的磅礴力量，实现伟大梦想。我们要深刻领悟党的革命精神，始终牢记革命理想高于天、坚定信念跟党走，始终保持“越是艰险越向前”的大无畏精神，鼓起迈进新征程、奋进新时代的精气神，不断书写共产党人新的精神史诗。

在庆祝我们党成立一百年的重大时刻，在开展党史学习教育之际，发扬红色传统、传承红色基因、赓续共产党人精神血脉具有突出价值。一是通过深化研究阐释，赋予红色基因新的时代内涵，推出具有政治高度、彰显历史规律、符合实践要求的研究成果，更好构筑中国精神。二是抓好红色基因宣传教育，引导党员干部增强政治判断力、政治领悟力、政治执行力。三是创新传播形式，推动红色基因、光荣传统和优良作风走进群众、深入人心，为党和人民提供精神指引。四是发挥红色资源优势，用好用活阵地，通过开展丰富多彩的现场互动式宣讲、参观等，把红色基因融入党员、干部和群众的血脉，世世代代传承下去。

长征永远在路上。每一代人有每一代人的长征路，每一代人都要走好自己的长征路。在庆祝中国共产党成立100周年之际，发扬红色传统、传承红色基因、赓续共产党人精神血脉，就是要铭记历史、缅怀先烈，深刻认识红色政权来之不易、新中国来之不易、中国特色社会主义来之不易，牢记初心使命，牢记性质宗旨，坚定理想信念，始终保持永不懈怠的精神状态和一往无前的奋斗姿态，不断跨越前进道路上新的“湘江”“乌江”“娄山关”“腊子口”，在实现中华民族伟大复兴的历史进程中走好新时代的长征路。

立足八桂大地，我们要深入学习贯彻习近平新时代中国特色社会主义思想，深入学习贯彻习近平总书记对广西工作的重要指示精神，坚决贯彻党中央决策部署，完整、准确、全面贯彻新发展理念，坚持稳中求进工作总基调，发扬红色传统、传承红色基因、赓续共产党人精神血脉，解放思想、深化改革、凝心聚力、担当实干，建设新时代中国特色社会主义壮美广西。

我们不为胜利者，即为战败者！

勇于胜利！勇于突破！勇于牺牲！

英雄烈士万古流芳！湘江战役精神永放光芒！

目录

精神凝炼篇

学习湘江战役精神，坚定思想政治工作自信　/3
朱德在湘江战役中的中流砥柱作用　/8
周恩来对培育湘江战役精神的贡献　/16
热血染湘水，浩气传千秋
——红军湘江血战的意义　/20
湘江战役精神及其时代价值研究　/26
湘江战役是长征路上“看齐意识”的初始　/34
弘扬和传承伟大的湘江战役革命精神　/42
铭记革命先烈历史　弘扬湘江战役精神　/48
湘江战役精神的历史意蕴及时代价值　/59
浅议湘江战役精神对坚定“四个自信”的启示　/65
结合湘江战役谈长征精神
——学习习近平总书记在纪念红军长征胜利80周年大会上的讲话　/72
试论湘江战役精神的丰富内涵与时代价值　/78
湘江战役精神的生成逻辑与时代价值探究　/85

理论研究篇

天欲堕，赖以柱其间

——中央红军湘江战役 /95

全面科学认识湘江战役的重大意义和历史启迪 /108

红军长征湘江之战历史评价之刍议 /114

红军将士在湘江血战中觉醒 /124

以黎平会议视角看湘江战役的战略意义 /132

湘江战役研究要重视综合运用历史文献解决历史遗留疑问

——以部分具体实例为对象 /139

全州县湘江战役文化遗址保护利用调查报告 /144

湘江战役是长征精神的一次伟大胜利 /159

浅析湘江战役的胜利 /168

湘江战役与毛泽东军事路线确立

——整体视域下湘江战役与中国特色革命道路 /175

湘江战役中红军凭什么精神绝处逢生 /182

湘江战役中与兴安县密切相关的几个问题 /189

中国工农红军具体民族政策发祥地之我见　/193

《关于瑶苗民族中工作的原则指示》对红军长征的重要意义　/201

湘江战役与我国民族政策初期的制定与践行　/214

精神传承篇

缅怀革命先辈　做红色基因的传承者　/225

父辈·湘江血·我辈

——血战湘江清明祭　/229

血战湘江赋　/235

后　记　/238

精神凝炼篇

学习湘江战役精神，坚定思想政治工作自信

湘江战役在中国革命史上是一个伟大而又特殊的、意义重大的事件。它所包含的伟大精神，与其他事件中包含的精神，既有共性也有特殊性。即便是共性的内容，在这里，也因为湘江战役空前绝后的复杂、危险和特殊而表现得更为强烈、更为鲜明、更为有力。了解湘江战役过程的人，都会有这样一个感受，因此本文不展开多讲。这里主要说一说战役中伟大精神的成因——党的思想政治工作。

毛泽东曾经指出："中国共产党在中国人民解放军中的政治工作是我军的生命线。"[①] 这是人民军队建设的真理。这个真理是无数血的教训换来的，是无数斗争实践总结出来的，更是无数胜利的经验凝聚起来的。可以说，没有政治工作，就不会有人民军队，就不会有革命的胜利，就没有人民的今天。这一点，在湘江战役中看得极为清楚。

我们从湘江战役中的几个历史之问，来看看思想政治工作的强大威力，进而深入认识一下思想政治工作为什么至今依然须臾不能离开。

一问：湘江战役中，党和红军处于绝境之中，谁也看不到前程，为什么大家没有去自寻出路，部队没有垮掉散掉，反而团结一致，勇往直前，冲出五倍于己的强大敌军的重重封锁？

红军长征到达陕北后，张学良把他的军长、师长召集起来训话，说红军一支疲惫之师，谁也挡不住，打不垮，走那么远，还到了陕北。你们都是带兵的，你们的部队能不能带成这样？还不早就垮了，散了！他

① 《毛泽东年谱（一九四九——一九七六）》第2卷，中央文献出版社2013年版，第234页。

说的是实话。

二问：湘江战役中，为什么红军指挥员牺牲的比例最高，从师长政委、团长政委到连长指导员，不少部队干部牺牲殆尽，都是下级甚至战士站出来指挥？这在军事史上是没有过的。

三问：湘江战役中，红 10 团一个排全部阵亡，红 18 团和红 34 师除十数人冲出包围外，绝大多数战死。他们最后的话是“誓为苏维埃新中国流尽最后一滴血”。冲出去的人又历尽艰险找到部队，继续为人民战斗。这种血写的忠诚来自哪里？

四问：在作战最紧要的生死存亡关头，党的一句号召，能成为全军官兵巨大的意志和力量，迸发出最后的力气与敌人拼刺刀，一定要做胜利者，不做战败者！这种伟大的奇迹是怎么形成的？

五问：为什么桂北当地老百姓冒死支持红军，为红军搭桥、带路、治伤，掩护失散人员，甚至参军参战？他们明知这样做是要掉脑袋的，明知道红军自己都处于危亡之刻，是没条件给他们任何利益的。确实在事后一些支持红军的人被反动军队杀害了。但他们都义无反顾。

回溯一下鸦片战争，当时英军攻打虎门炮台、攻打广州城，在看热闹的老百姓，没有人帮助清军作战，八国联军攻打北京，当地人不帮清军作战反而给敌军指路，还提供粮菜给侵略者。

红军、清军，同是中国军队，本国老百姓对待的差别为什么天上地下？除了极个别人是卖国贼之外，还有什么原因？

六问：在湘江战役中，每一分钟都在流血。在危急关头，牺牲自己，掩护友邻；干部为战士断后，战士拼命救护干部，这些事例比比皆是。把生的希望留给战友，把死的危险留给自己。为什么在我们红军中才有这种普遍的、深挚的友爱？

问号还有很多很多，但这六个问号带有根本性。回答这些问题，就是一个答案，那就是党在军队中的思想政治工作积累的成果。

思想政治工作为什么有这么大的威力呢？

毛泽东在建军初期就指出，红军士兵大部分是由雇佣军队来的，但一到了红军就改变了性质。首先红军废除了雇佣制，使士兵感觉不是为他人打仗，而是为自己为人民打仗。

1945 年 4 月 24 日，毛泽东在党的七大作《论联合政府》的报告，指出：“这个军队之所以有力量，是因为所有参加这个军队的人，都具有自觉的纪律；他们不是为着少数人的或狭隘集团的私利，而是为着广大人民群众的利益，为着全民族的利益，而结合，而战斗的。紧紧地和中国人民站在一起，全心全意地为中国人民服务，就是这个军队的唯一的宗旨。”[①] 在这个宗旨之下，才有了无私奋斗英勇牺牲的精神，才有了紧密的官兵团结、军民团结，才有了自觉的纪律，等等。

我军的思想政治工作，原则和规定有很多，归结起来就是一点：把党的全心全意为人民服务的宗旨，变成广大官兵的思想。使他们成为党领导下为人民当兵打仗的自觉的战士。

那时官兵们的成分是多元化的，有工人，有农民，有学生，有旧军队起义的人，有来自敌军的俘虏，还有绿林武装，等等。他们想法多样，思想各异，但是经过政治教育，思想都发生了根本改变，确立了为人民扛枪打仗的思想。正如毛泽东和革命前辈们所说，有了为人民服务的思想，军队的一切都发生了革命性的变化：红军的纪律不再是旧军队那种棍棒纪律，而是人人维护和遵守的自觉纪律，铁的纪律；红军的训练不再是旧军队的强迫训练，而是为了提高素质、消灭敌人的主动训练；旧军队那种以邻为壑、互相算计、自保实力的现象在我军从未发生，而顾全大局、团结统一、牺牲自己则成为寻常；旧军队官兵怯战怕死的现象，在红军中不复存在，一不怕苦二不怕死成为共同意志；旧军队欺压和搜刮百姓的做法，在红军中踪迹全无，严守群众纪律、保护人民群众成为首要责任。

在这个意义上，1944 年毛泽东亲自修改的谭政在西北局高干会议上的报告中，概括了一句话：在一定物质基础之上，思想掌握一切，思

---

① 《毛泽东选集》第 3 卷，人民出版社 1991 年版，第 1039 页。

想改变一切。这就是我党我军著名的思想领先原则。这一原则由军队走向地方各条战线，走进经济工作和社会各个领域。对革命、建设和改革都发挥了强大的推动作用、保证作用和引领作用。

湘江战役的全过程，就是我党在红军中建立的思想政治工作发挥作用的过程，战争实践检验的过程，同时又是进一步锤炼思想政治工作的过程。湘江战役为后人留下了无数极为珍贵的精神财富，思想政治工作就是其中最为重要的一项。

在和平年代，特别是此前几十年，随着社会条件的变化，思想政治工作出现时强时弱的状况。各种攻击、诋毁、否定思想政治工作的论调纷纷扬扬。其中有所谓的人性论。有的人把自己肢解、改造后的资产阶级大革命时期的人性论，取其人们追求物欲、趋利保命的最简单本能，去掉其精神性内容，用来攻击思想政治工作违背人性。因此，投降怕死、叛变革命、出卖同志、当汉奸，等等，都成了“可以理解”的事情。试想，若把这些理论用于军队建设，不说别的，那湘江战役会是什么样？不就是张学良那句话：早就垮了，散了？

还有一种论调，说思想政治工作是“洗脑”，言外之意与那种假造人性论差不多，把思想工作作为罪恶来鞭笞。这是典型的西方反华势力的语言。他们自己天天用胡编乱造的东西蒙蔽人们，比如科索沃问题、阿富汗问题、伊拉克问题，再早的苏联东欧剧变、后来的颜色革命，他们之所以能得手，一个重要原因，是他们用假造的信息，利用信息渠道不对称洗脑的结果。他们才是真正意义上的洗脑，是用错误的东西蛊惑人们。

我们的思想政治工作，用原创人毛泽东的话说，是让人民明白自己的根本利益，并组织起来为实现自己的根本利益而斗争。一句话，是用真理武装头脑。

西方反诬我们的思想政治工作，是因为只要有强有力的政治工作，我们的人它拉不走，我们的队伍它整不垮。所以，他们对我们的思想政治工作是怕得要命，恨得要死。这从另一面证明了我们的思想政治工作对于我们事业的必要性和重要性。

不可否认的是，我们一些同志淡化了宗旨观念和使命观念，疏远了人民群众，或者接受了错误论调，用简单的物质、行政命令等手段代替思想政治工作，对事业、对群众都造成了不应有的损失。一些做政治工作的同志，带着种种顾虑，不敢理直气壮地做工作，对自己对思想政治工作都缺乏自信，这对于我们的伟大事业都是不利的。

庆幸的是，党的十八大以后，问题开始从根本上扭转。

习近平总书记不仅规划了“两个一百年”的奋斗目标，还提出了实现这一目标的力量建设要求。这就是从严治党，从严治政，从严治军，不忘初心，牢记使命，密切联系群众；向全党、向各条战线提出加强思想政治工作的要求，亲自带领军队负责干部重访古田，学习政治工作优良传统；在意识形态领域加强正能量建设，提出“四个自信”。这些对于加强思想政治工作，提供了科学指导和坚实基础。思想政治工作旗帜鲜明地进入新时代。

“湘江血·红军魂”，为我们一代又一代人展示的，不仅是红军的英勇牺牲和丰功伟绩，也是伟大的红军精神、湘江战役精神，更为人们揭示了伟大精神的来源，证实了党的思想政治工作的巨大威力。它告诉现在和未来，在党、人民和人民事业的进程中，思想政治工作永远是生命线，永远是前进动力，永远是团结胜利的保证。

（郭得河，中国人民军事博物馆原馆长）

朱德在湘江战役中的中流砥柱作用

湘江战役是中央红军长征过程中最惨烈、最悲壮的一幕，它因惨烈、悲壮和辉煌而令人刻骨铭心。在战役中，红军广大指战员具有高度的政治热情、对党和革命事业的忠诚、英勇作战、视死如归。红军在湘江战役中付出的惨重代价，宣告了王明“左”倾机会主义的彻底破产。经此血战，使得更多红军指战员认识到，红军在“左”倾机会主义领导下没有前途！湘江战役后的遵义会议上，确立了毛泽东的领导地位，实现了党和红军的伟大转折，打开了红军发展的新局面。可以说，湘江战役血的教训促进了伟大转折的发生，因此湘江之战在党史、军史上写下了惨烈而又光荣的一页。

在那场举世闻名的征战中，作为红军主要领导人的朱德临危不乱、力撑危局，在长征准备、分化敌人、打破封锁线、血战湘江、通道转兵、黎平会议、猴场会议、遵义会议上，都发挥了中流砥柱作用，非常值得我们崇敬和缅怀。

一、长征开始前，朱德未雨绸缪，同粤军陈济棠结成反蒋统一战线，指挥红军顺利通过前三道封锁线

由于王明“左”倾机会主义的影响和军事上的错误指挥，红军第五次反“围剿”失败，不得不退出苏区，进行战略转移，开始长征。1934年10月10日傍晚，朱德和中央红军主力从瑞金踏上了战略转移的漫长征程。中央红军这次战略转移的主要领导权仍然掌握在博古、李德手里，但有关红军的行动部署和作战命令大部分由朱德以中革军委主席、红军总司令的名义下达，有时与军委副主席、红军总政委周恩来联署。战略转移的最初计划是到湘鄂西与红二、红六军团会合，创建新的革命

根据地。出发时称为“西征”，参加战略转移的红军主力有第一、三、五、八、九军团，还有中央机关、政府机关、军委机关及直属单位组成的中央纵队和军委纵队，共8.6万余人。

为阻止红军突围，国民党军先后在江西、广东、湖南、广西等几省交界处设置了四道封锁线，把守第一和第二道封锁线是广东地方实力派陈济棠指挥的粤军。陈济棠同蒋介石之间一直存在着矛盾，蒋介石对中央苏区发动的第五次“围剿”中，北线、东线、西线打得都很激烈，但在南路军总司令陈济棠指挥的南方战线上却一直比较平静。1934年9月，为了同陈济棠建立抗日反蒋统一战线，朱德亲自致信陈济棠称：“先生与贵部已申合作反蒋抗日之意，德等当无不欢迎”，指出“情势日急”，日寇已跃跃欲试于华南，蒋军则增兵于赣闽，福建事变，可为殷鉴，“若不急起图之，则非特两广苟安之局难保，抑且亡国之日可待”。信中提出双方停止作战行动等五项建议，说明“日内德当派员到门岭黄师长处就近商谈”。信中说的黄师长，是指陈济棠所部第三军第七师师长黄延桢。10月初，红军代表潘汉年、何长工带着周恩来以朱德名义起草的介绍信，到寻乌附近的一个山村同陈济棠部代表进行秘密谈判，达成就地停战、互通情报、解除封锁、相互通商和必要时互相借道等五项协议。

1934年10月18日，在红军主力从于都南渡赣水后，朱德发布突围作战命令。21日晚中央红军各军团发起突围战斗，并于当晚从赣县王母渡至信丰县新田之间突破国民党军队的第一道封锁线。25日中央红军全部通过国民党军设置的第一道封锁线。由于事先与陈济棠结成了反蒋统一战线，当红军突围时，陈济棠执行了互相借道的秘密协定，让开大路40里，在他的防区内没有对红军进行堵截。粤军余汉谋纵队得到陈济棠的示意，稍事抵抗即命令各路守军全线向安远、信丰、南康三县城撤退，让出了中间道。

中央红军全部通过国民党军设置的第一道封锁线后，再过信丰河，向湖南、广东边境转进。第二道封锁线的北端汝城在湖南境内，南端城口在广东境内。朱德在致三、八军团电中说：“估计在汝城北面没有打开前进路的可能，汝城南面的道路已有初步的保证。”11 月 2 日，红一军团在湘南汝城以南的天马山至城口之间进攻，红三军团监视钳制汝城国民党守军。5 日晚至 8 日晨，中央红军通过了国民党军主要由粤军设置的第二道封锁线，进入湘南地区。部队在五岭山区的坎坷山路上缓缓西进，到 11 月 8 日全部通过敌军在汝城至城口间的第二道封锁线，进入湘南地域。

红军主力顺利地越过这两道封锁线，主要是由于在长征出发前，朱德、周恩来根据党的统一战线思想，利用陈济棠和蒋介石之间的矛盾，打开了通道，为中央红军主力突围创造了有利条件。

为了突破湘南郴州、宜章之间的第三道封锁线，朱德在 11 月 7 日发布“野战军于宜章北之良田及宜章东南之坪石（均含）之间通过”这道封锁线的命令，红军分三路继续西进。这里是朱德领导湘南起义的旧地。在当地群众积极配合下，红军顺利地占领宜章城和白石渡，迅速跨过粤汉铁路。11 月 13 日至 15 日，中央红军突破由湖南军阀何键和陈济棠共同防守的第三道封锁，占领了临武等县，渡过了潇水。在通过第三道封锁线前，朱德曾几次电令林彪率红一军团抢占粤汉铁路东北约十公里处的制高点九峰山，以掩护中央纵队和各军团从九峰山以北安全通过，但林彪不顾大局，企图拣平原走乐昌。军团政委聂荣臻坚持执行上级命令，最终说服了林彪，派出部队抢占九峰山制高点保证了红军左翼的安全。为此，朱德曾致电批评红一、九军团行动的无计划和执行命令的迟缓，“使迅速通过敌人封锁线成问题”；同时，以军委名义通电各军团，“赞扬三军团首长彭、杨同志及三军团全体指战员在突破汝城及宜、郴两封锁线时之英勇与模范的战斗动作”。朱德还致电中央二纵队的司令员李维汉，命令他率部在汝城附近宿营，牵制敌人，等待担任全军后卫的红五、九军团，收容掉队的零散队伍。

二、血战湘江，朱德始终站在指挥一线，红军突破敌人最后一道封锁线，但是也付出了惨重代价

中央红军通过第三道封锁线后，蒋介石看清了中央红军主力西征的意图，因此全力加强围绕湘江的第四道封锁线。国民党各路重兵云集湘江沿岸，企图围歼红军于湘江以东地区，局势异常严峻。11 月中旬红军分两路进入广西北部。25 日，朱德向各军团、纵队发布命令，明确指出：国民党军队的“企图是在湘江阻止我们，并从两翼突击我们。北面为敌之第一、第二路军，南面为广西主力，而敌之第三、第四及第五路军则直接尾追我们”。朱德判明敌人的企图之后，作出了全军分四个纵队从兴安至全州之间抢渡湘江的部署。这时，兴安、全州一线正是湘江封锁线的薄弱环节。桂军的白崇禧为了防止红军深入广西中部，刚将这一线的部分桂军撤防自保，而湘军还没有来得及接防，朱德致电林彪、聂荣臻“全州、灌阳、兴安暂无大部敌军”。这对红军是极为有利的时机，如果全军能轻装急进，完全有可能抓住这个间隙迅速抢渡湘江。但这时部队携带的物资太多行动迟缓的问题已越来越显露出来，庞大后勤队伍携带的“坛坛罐罐”拖累了整个战斗部队的行动，因此红军没有做到抓住战机急速行军。11 月 27 日晚，红军先头部队顺利渡过湘江并控制了界首至脚山铺之间的渡河点。看到红军先头部队突破湘江后，在蒋介石的严令下，湘、桂两省国民党军队纷纷向红军渡江地段扑来，在飞机配合下发动猛烈攻击，企图夺回渡河点，把红军围歼在湘江两岸。但是，在这样的紧急时刻，红军后续部队却不能及时跟进渡江，因为整个行军队伍长达 200 里，庞大的中央纵队和军委纵队有 1000 多副担子，非战斗人员多达 1.4 万人，被各战斗部队夹护在 100 多里长的甬道里，每天只能前进四五十里。在这种险恶的处境下，朱德同周恩来一起指挥各战斗部队顽强抗击敌人，掩护中央、军委纵队渡江。经过四昼夜激战，红军主力终于在 12 月 1 日渡过湘江，突破了敌人的第四道封锁线。

湘江之战是中央红军长征最激烈、损失最为惨重的一次战斗。战斗中，红军指战员不怕牺牲，不怕疲劳，浴血奋战，同仇敌忾，与优势的敌军展开了殊死决战。红军的阻击阵地和湘江之上，炮弹和重磅炸弹的爆炸声不绝于耳，装备单一的红军要用血肉之躯抵挡敌人飞机和重炮的狂轰滥炸，战斗相当残酷。湘江江面以及附近的水田、山丘、深沟，都成了敌我相搏的战场，杀声震野，尸骨错列，血流遍地。指战员子弹打光了，就同敌人反复白刃格斗；身负重伤，仍坚持战斗，拉响手榴弹，与冲上来的敌人同归于尽。为了掩护大搬家式的中央机关渡江，作战部队付出了重大伤亡，特别是担任全军后卫任务的红五军团第三十四师，被分在江东岸，几乎全部壮烈牺牲。在敌人重点围堵的湘江主战场，由于敌人的机关枪和飞机扫射，红军官兵遗体浮满江面，烈士的鲜血染红了湘江！直到今天，这里依然流传着“三年不饮湘江水，十年不食湘江鱼”的说法。

红军虽然突破了敌人设于湘江的第四道封锁线，但整个部队由出发时的八万六千余人锐减为三万余人，损失惨重。朱德、周恩来、王稼祥吸取教训，在 12 月 4 日发布《后方机关进行缩编的命令》，并要求检查携带的物资，不必要的立刻抛弃或毁坏，使部队能够轻装前进。

三、遵义会议，朱德积极支持毛泽东的正确主张，批判“左”倾军事冒险主义错误，党和红军实现了历史转折

渡过湘江后，红军继续西进，于 12 月 10 日攻占湖南境内的通道县城。按照原定“西征”计划，红军主力将从这里北上湘西，与红二、红六军团会合。这时，蒋介石已经判明红军的这一战略企图，在通往湘西的道路上布下了相当于红军兵力五六倍的重兵，张开口袋等着红军往里钻。在此危急关头，毛泽东提出绝不能往这个口袋里钻，他主张放弃同红二、红六军团会合的原定计划，改向敌人兵力比较薄弱的贵州前进，力争在运动中打几个胜仗，以扭转红军突围以来的被动局面。12 月 12 日，中共中央在湖南通道召开紧急会议，王稼祥、张闻天坚决支持毛泽

东的正确主张，而博古、李德等人却坚持北上湘西与红二、红六军团会合的原定计划，会议没有统一的战略思想。会后朱德根据会议精神，于13日下达命令：各军团纵队“迅速脱离桂敌，西入贵州，寻求机动，以便转入北上”。

红军突然折入贵州，一下子就把几十万敌军甩在湘西，赢得了主动，12月15日，红军突破了黔军防线，攻占黎平和老锦屏。12月18日，中共中央在黎平召开政治局会议讨论中央红军今后的行动方向问题。会上毛泽东再次陈述了放弃与红二、红六军团会合的原定计划的理由，得到了多数人的赞同，从而否定了博古、李德的意见。会议通过了《中央政治局关于战略方针之决定》，确定了红军长征战略方向的重大转变，使红军避免陷入绝境，并开始从被动中摆脱出来。挫折和教训使朱德对毛泽东的正确主张更加坚定支持。根据黎平会议的决定，朱德、周恩来指挥红军向遵义方向前进，于12月底到达乌江南岸的瓮安县猴场地区，并开始部署强渡乌江的战斗，这时，博古和李德对黎平会议的决定仍持不同意见，再次提出不过乌江，回头东进与红二、红六军团会合。为此，1935年1月1日中央政治局在猴场召开会议，对博古、李德提出了批评，决定强渡乌江。猴场会议后完全停止了李德对于红军的指挥权。1月7日凌晨，红军先头部队袭占了遵义城。1月9日，中共中央、中革军委率军委纵队进驻遵义。

1935年1月15日至17日，中共中央在遵义召开了政治局扩大会议，这就是具有重要历史意义的遵义会议，会议的主要议题是总结第五次反“围剿”和突围西征中军事指挥上的经验教训。会上，毛泽东针对博古的总结报告作了长篇发言，批评了博古在总结报告中把第五次反“围剿”失败的主要原因归结为敌强我弱等观点，明确指出第五次反“围剿”失败的主要原因是军事指挥上和战略战术上的错误。毛泽东还着重剖析了实行消极防御战略等方针的错误及其表现，如防御中的保守主义、进攻中的冒险主义、转移时的逃跑主义等，还阐述了中国革命战争的特点及由此产生的战略战术问题。毛泽东的意见得到大多数与会者的支持。

朱德在发言中态度鲜明地支持毛泽东的正确意见。他对博古、李德在军事上的瞎指挥有着直接的深刻的了解，所以讲话时很激动。在会上给李德当翻译的伍修权后来回忆说：“朱德同志历来谦虚稳重，这次发言时却声色俱厉地追究临时中央的错误，谴责他们排斥了毛泽东同志，依靠外国人李德，弄得丢掉根据地，牺牲了多少人命！他说，‘如果继续这样的领导，我们就不能再跟着走下去！’”

由于朱德既是中央政治局领导，又是中革军委主席和红军总司令，他在党和红军中的重要地位和他在会上的鲜明立场，对遵义会议集中解决军事问题和组织问题，起到了重要的作用。在这关键时刻朱德对毛泽东主张的坚决支持，对“左”倾军事冒险主义错误的批判，对会议决议的形成起到了重要作用，也使朱毛更紧密地站在了一起。

遵义会议肯定了毛泽东等同志关于指挥红军作战的基本原则，分清了红军战略战术中的根本是非，增选毛泽东同志为中央政治局常委，指定张闻天（洛甫）同志起草会议决议。遵义会议取消了长征前中央成立的“三人团”，从而结束了王明“左”倾冒险主义在中央的统治，实际上确立了毛泽东在党和红军中的领导地位，使这次会议成为历史的转折点。遵义会议后，常委再行分工，“决定以洛甫同志代替博古同志负总的责任”。朱德和毛泽东、周恩来协力配合，指挥中央红军展开了机动灵活的运动战，同数十万围追堵截的国民党军队进行周旋，取得了战略转移中具有决定意义的重大胜利。这次会议开始确立以毛泽东同志为主要代表的马克思主义正确路线在中共中央的领导地位，从而在极其危急的情况下挽救了红军，挽救了党，挽救了中国革命。1961 年，朱德在缅怀这一伟大的历史转折时写下这样的诗句：“群龙得首自腾翔，路线精通走一行。左右高低能纠正，天空无限任飞扬。”

今天我们重温这段历史，探讨湘江战役精神，缅怀英勇作战、不怕牺牲的红军指战员，追思朱德等老一辈无产阶级革命家的丰功伟绩，就是要发扬红军精神、长征精神，牢记中国革命和战争的苦难辉煌，继承和发扬优良传统，让红色基因薪火相传，为实现中华民族伟大复兴的中国梦而努力奋斗！

（刘武，朱德元帅外孙）

周恩来对培育湘江战役精神的贡献

“三年不饮湘江水，十年不食湘江鱼”。发生在 1934 年红军第五次反“围剿”失败并撤离苏区一个月后，蒋介石判断出红军将同红二、红六军团会合。于是，他调集几十万大军，分三路前堵后追，企图消灭红军于湘江之侧，在这里，烈士的鲜血染红了奔涌的波涛。可以说，革命意志让英雄百炼成钢，湘江战役精神就是伟大的长征精神最生动、最集中、最具体、最核心的体现。

一、坚定理想信念是周恩来为培育湘江战役精神最基本的思想内核

作为长征“三人团”最初领导成员的周恩来，负责“督促军事准备计划的实行，并不能与闻所有的事情”。但他为了党和人民的利益，坚定红军指战员革命必胜的信念。

湘江战役史料研究有两封著名的电报。一封是林彪、聂荣臻给中革军委的电报。1934 年 11 月 25 日至 12 日，中央红军在湖南省道县和广西省全州县的湘江两岸地区与国民党湘军第一、二、三、四、五路军以及桂军一部展开了一场血战。危急关头，11 月 30 日深夜，率领红一军团掩护中央纵队强渡湘江的林彪、聂荣臻，他们给中革军委拍发了一封火急电报：“……军委须将湘江以东各军，星夜兼程过河……”可见，整个战役，蒋介石精心策划。12 月 1 日凌晨 1 时 30 分，朱德给各方面军下达紧急作战令。唯有信仰坚定、忠诚永固，中央红军最终以血肉之躯粉碎了蒋介石的企图，但红军也付出了惨重的代价。

另一封电报是周恩来签署的。当天凌晨 3 时 30 分，周恩来以中央局、中革军委、总政治部的名义给全军起草电报：“……我们不为胜利者，即

为战败者……胜负关全局……望高举着红旗向着火线上去”。可见，1934年红军遇到了长征以来最残酷的战斗。上一封电报给中革军委带来极大震惊，面对国民党嫡系部队和湘、粤、桂三省地方军阀部队近30万人的五路大军，以及精良装备，再加上湘江“天堑”，形成一个所谓的“铁三角”。各路大军实行铁壁合围，企图一举全歼中央红军于湘江以东。关键时刻，革命理想高于天，撕开了国民党重兵设防的湘江封锁线，英雄壮举气吞山河的力量正是源自对理想信念的执着坚守，保持不可撼动的政治定力。

早在红军长征前两个月，周恩来在论《新的形势与新的胜利》中提出，“我们要坚决地挺到敌人的后方去，开展游击运动”。[①] 这就已经宣示了周恩来对于即将到来的战略转移中面临的无数急流险滩中要求苏区干部和红军指战员把稳自己的方向，也宣扬了必胜的坚定信念。

二、求真务实品格是周恩来为培育湘江战役精神灌溉的重要养分

长征初期，周恩来实事求是地支持毛泽东的军事战略主张。通过湘江之战，这次艰难远征的中共领袖和广大红军将士从这片鲜血淋漓中重新审视自己，求真务实、开拓创新。

全州是湘江战役的主战场，战斗的激烈残酷实属罕见。对敌人重兵，李德和博古感到一筹莫展，仍循着以往的战术，以硬碰硬，针对这种战略战术，冲在最前面的红一军团四团政委杨成武后来回忆：“我们每一个指战员，都深深懂得，此时此刻，每拖一分钟都有着极其重大的意义。我们边战边退，敌人死命猛追，加上天上的飞机轰炸，我们每走一步，几乎都要付出血的代价。”正是基于此，周恩来有次对博古推心置腹谈话，大意是：我们党必须找一个熟悉农村革命的人当统帅。谁做“书记”并不重要，重要的是谁来领导打好仗，只有在战争中不断得到军队拥护的人，才能真正成为党的领袖。可以说，后来遵义会议确立了毛泽东在党中央和红军中的领导地位不是偶然的。

---

① 《周恩来年谱（一八九八——一九四九）（修订本）》，中央文献出版社1998年版，第268页。

湘江之役中，对党的崇高信仰，看看同样孤军血战的红三军团五师，担任的是掩护中央纵队和后续部队渡过湘江的艰巨任务。两天两夜的激战中，红三军团十团两任团长相继牺牲，政委杨勇指挥全团，付出400多人的伤亡代价。这是一支越战越强的革命队伍，直到得知中央纵队安全过江后，五师才撤出战斗。为谁而战、为何而战，无比清醒。再说，承担阻击任务的六师十八团是大部队过江后最后的后卫部队。桂军以3个师的兵力围攻十八团，十八团几经冲杀突围，战至弹尽粮绝，大部指战员壮烈牺牲。为了苦难的国家，湘江战役是一部用热血写就的英雄史诗。无数指战员如周恩来所说的：掩护我们军委纵队渡江，与敌军拼死殊杀，前仆后继，以身赴死。值得我们永远缅怀。

湘江战役后，红军向云、贵、川挺进，沿途胜利的取得也不是一帆风顺的，很重要的一个原因就是周恩来能始终做到实事求是地分析敌我双方力量对比，对红军面临的处境有清醒认识。为长征和中国革命的最终胜利打开了前进的通途。

三、团结统一品质是周恩来为培育湘江战役精神重要的思想源泉

湘江战役留在人民军队成长史上的不仅是一个个闪耀的名字，更是一尊尊可敬的英雄雕像。从维护党的利益全局出发，周恩来强调毛泽东在红军与政府中的地位与影响。

战役中，中央红军各军团都能从革命的根本利益出发，主动承担最为艰险的任务，勇于牺牲自己而力保全局，这才使数十万敌军也未能阻止红军渡江的步伐。在战役中体现出的顾全大局、团结统一精神，成为湘江战役精神。历史是有温度的，强渡湘江时，担负后卫任务的红三十四师，红三十四师最后一次师党委会的记录上只有两条：第一，把所有的电报和机密文件烧掉；第二，如果谁还能活着出去，3个月以后，井冈山上见。可是，整整一个师没能渡江，牺牲殆尽。中国革命的敌人是异常残暴与凶猛的，只有调动与团结一切积极因素，创造性地运用马列主义基本原理，走符合中国国情的革命道路。周恩来时刻注意维护党和

红军的团结，并在这方面发挥积极作用。

党领导下的人民军队从来都是一个英雄辈出的群体，为实现“创造新的苏区，创造新的红军，采取更积极的行动调动敌人，求得整个战略部署的变动，以在运动战中消灭白军”。长征中，为了打破会议的僵局，周恩来采取主动承认错误，这种顾全大局、力求团结、相忍为党的主张得到了大多数人的支持与赞同。美国记者埃德加·斯诺赞叹，以周恩来为代表的英勇的红军具有“无可比拟的吃苦耐劳的能力；无私地忠于一种思想和从不承认失败的不屈不挠精神——这一切似乎都包含在这个红军的故事和参加创建红军的一个人的故事中”。斯诺看到的这种精神，正是周恩来对培育艰苦奋斗的长征精神的贡献。其本质依旧离不开舍小我为大家，离不开家国情怀和使命担当。

12 月 1 日凌晨，湘军再次发起猛攻，一股湘军端着刺刀竟摸到了距林彪、聂荣臻指挥所门口 40 米的地方，险成湘军“座上客”。可见当时的危急程度，牺牲已到最后关头，生死存亡在此一举！长征胜利的重要原因之一，就在于始终坚持了党和红军的团结统一。

四、结语

湘江战役红军由出发时的 8.6 万人，锐减至 3 万多人。这是苏维埃运动以来红军所遭受的最为惨重的损失。尽管不同时期党对湘江战役精神内涵的阐释不断地丰富和发展。但总的来看，周恩来是湘江战役精神的重要培育者，也是湘江战役精神的不懈践行者。周恩来始终顾全大局、光明磊落，高度珍惜和自觉维护党的团结统一。这是他在湘江战役中身体力行的信条，也成为湘江战役精神重要的思想源泉。我们在此缅怀先烈们的革命事迹；就是要继承革命遗志、激发斗志，为实现中华民族伟大复兴的中国梦而努力奋斗。

（王光霞，长江大学马克思主义学院思想理论课部讲师）

热血染湘水，浩气传千秋

——红军湘江血战的意义

1934年11月下旬至12月初，中央红军在广西北部全州、兴安、灌阳地区湘江两岸进行的湘江战役，是中央红军有史以来最悲壮惨烈的一战，也是关系中国共产党生死存亡的一战，是中国共产党和中国革命的一个历史转折点，其意义当以深入认识，其精神当以代代传承。

这场战役发生在中国共产党内“左”倾教条主义错误统治下，中央战略区第五次反“围剿”失败。它的特点是：其一，仍是主观指导错误造成的被动之战；其二，红军处在敌占区流动中无后方作战，打是为了走；其三，红军处于强敌围追堵截中被迫分兵在大的战区内多日，同时展开就敌；其四，情况一天比一天严重，战斗一天比一天激烈，局势一天比一天危险，惊心动魄。

上述四个特点，也是四个不利因素。其中第一点对战役的造成起决定作用，是一切不利因素的总根源。中央红军既然不能在中央苏区内打败敌人的重兵“围剿”，理当战略退却，突围战略转移到有利地区，以求保存力量开创发展的新局面。我军突围战略转移，强敌必然继续战略进攻，实行战略追击以重兵围追堵截，求得达到消灭我军之目的。这就决定了我之战略转移必须有相应的正确对策。一是必须轻装，以求行动敏捷；二是部队编组上，应当是每一部都有自卫能力；三是必须以打促走。如曾经担任红军总参谋长的刘伯承所指出的，要像“叫花子打狗，边打边走”。叫花子进村讨饭被狗追，就要挥起“打狗棍”给追上的狗一击，打怕它才能走得掉。但继续着教条主义的博古，则把中央红军的战略转移当成中央苏区的搬迁，命令中央红军带上中央苏区的全部“家当”，并且机关人员单独编队。这使得机关人员和大量挑夫，这些非战斗人员达到转移总人数的三分之一。人数众多的机关队伍和大量运输人员，又得由战斗部队给予掩护。这又一方面造成行动极为迟缓，另一方面使得全部作战部队成了掩护队，部队行动完全服从于机关纵队和运输队行动，全无了行动主动权。博古还把全军指挥权交给共产国际派来的军事顾问李德。李德则机械地执行部队转移中一般不与敌纠缠原则，拒绝有利的作战，不敢给孤军追击的敌人以歼灭性打击，求得打怕敌人；更不敢以一部敌人来不及防御的纵深出击，威胁敌人的根本重地，使敌人顾此失彼，打乱敌人调动部队的围追堵截计划和行动。博古的大搬家思想，李德实际上的避战主义，必然也必定埋下被强敌追上被迫进行不利决战的恶果。

中央红军是 1934 年 10 月 10 日开始撤出驻地战略转移进行长征，到同年 11 月 25 日才全部通过湖南道县境内的潇水。就是说，走了 46 天，才走出约 1700 里地，平均每天走不到 40 里地。如以后来形成的二万五千里长征共走了 374 天平均每天走 80 里地计算，初期这 46 天的行军速度，还不及万里长征行军速度的一半。而 46 天时间，足够蒋介石和他任命的“追剿”军总司令何键调动部队、制订围追堵截计划和“追剿”部队追上。所以，原本可以避免的不利战役，由于主观指导错误造成转移行动迟缓，而成了不可避免。而以下的三个不利因素也就出现了，作用的综合，也就造成了湘江血战，造成了一场劫难。

蒋介石是 1934 年 10 月底才得悉红军已突围战略转移，11 月初确定原来在江西吉安、兴国地区参加过对我中央战略区第五次“围剿”的中央军薛岳兵团担任“追剿”军；11 月 12 日才任命湖南国民党军阀何键为“追剿”军总司令；而何键是 11 月 23 日申时才下达五路“追剿”计划，企图在全州湘江边堵截，侧由零陵经黄沙河侧击，后由道县尾追，衔接南线的国民党桂军，将我军围追堵截于湘江以东地区而聚歼。南线的国民党桂军先是见北线何键“追剿”军尚未到位，为避免与我军相争而让蒋介石坐收渔人之利，将在全州、兴安守备部队收缩到恭城机动位置上；24 日，他们得悉北线何键五路“追剿”军已赶上，又见我军行动迟缓，行军线路太长，处于不利地位，这才命令集结在恭城的部队分别向灌阳、兴安出击，客观上协同北线“追剿”军围追堵截。

我军情报部门，及时侦收并且准确破译了何键 23 日申时的部署命令电，并于 24 日 22 时 30 分以敌情形式通报全军。但博古、李德忙于西渡潇水，到 25 日午后才注意到这一严重的敌情，也才感到不打走不掉，才于当天 17 时下达发起湘江战役命令。同时，中共中央和红军总政治部下达遂行湘江战役突破敌人第四道封锁线的政治动员令。

但这为时已晚，注定了中央红军在西渡湘江时的一场血战。

博古、李德下达湘江战役命令时，中央红军和军委一、二纵队主力还在潇水以西湘桂边界上都庞岭的东麓，一部还在湖南永明境内，距湘江还有约 300 里。26 日，作战部队进入广西北部灌阳境内，27 日夜前卫红一军团二师过了湘江，在全州以南脚山铺地域构筑防御工事，对已进至全州地域的北线敌第一路军先头部队警戒，后续部队还在向灌阳开进途中。同时，南线的敌桂军一部北进灌阳地域；三军团五师抢占灌阳北部新圩地区有利阵地，向进至灌阳地域之敌警戒。敌我双方进入临战状态，我军战役态势极为不利。

28 日午后，湘江战役打响。进至全州县的北线之敌湘军一部沿全州至兴安公路，向位于脚山铺地域的红军阵地进行试探性攻击；稍后，进至灌阳地域的敌桂军一部，发起对新圩地域红军防御阵地攻击。我方二师和五师分别给敌以阻击。入夜，敌退出攻击。29 日，北线的全州之敌向脚山铺红军发起猛烈攻击；南线灌阳之敌桂军加大力度向新圩地域阻击的红军发起进攻，并以一部进入兴安对光华铺阻击阵地发起攻击。这一天，以新圩战斗最为激烈，红五师损失惨重。30 日，除了脚山铺、新圩两地激战外，进攻兴安之敌桂军向红三军团四师在光华铺的阻击阵地发起猛烈攻击。这一天，又以光华铺地域的战斗最为惨烈，红四师第十团团长牺牲，在一线指挥的师参谋长接替团长指挥又牺牲，部队伤亡惨重。但与北线脚山铺战斗一样，仍牢牢地控制住阵地，保证我军在界首至咸水之间的渡口安全。这一天，北边之敌湘军和南线之敌桂军，倾尽其航空队以飞机进行猛烈地轰炸、扫射，不仅造成了我军严重伤亡，而且使得我军委纵队不能白天行军向江边接近。

这时，我军基本被敌压迫在北边自文市经两河、石塘、麻子圩、凤凰嘴至江边，南线自水车经新圩以北、青龙山、大塘到江边的狭隘甬道上。我战斗在脚山铺、光华铺地域，尤其是新圩地域的阻击部队，几乎是以血肉之躯顶住渡口，顶住甬道，保证着西渡的生路。

这一天，敌桂军在光华铺地域和新圩地域的猛烈攻击行动，反映了敌桂军指挥白崇禧用兵的狡诈和反攻立场的坚定。他看准我军兵力分散应战，目的在于夺路前行，以桂军地利和兵力优势，加大进攻力度，妄图夺取并控制我军南线湘江渡口，并且从新圩地域切断我军向江边运动的道路，以争取把我军更多的部队拦截在江东而歼之，以彰显其反共坚定、用兵精明。而这一天，北线之敌总司令何键，则判断错误，以为我军已大部过江，已不可能实现蒋介石把我军聚歼于江东的图谋，改为执行蒋介石此前的把我军围歼于湘江以西的计划，命令刘建绪一路军除留下一部继续对脚山铺地域攻击外，主力连同其他的四路军，立即向武冈、城步、绥宁等地区转移，以阻击我军进入湘西。试想，如果何键不是这样用兵，而是反之命令其五路军全力向南压下向西追击，我之处境更难想象。

从 11 月 30 日夜到 12 月 1 日上午，是决定党中央和中央红军主力命运的最后战斗。30 日入夜，敌一改不夜战常态，继续日间攻击，企图攻下湘江两岸我军阻击阵地，封闭湘江渡口，以求将我军尚未过江的机关和部队切断于江东。是时，从未经历过如此险恶惨烈场面的博古、李德，早已六神无主不知所措。周恩来挺身而出担当，在朱德等协助下，沉着应对局面。他们两次命令一、三军团领导，务必坚守住阵地，确保渡口和道路畅通。一军团军团长林彪、政委聂荣臻，三军团军团长彭德怀、政委杨尚昆，命令部队不惜代价奋勇战斗。一、三军团的坚定奋勇，终于保证了军委一、二纵队和后续部队五、八、九军团主力相继过了湘江。12 月 1 日午后，敌人终于占领了湘江两岸的所有阵地，封闭了湘江。但中共中央和中央红军大部队，已突破了敌人第四道封锁线，粉碎了蒋介石把我军聚歼于江东的图谋。

党中央和中央红军主力过江了，脱离了湘江血战的险境，但此前坚守于新圩地域阻击战的三军团六师十八团几乎打光了，后卫红三十四师也遭到了惨重损失，并且被截于江东。此外，还有大量伤员、掉队人员滞留于江东。他们的绝大部分人最终在敌人搜捕中战死或被俘。红三十四师政委程翠林、政治部主任蔡中等壮烈牺牲，师长陈树湘腹部受伤被俘，醒来时绞断自己的肠子，以死铭志。一百团团长韩伟被敌追到断崖，宁可跳崖一死，绝不被俘，所幸挂在崖壁树上，又被当地群众救护，得以幸存，后来归队，新中国成立后成为开国中将。红三十四师最终剩下的少量人员，转移到湖南九嶷山坚持游击战争，但因环境恶劣，最终归于失败。倒在江东战斗和倒在江西阻击战的先烈，虽然未能走完后来的万里长征路，但他们以牺牲自己换得全局的保全，他们也是英雄好汉。

悲壮惨烈的湘江血战，红军虽遭受了全军由撤出中央苏区时的 8.6 万余人锐减至 3 万余人，但保全了党和红军的领导机关以及中央红军主力，粉碎了蒋介石将我党中央和中央红军截击歼灭于湘江以东的图谋。而它的惨重损失，则宣告了“左”倾教条主义的政治路线和军事战略的最后破产，促使党奋发出纠错勇气和能力，于是有了接下来党的遵义会议，纠正党的这项错误，把中国革命实践造就的毛泽东推到党和红军的领袖地位，使党走向成熟，中国革命航船从此乘风破浪，直到中国民主革命的成功。

悲壮惨烈的湘江血战，是中国共产党和红军的宣言书。它向全中国全世界宣告，中国共产党和中国革命是艰难曲折的，但中国共产党能经得起严重失败的痛苦和考验，中国革命必将走向胜利；中国红军是英雄好汉，不论在任何艰难困苦的场合，面对任何强大的敌人，都锐不可当、无往而不胜。

悲壮惨烈的湘江血战，展现出中国共产党人和中国红军官兵在逆境中奋斗的精神。这就是：有同自己的敌人血战到底的精神；牺牲自己保全大局的精神；忠于党宁死不屈的精神；为着全民族的利益一往无前的精神。这种精神，是中华民族精神的传承，是中国共产党人党性和人民军队军魂的最高体现，后来的长征精神是这种精神的继续和发展。

悲壮惨烈的湘江血战，是中国共产党人和人民军队官兵鲜血铸就的历史祭坛。它记录着中国共产党和人民军队昨天的苦难和辉煌，激励着中国共产党领导下的中华民族今天的崛起和复兴。今天，我们拜谒这座历史祭坛，祭奠血染湘水的英烈，就是要弘扬我们前人在湘江血战中表现出来的那种精神，在以习近平同志为核心的党中央领导下，为实现中华民族伟大复兴的中国梦而奋勇前进！

（陈伙成，中国人民解放军军事科学院原军史研究部主任）

湘江战役精神及其时代价值研究

精神是一个民族赖以长久生存的灵魂，党领导中国革命的历史同时也是党的革命精神形成史。党的革命精神谱系是由在若干历史节点铸就的革命精神所组成的完整体系，是激励党和人民不断攻坚克难，从胜利走向胜利的强大精神动力。党的十九大报告明确提出要继承革命文化，发展社会主义先进文化，更好构筑中国精神、中国价值、中国力量，为人民提供精神指引。

2016 年，习近平总书记在纪念长征胜利 80 周年大会上的讲话中专门点到了湘江战役，指出："长征途中，英雄的红军，血战湘江，四渡赤水，巧渡金沙江，强渡大渡河，飞夺泸定桥，鏖战独树镇，勇克包座，转战乌蒙山，击退上百万穷凶极恶的追兵阻敌，征服空气稀薄的冰山雪岭，穿越渺无人烟的沼泽草地，纵横十余省，长驱二万五千里。"① 1934 年的湘江战役，是红军长征途中一次最激烈、最悲壮的关键战役。党和红军反思总结湘江战役经验教训，为实现伟大历史转折提供了契机，并孕育了湘江战役精神。2021 年是中国共产党建立 100 周年和湘江战役 87 周年，从"传承红色基因，弘扬革命精神"这一时代课题出发，研究湘江战役精神具有突出的价值和意义。

一、湘江战役的起因经过和重要作用

（一）湘江战役的经过结果

红军长征的那个年代，中国处在半殖民地半封建社会的黑暗境地，社会危机四伏，日寇野蛮侵略，国民党反动派置民族危亡于不顾，向革

① 习近平：《在纪念红军长征胜利 80 周年大会上的讲话》，人民出版社 2016 年版，第 3 页。

命根据地连续发动大规模“围剿”，中国共产党和红军到了危急关头，中国革命到了危急关头，中华民族到了危急关头。面对生死存亡的严峻考验，1934年10月，红军实行战略转移。在突破敌人三道封锁线后，兵临湘江，发生了长征途中第一次大的战役——湘江战役。经过新圩阻击战、脚山铺阻击战、光华铺阻击战、后卫阻击战和抢渡湘江等浴血奋战突破湘江后，中央红军由长征出发时的8.6万多人，减少到3万余人。这场激烈、悲壮的战役，关乎中央红军的生死存亡。

（二）湘江战役的重要作用

经过湘江战役，党和红军在军事上成功突破了蒋介石精心设置的封锁，保存了中央机关和中央红军主力；在思想上反思总结经验教训，开始从教条主义到实事求是的转变，为遵义会议的胜利召开奠定了重要的思想基础；在政治上开始从以王明为代表的错误路线向以毛泽东为代表的正确路线转变；在组织上开始从博古、李德的宗派主义向以包括毛泽东、周恩来、朱德等在内的领导集体转变。

湘江战役所取得的丰硕成果，使长征乃至中国革命一步一步走向胜利，对争取民族独立和人民解放、探索中国特色革命道路、党自身成长发展等，都具有重要价值。

二、湘江战役精神的范围界定、基本内涵和核心要义

湘江战役证明：红军是不可战胜的。红军在重兵包围、天险阻隔的绝境之中，能够达成战役目的，根本原因在于发扬崇高精神、坚持浴血奋战。这些精神来自红军的英雄事迹和无畏牺牲，这些精神概括起来就是湘江战役精神和红军魂。

（一）湘江战役精神的范围界定

本文不是把湘江战役精神的形成局限在湘江战役发生的这几天时间内，而是把湘江战役精神看作是湘江战役期间及其前后一段时间内突破敌人四道封锁线所形成的宝贵精神。以湘江战役为代表的突破敌人四道封锁线是湘江战役精神得以铸就的载体和途径。

（二）湘江战役精神的基本内涵

湘江战役精神的基本内涵，包括信念坚定、绝对忠诚的站位；敢于担当、勇于突破的战法；自我牺牲、一往无前的勇气；顾全大局、严守纪律的作风。

1. 战略层面：信念坚定、绝对忠诚。

湘江战役是在重大危急情况下发生的，面对生死考验，红军将士心中的崇高理想和革命信念始终坚定执着，坚持在绝境中寻找希望，绝地阻击、血战、突围，终于绝处逢生，打开胜利的通途。

2. 战术层面：敢于担当、勇于突破。

湘江战役中，面临生死攸关的考验，红军将士表现出极高的政治热情，担当尽责、英勇无畏，使思想政治工作变成了强大的战斗力，这是湘江战役打得既惨烈又壮烈的一个重要因素。

3. 战况层面：自我牺牲，一往无前。

为了完成任务，掩护中央纵队和红军主力过江，参战部队以革命事业和大局为重，表现出崇高的革命品德，不惜付出一切代价，不怕任何艰难险阻，牺牲自我，无私奉献。

4. 整体层面：顾全大局，严守纪律。

这种从全局出发的整体意识、高度的组织纪律性和紧密团结协作，是战胜一切敌人的强大力量，是凝聚人心、成就伟业的重要保证，是我党我军的一大优势和取得胜利的一个传家宝。

红军将士突破敌人封锁线，靠的是压倒一切敌人而不被任何敌人所压倒、征服一切困难而不被任何困难所征服的英雄气概和革命精神。其中，对革命事业的必胜信念和无限忠诚是突破敌人封锁的强大精神动力，敢于担当、勇于突破是战胜敌人的关键因素，自我牺牲、一往无前是绝处逢生的重要支撑；从全局出发的整体意识和高度的组织纪律性是湘江战役胜利的重要保证。

（三）湘江战役精神的核心要义

湘江战役精神的核心要义，就是在生死搏杀中铸就的铁一般信仰、铁一般信念、铁一般意志、铁一般纪律、铁一般担当，压倒一切敌人的英雄气概，就是信念坚定、顾全大局，敢于担当、勇于突破，就是勇于胜利、勇于突破、勇于牺牲，就是坚定的信仰信念信心。

三、湘江战役精神的历史地位

中国共产党是中国革命精神的主要创造者。党的革命精神，在坚守与变革、继承与创新的有机统一中既一脉相承又与时俱进，为不断发展着的党的事业提供源源不断的精神动力。湘江战役精神，是革命先辈留给后人的宝贵精神财富，是伟大长征精神和民族精神的集中体现，具有重要的历史地位。

（一）具有中国革命过程中关键节点的鲜明个性

党在革命年代铸就的红船精神、古田会议精神、井冈山精神、苏区精神、长征精神、延安精神、西柏坡精神等革命精神，是中国共产党革命精神的集中体现。湘江战役精神是中国共产党人和红军在探索中国革命道路的过程中积淀的宝贵财富，体现了党和红军为追求理想信念，至死不渝、坚贞不屈、勇往直前、攻坚克难的崇高精神，具有自身特色和个性。

（二）中国革命精神尤其是长征精神的重要组成部分

长征这一人类历史上的伟大壮举，留给我们最可宝贵的精神财富，就是中国共产党人和红军将士用生命和热血铸就的伟大长征精神。习近平总书记指出，伟大长征精神，就是把全国人民和中华民族的根本利益看得高于一切，坚定革命的理想和信念，坚信正义事业必然胜利的精神；就是为了救国救民，不怕任何艰难险阻，不惜付出一切代价的精神；就是坚持独立自主、实事求是，一切从实际出发的精神；就是顾全大局、严守纪律、紧密团结的精神；就是紧紧依靠人民群众，同人民群众生死相依、患难与共、艰苦奋斗的精神。从中国革命精神的构成来看，湘江战役精神应是井冈山精神的延续，是长征精神的集中体现，是中国革命精神的一个重要连接点。伟大长征精神，是中国共产党人及其领导的人民军队革命风范的生动反映，是中华民族自强不息的民族品格的集中展示，是以爱国主义为核心的民族精神的最高体现。湘江战役中红军能够突破国民党军队的第四道封锁线，靠的是在强有力思想政治工作激发下，广大红军将士发扬不怕牺牲、英勇顽强、敢打敢拼的精神。湘江战役中红军这种勇于胜利、勇于斗争、勇于牺牲的革命精神是伟大长征精神的集中体现。

（三）中华民族精神的重要体现

湘江战役精神所蕴含的信念坚定、顾全大局、敢于担当、勇于突破等元素，生动体现了以爱国主义为核心的民族精神和以改革创新为核心的时代精神，是中华民族优秀文化的重要内容。

四、湘江战役精神的时代价值

人无精神则不立，国无精神则不强。精神是一个民族赖以长久生存的灵魂，唯有精神上达到一定的高度，这个民族才能在历史的洪流中屹立不倒、奋勇向前。在伟大实践中孕育形成的中国共产党革命精神是历史的沉淀和信仰的升华，是党的初心和使命在不同历史阶段、历史事件和历史人物中的具体体现，是启发和激励一代代中国共产党人不忘初心、继续前进的重要精神动力。

80 多年前的长征迸发出一种绵延不绝的精神力量。伟大长征精神，作为中国共产党人红色基因和精神族谱的重要组成部分，已经深深融入中华民族的血脉和灵魂，成为社会主义核心价值观的丰富滋养，成为鼓舞和激励中国人民不断攻坚克难、从胜利走向胜利的强大精神动力。习近平总书记指出："今天，我们这一代人的长征，就是要实现'两个一百年'奋斗目标、实现中华民族伟大复兴的中国梦。"① 湘江战役已成历史，但湘江战役精神是永存的，具有重要的时代价值和永恒荣光，是实现中华民族伟大复兴新长征需要倡导和弘扬的正确价值观。

---

① 《十八大以来重要文献选编》（下），中央文献出版社 2018 年版，第 396 页。

（一）探索中国道路、谱写中华民族伟大复兴新篇章的精神引领

湘江战役精神蕴含着我们党坚定的共产主义理想信念、实现中华民族伟大复兴的历史使命和全心全意为人民服务的宗旨，凝聚着中国共产党的伟大精神，是中国共产党接续奋斗、不断开创新篇章的重要支撑。湘江战役精神可以为攻坚克难、担当尽责、探索新路，谱写中华民族伟大复兴新篇章，提供精神引领和动力源泉。鹿心社书记指出，当前，我们正在以习近平同志为核心的党中央坚强领导下，为实现中华民族伟大复兴的中国梦而努力奋斗，需要继续弘扬“勇于胜利、勇于突破、勇于牺牲”的湘江战役精神，共同努力来实现我们的发展目标。

（二）推动中国共产党自身建设的历史营养

习近平总书记指出：“勇于自我革命，是我们党最鲜明的品格，也是我们党最大的优势。”[①] 进入新时代，决胜全面建成小康社会的攻坚任务、全面建设社会主义现代化强国的奋斗目标、实现中华民族伟大复兴的历史使命，对我们党提出了前所未有的新要求。“四大考验”“四种危险”以及影响党的先进性、弱化党的纯洁性的各种因素带来新的挑战，我们党要永葆生机活力，必须勇于进行自我革命，弘扬包括湘江战役精神在内的革命精神。这种自我革命来自中国共产党的自觉自警，同样来自中国共产党的自信自豪。湘江战役精神蕴含了崇高的理想信念、高尚的道德情操、强烈的担当意识、优良的党风党纪等丰富的理想信念和党性教育内容，具有超越时空的强烈感染力、震撼力和强大的教育功能，对新时代加强党的自身建设，强化党员干部政治信仰具有重要作用。

（三）塑造社会主义核心价值观和当代中国精神的重要资源

湘江战役精神所彰显的理想信念的坚定、危急关头的担当、英勇顽强的意志、顾全大局的胸襟、严守纪律的自觉、自我牺牲的精神，是社会主义核心价值观的生动诠释，是弘扬中国精神、增强文化自信的生动教材。红军在湘江战役中表现出的为中国人民解放事业而无私无畏、英

---

① 《习近平谈治国理政》第 3 卷，外文出版社 2020 年版，第 20 页。

勇奋斗的精神，激励着广西广大共产党员和各族群众不屈不挠地为中国人民的解放事业奋斗到底。

（四）增添人类历史文化重要遗产

长征是惊天动地的革命壮举，是中国共产党和红军谱写的壮丽史诗，是中华民族伟大复兴历史进程中的巍峨丰碑。80 多年来，世界范围内关于红军长征的报道和研究层出不穷，慕名前来寻访长征路的人络绎不绝。国际社会越来越多的人认为，红军长征是 20 世纪最能影响世界前途的重要事件之一，是充满理想和献身精神、用意志和勇气谱写的人类史诗。长征迸发出的激荡人心的强大力量，跨越时空，跨越民族，是人类为追求真理和光明而不懈努力的伟大史诗。湘江战役是长征的重要组成部分，湘江战役精神是长征精神中最重要的组成部分。深刻理解湘江战役和湘江战役精神，有助于更加深刻地理解长征和长征精神，认识人类历史文化遗产。

五、新时代湘江战役精神的传承弘扬

长征永远在路上。每一代人有每一代人的长征路，每一代人都要走好自己的长征路。红色基因是党和人民军队从胜利走向胜利的重要原因。今天我们要着眼中国特色社会主义总体布局，在政治、文化、社会、经济、生态等方面，弘扬包括湘江战役精神在内的革命精神，不忘初心、牢记使命、永远奋斗，走好新时代的长征路。

（一）强化政治信仰

习近平总书记指出：“信仰、信念、信心，任何时候都至关重要。小到一个人、一个集体，大到一个政党、一个民族、一个国家，只要有信仰、信念、信心，就会愈挫愈奋、愈战愈勇，否则就会不战自败、不打自垮。无论过去、现在还是将来，对马克思主义的信仰，对中国特色社会主义的信念，对实现中华民族伟大复兴中国梦的信心，都是指引和支撑中国人民站起来、富起来、强起来的强大精神力量。”① 我们要挖

① 习近平：《在庆祝改革开放 40 周年大会上的讲话》，人民出版社 2018 年版，第 42 页。

掘湘江战役特色资源，开展特色培训，传承红色基因，强化政治信仰。

（二）繁荣红色文化

如何走好新时代的长征路，从精神层面来说，就要大力弘扬中国共产党在革命、建设和改革实践中形成的丰富革命精神，让革命精神中蕴含的理想信念和精神品格继续发扬光大。我们要强化文化遗产保护和开发，推出以湘江战役精神为重点的精品力作，繁荣红色文化。

（三）开展大众教育

我们要铭记烈士们的流血牺牲，在全社会树立崇尚英雄、缅怀先烈的良好风尚，抚慰红军烈士英魂、缅怀革命先烈功绩，开展大众教育、以青少年为重点引领价值构建，教育子孙后代树立崇尚英雄、缅怀先烈的良好风尚，传承红军精神，让长征精神永放光芒。

（四）发展红色文化产业

对历史的最好纪念，就是创造新的历史。学习贯彻习近平新时代中国特色社会主义思想，关键是科学全面认识党的历史、军队和国家的历史，铭记历史经验教训，弘扬长征精神、传承红色基因，不忘初心、牢记使命、奋发图强、永远奋斗，促进老区发展，促进全国发展，把我们国家建设得更好更强大。我们要大力发展红色文化产业，提升红色旅游，助推脱贫攻坚、决胜全面小康和社会主义现代化建设。

（五）建设美丽中国

我们要传承弘扬湘江战役精神，贯彻落实新发展理念，推动绿色发展，打赢污染防治攻坚战，提高环境治理水平，建设美丽中国，实现中华民族永续发展。

［赵晓刚，中共广西区委党校（广西行政学院）党史党建教研部博士、副教授，湘江战役现场教学主讲教师，广西党史专家，广西中共党史和中共党史人物研究会理事］

湘江战役是长征路上“看齐意识”的初始

习近平总书记指出，长征是一次检验真理的远征。而检验真理的一个重要结果，是我们党在长征路上形成了以毛泽东同志为核心的“看齐意识”。

1934 年 10 月，中央机关和中央红军在敌人的五次“围剿”打击下，被迫进行了战略转移，当时主持中央工作的“三人团”出于安全保密等原因，既没有召开政治局会议进行讨论，也没有向全军指战员进行政治动员，匆忙进行了扩红、筹款、安置伤病员和确定留守人员等工作，然后带着“共和国”的全部家当和依依不舍、犹豫不决的心情仓促上路。尽管当时的中革军委主席朱德已经没有了决策权，但是许多命令和指示都是以中革军委、甚至是以朱德名义下发的，可想而知，当时红军大多指战员并不了解中央上层的指挥变化，仍然是在朱总司令的指挥下行动。由此可以看出，红军中高度的组织纪律观念和服从命令、听从指挥的素质相当高。

一、湘江战役唤起了红军高层指挥员的觉醒

英勇的红军将士，一举突破了敌人的四道封锁线，前三道封锁线的战斗其实也很激烈，尽管事先已经由朱德、周恩来策划，派出何长工、潘汉年与粤系军阀陈济棠达成了协议，但是由于传达的迟延和具体执行的偏差，红军的先头部队还是与负责前三道封锁线的粤军发生了战斗，有的战斗甚至十分激烈，敌我双方都损失不小。据资料统计，中央红军在突破第一道封锁线时就损失了 3700 人，并牺牲了红三军团四师师长洪超；突破第二道封锁线时又损失 9700 人；突破第三道封锁线时再损失 8600 人；到广西的湘江边上、面对第四道封锁线时，红军已经损失

2 万多人（其中有相当一部分是逃散），尽管沿途又扩充了部分铁路工人加入红军，但总人数只有 6 万多人了。

面对蒋介石布好的“口袋”，红军最高指挥者不听毛泽东、彭德怀等人的劝告，依然要求部队“高举着胜利的旗帜，向着火线上去”!

英勇的红军将士，面对 5 倍于己的敌人，浴血拼杀三个昼夜，以 24000 多人伤亡的惨重代价，终于突破了第四道封锁线。

湘江战役在我军军史上被称为“最惨烈的三次战役”之一（后面的两次是西路军蒙难和皖南事变）。在这场战役中，我军刚刚组建的红八军团 10000 多人被打散，收拢起来的不足 1200 人，最后不得不撤销了红八军团的番号，遂成为我军建制史上留存时间最短的军级建制（留存时间不足两个月）。

红军冲过了湘江之后，“三人团”的最高指挥员博古承受不了这惨烈打击和自责，这位曾经满口马列主义教条的“布尔什维克”感觉到极度的恐慌，他无法向共产国际交代，更无法面对英勇牺牲的红军将士，他的内心几近崩溃，竟拔出手枪想自杀。幸而路过的一军团政委聂荣臻及时制止了他。

在残酷的事实面前，中央政治局委员王稼祥在与毛泽东、张闻天等人磋商后，提出召开一次高层会议，并得到了周恩来、朱德等人的支持，为遵义会议的召开做好了准备。

二、湘江战役是遵义会议确立“看齐意识”的实证

1935 年 1 月，红军占领遵义后，召开了中央政治局扩大会议，主要解决红军的行动去向和总结失败教训、明确红军指挥等问题。

后来的党史研究中认定，遵义会议是我党我军一次重大转折的会议。其实，会议本身只是转折的一个环节，而从第五次反“围剿”失败到湘江之战的惨败，一系列错误指挥导致的失败，已构成了转折的“前因”。如古人所讲：“祸兮福所倚”。没有惨痛的失败，就没有后来的深刻反省和改正错误的决断。

遵义会议是一次痛定思痛的会议。会上，由张闻天所作的“反报告”，列举了大量事实批评“三人团”的指挥，特别是用湘江战役的惨痛教训来警醒全党。毛泽东在会上明确指出不赞成把第五次反“围剿”失败到湘江失利的原因归结为敌强我弱的观点，而尖锐地指出主要原因是战略思想和军事指挥上的错误，如防御中保守主义、进攻中的冒险主义和转移时的逃跑主义，等等，毛泽东有理有据的分析得到了与会大多数人的认同。

而一向老成持重的朱德总司令，在发言中态度鲜明地支持了毛泽东的正确意见。由于朱德一直处于被动和服从的地位，但出于坚强的党性原则，他违心地成了“三人团”错误指挥的传声筒，但他对李德、博古的错误有着更加深刻的了解。因此，在这次党的会议上，他“声色俱厉地追究临时中央的错误，谴责他们排斥了毛泽东同志”，并且严正表示“如果继续这样的领导，我们就不能再跟着走下去了”。

参加这次扩大会议的既有政治局委员、候补委员，也有红军总部和各军团的负责人，20 位参加者平均年龄 34 岁。而会议的主持人就是错误领导的主要成员博古，他明知道会议的主要目的是对自己的错误进行清算，但严格的党性和尊重真理的基本素质使他能够给大家创造机会。尽管他在会议“主报告”中为自己的错误领导作了表白和辩解，却遭到了与会者的一致反对。“三人团”成员之一的周恩来，大胆地对博古和军事顾问进行了批评，同时也主动承担了自己的责任。而作“反报告”发言的张闻天，本是“留苏派”骨干，在苏区时也是王明“左”倾路线的积极推行者，而且在苏联时与王明、博古都有很深的交情。然而为了探索真理，为了寻求正确的道路，他毅然抛弃个人亲疏，勇敢地向“三人团”的错误开火，不留情面地对博古进行批评。继而王稼祥、朱德、刘伯承、李富春、聂荣臻、彭德怀、李卓然等人都抛弃了个人的亲疏好恶，纷纷起来发言支持毛泽东的意见，会议几乎形成了一边倒，可他们都不是毛泽东在秋收起义时的“嫡系”。这些共产党人抱着探索真理的纯正动机，客观地分析和总结失败的原因，同时认真分析当前局势和毛泽东的主张，最后形成了“选举毛泽东同志为中央政治局常委”等重要决定，同时赋予他协助周恩来进行军事指挥的“话语权”，即“以泽东同志为恩来同志军事指挥上的帮助者”。即使是在当时被称之为“反对”毛泽东的凯丰，也只是对毛泽东说“你懂得什么马列主义？你顶多是知了些《孙子兵法》”，并表示保留自己的意见，而在以后的工作中积极地执行了会议决议，并逐渐站在了支持毛泽东的立场上。

当时没有针对政治问题进行争辩和讨论，张闻天后来总结说，这是“党内斗争的一个示范”。因为当时讨论政治问题的时机并不成熟，在当时非常关键的时刻，回避一些无法解决、也是解决条件不成熟的问题，而集中解决紧要的指挥问题，这是实事求是思想路线的最好实践。

遵义会议是一次独立自主的会议。后来有党史专家研究认为，遵义会议之所以能够召开并取得成功，与我们当时因电台损坏而与共产国际“失联”有很大关系。过去，我们党从诞生就在共产国际的严格控制之下，所有会议、决议，以及党的领导人变换，都要经过共产国际的批准，甚至直接由共产国际委派。究其原由：一是因为共产国际是马克思列宁主义的代表，是国际共产主义运动的最高指挥部，我们中国共产党只是共产国际的一个支部，服从共产国际是一个原则问题；二是共产国际每年给予我党有力的支持，包括每年提供一定数量的活动经费，之前党中央在上海时的活动经费主要依靠共产国际提供保障。但此次危难之际，恰逢电台损坏，中国共产党第一次在没有共产国际干预下召开了一次独立自主的会议，成功地解决了自己的紧要问题，这也是一种天赐机遇。试想，如果有共产国际干预，其会议结果还不知道会怎样。

然而在会议上，“关键少数”起到了决定作用，他们用大量事实和精辟论述以及有理有节的策略，说服了与会者，大家采纳了“少数人”的意见，这不能不说是对我党高级领导人马克思列宁主义水平和党性原则觉悟的一次体现和检验。

如果说事实胜于雄辩，那么，遵义会议中所举证的事实，相当一部分就是湘江战役红军将士的鲜血和生命。从这个意义上可以说，湘江战役用鲜红的代价奠定了我党的“看齐意识”。从此，全党在核心层面有了看齐意识的概念，大家在“向真理看齐”“向实事求是看齐”“向能够执行正确方针的领导者看齐”上达成了共识。

三、土城战役和四渡赤水是“看齐意识”的检验

在遵义会议后，毛泽东的核心作用是逐渐形成的，经历了一个认识和检验的过程。

遵义会议后，中央红军放弃去黔北创建根据地的打算，决定北渡长江争取与红四方面军会合，在川西或川北创建根据地。当部队行进到一个叫土城的地方，准备渡过赤水时，毛泽东根据得来的情报，建议在此打一个伏击战，消灭尾随的川军 4 个团。周恩来等军委领导马上支持和批准了毛泽东的意见，并由他亲自指挥这场战斗。

可意外的是，这竟然是一场遭遇战，而且以我军的失败而告结束。原因有三：一是情报有误，原先得到情报是敌人只有 4 个团，可战斗打响之后才发现敌人竟有 7 个团；二是我军轻敌，原以为川军战斗力不强，所以开始并没有让红一军团参加战斗，可没有想到这伙川军异常勇猛，而且装备又好，他们组织部队对红军实施了反包围，一时间我军的指挥机关也处在敌人的包围之中，参战部队想撤都撤不出来；三是对此种后果没有补救方案。一时间我军处在危难时刻。此时，身为红军总司令的朱德，端起冲锋枪亲自冲到前线，指挥督战，周恩来下令调动我军的精锐——“干部团”全员出去，充当敢死队，同时传令红一军团投入战斗，终于将部队撤出战斗。军史上称之为“我军级别最高的战斗”——有后来共和国的三任国家主席（毛泽东、刘少奇、杨尚昆）、一任国务院总理（周恩来）、五任国防部长（彭德怀、林彪、叶剑英、耿飚、张爱萍）和十大元帅中的七位以及 200 多位将军都参加了战斗，双方各自伤亡 3000 多人。

多年以后，毛泽东在 1956 年 9 月 10 日八大预备会议第二次全会上

说：“我是犯过错误的。比如打仗，……长征时候的土城战役是我指挥的。”[①] 但是，追求真理的中国共产党人，并没有因此动摇对毛泽东的信任，周恩来亲自去做博古的工作，动员他交出党的领导权，并放手让毛泽东指挥，他说：“实践证明，打仗还是老毛比我们强。”有了这个基础，毛泽东从此开始施展了“四渡赤水”的神来之笔，面对 10 倍于己的敌军围堵，他调动敌我得心应手，最终彻底摆脱了蒋介石精心布下的包围圈，使几万人马绝处逢生。以致多年以后，当二战名将蒙哥马利访问中国当面称许毛泽东指挥的三大战役时，他不无得意地说：“不如我当年的四渡赤水。”

而土城的失利与湘江战役有所不同，毛泽东在情报失误的情况下，能够及时调整部署，改变作战决心，迅速撤出部队，这也是吸取了湘江战役的教训，更能体现毛泽东实事求是、勇于担当的作风。因此，从党的决策层面，并没有因为此战失利而怀疑和动摇毛泽东的指挥，反而更加信任他，给他以充分展示的机会，这为他后来指挥四渡赤水提供了舞台，“看齐意识”得到了进一步的检验。

四、长征全过程是“看齐意识”的确立

在以后的长征道路上，广大指战员坚信党中央的正确领导，坚信毛泽东的正确指挥，全军高层指挥员向毛泽东看齐，他们以高度的组织性、纪律性，以不怕牺牲的奋斗精神，完成了毛泽东和党中央的一个又一个战略部署，使毛泽东的组织艺术和指挥艺术变成胜利的现实。

在遇到张国焘的分裂行为时，党中央的领导集体和高级指挥员坚持向毛泽东看齐，他们同张国焘的分裂行为进行了近乎一致的斗争。在红一和红四方面军会师后，张国焘发现这是红军中的两支主力，便请红一军团的政委聂荣臻和红三军团军团长彭德怀吃饭，对他们特别关心，还调兵力补充他们，但他们不为所动，在反对分裂的问题上坚定地站在了

① 《毛泽东文集》第 7 卷，人民出版社 1999 年版，第 106 页。

毛泽东一边。在后来随同红四方面军行动中的朱德，冒着被软禁和暗杀的危险，坚定地表示“朱毛不可分，要我反对毛泽东做不到”。朱德和刘伯承一起同张国焘的分裂行为进行了坚决的斗争，后来毛泽东称颂他“度量大似海，意志坚如钢”。后来召开的毛儿盖会议上，毛泽东在周恩来因病缺席的情况下第一次主持政治局会议，他的建议赢得了与会同志、包括红四方面军总指挥徐向前和总政委陈昌浩，以及在遵义会议上“反对”过自己的凯丰等人的一致赞同。从此，向毛泽东看齐的意识，逐渐成了全党和全军的共识。高度的“看齐意识”，给了以毛泽东为代表的正确路线以充分展示的舞台，同时也给了正确路线、正确思想的实践以时间和机会。这些高度的认同，与湘江那场惨烈的失利有着直接的联系。

中央红军长征到达陕北刚刚两个月，毛泽东发表的著名的讲话中对长征的意义给予了高度概括，其中不无深情地说道：“谁使长征胜利的呢？是共产党。没有共产党，这样的长征是不可能设想的。中国共产党，它的领导机关，它的干部，它的党员，是不怕任何艰难困苦的。”[①]至此，应当加上“它的领导机关，它的干部，它的党员”也是追求真理、勇于实践、不怕失败、坚持“看齐”的。

值得一提的是，毛泽东在遵义会议走上前台后，并没有马上主持党中央的全面工作，博古交出“负总责”的领导权后，按照毛泽东的建议，由张闻天主持中央工作，张闻天以极大的工作责任心和热忱投入到工作当中。有资料记载，张闻天在主持工作的三年多时间里，主持召开中央会议达137次，而毛泽东要召开中央会议也只能向张闻天提出建议。在大的决策上，尽管他十分尊重毛泽东等领导同志的意见，但是对关键问题仍然能够“最后否决”。如西安事变发生后，毛泽东等其他中央领导同志在张闻天不在的情况下进行了紧急处置，迎合当时的社会要求，提出了“除蒋”和“审蒋”的主张，并向全国发了通电，而事后张

---

① 《毛泽东选集》第1卷，人民出版社1991年版，第150页。

闻天则认为不妥，便马上予以纠正，毛泽东等人也感觉此事处理不当，最后尊重了张闻天的意见，修正了对西安事变的方针政策，取得了很好的效果。

直到党的七大前夕，在经过共产国际的认可、排除了王明争夺党内领导权的干扰后，张闻天把党的日常工作交给了毛泽东负责，党的领导核心得以确立。全党的看齐意识形成了一种自觉，党的事业也就此走上了正确的道路，一个个胜利接踵而来。

痛定思痛，湘江战役无论界定为胜仗或为败仗，其实已经并不重要，它在长征历史上所起到的重要作用，尤其是在长征中形成我党“看齐意识”的初始作用是不容置疑的。湘江战役不仅以信念坚定、勇于牺牲和服从大局的精神成为我军的宝贵财富，更重要的是为我党确立实事求是的思想路线、确立实践检验真理的“看齐意识”奠定了基础，成为我党我军思想建设的精神丰碑。

（葛江洋，解放军退役大校，长征文化学者，中共党史人物研究会井冈红军人物分会会员、中共辽宁省委党史报告团成员、河北精英集团红色文化教育研究室主任）

弘扬和传承伟大的湘江战役革命精神

湘江战役是长征途中关乎中央红军生死存亡的关键一战，是事关中国革命命运前途的关键之战。充分挖掘整理湘江战役历史，全面展示红军长征伟大精神及其在湘江战役中的体现，更好地引导和激励人们传承红色基因、弘扬长征精神，走好新时代的长征路，具有永恒的时代价值和十分重要的现实意义。

我们认为，湘江战役孕育了伟大的湘江战役精神。什么是湘江战役精神？简单地说，湘江战役精神就是伟大的长征精神最生动、最集中、最具体、最核心的体现，是伟大长征精神的重要组成部分。人无精神则不立，国无精神则不强。精神是一个民族赖以长久生存的灵魂，唯有精神上达到一定的高度，这个民族才能在历史的洪流中屹立不倒、奋勇向前。

习近平总书记指出，伟大的长征精神，就是把全国人民和中华民族的根本利益看得高于一切的精神；就是坚定革命的理想和信念，坚信正义事业必胜的精神；就是为了救国救民，不怕任何艰难险阻，不惜付出一切牺牲的精神；就是坚持独立自主，实事求是，一切从实际出发的精神；就是顾全大局，严守纪律，紧密团结的精神；就是紧紧依靠人民群众，同人民群众患难与共、生死相依的精神。作为伟大长征精神的重要组成部分，湘江战役精神具有永恒时代价值。

一、无限忠诚、崇高信仰、坚定信念是湘江战役精神的灵魂

毛泽东曾形象地说，“红军长征走的都是连脚都不容易走的路”。在长征路上担任中国共产党总负责人的张闻天曾说：“长征能够有这样伟大的影响，原因就在于红军将士有为自己的理想而牺牲、奋斗与坚持到

底的精神。没有这种精神，就是一千里也不可能走完。”

湘江战役中，面对绝境险境，红军将士用自己的鲜血和生命，发扬奋不顾身、前仆后继、视死如归的革命英雄主义精神，完成了掩护中央纵队和红军主力渡过湘江的艰巨任务，他们靠的就是坚定的共产主义理想、始终不渝的革命信念和革命必胜的信心。

红军战士对革命事业的无限忠诚，是红军的强大精神动力，是中华民族所以生生不息的优良传统，是中国共产党人能够取得革命胜利的强大精神力量，也是我们在实现中国梦的新长征中需要倡导和弘扬的正确价值观。这种精神和信念，永远是我们战胜各种艰难险阻、经得住各种诱惑和考验的基石。

心中有信仰，脚下有力量；没有牢不可破的理想信念，没有崇高理想信念的有力支撑，面对装备和人数远胜于己的敌人，要突破号称天险的湘江防线是不可想象的。

邓小平晚年时，曾经有记者问他，参加长征最大的感受是什么，邓小平不假思索，操着浓重的乡音回答，“跟着走!”看似不假思索，其实这是经过深思熟虑的人生选择，这是对信念的坚守，这是对共产党的信任。

传承和弘扬湘江战役精神，就是要对党忠诚，坚定信仰。

对党忠诚，是对新时代我们党的干部队伍的必然要求。对党忠诚，就要增强“四个意识”、坚定“四个自信”、做到“两个维护”，严守党的政治纪律和政治规矩，始终在政治立场、政治方向、政治原则、政治道路上同党中央保持高度一致。

坚定信仰，是共产党人的精神追求。习近平总书记多次强调，信仰认定了就要信上一辈子，否则就会出大问题。没有理想信念，理想信念不坚定，精神上就会得“软骨病”，就会在风雨面前东摇西摆。衡量干部是否有理想信念，关键看是否对党忠诚。领导干部要忠诚干净担当，忠诚始终是第一位的。

二、勇于战斗、勇于突破、勇于牺牲是湘江战役精神的核心

湘江战役中，广大红军战士，面对疯狂的敌人，所表现出来的敢于战斗、勇于牺牲、无坚不摧的革命英雄主义精神，是湘江战役精神的核心。

红三十四师师长陈树湘宁死不做敌人的俘虏，断肠铭志，红五团政委易荡平为不拖累战友，舍生取义。湘江鏖战，尽管红军损失惨重，饥困交加，但广大红军战士以坚定的共产主义信念和对革命事业的无比忠诚，在血与火、生与死的考验中表现出英勇顽强、不怕牺牲、连续奋战的革命精神和顶天立地的英雄气概。就是凭着这种革命英雄主义精神，红军将士征服了千难险阻，做出了巨大牺牲，赢得了战略上的胜利，保证了中央纵队的安全，为中国革命保存了最坚强的力量。

传承和弘扬湘江战役精神，在中国特色社会主义新时代要敢于担当，敢于作为，敢于突破，敢于创新。

三、统一领导、顾全大局、严守纪律是湘江战役精神的精髓

坚持党的集中统一领导，是长征取得胜利的重要保证，也是长征精神的核心内容，而湘江战役中体现得就更为明显。

湘江战役中，中央红军各军团在党中央的统一领导下，从革命的根本利益出发，主动承担最为艰险的任务，勇于牺牲自己而力保全局，广大红军指战员在一切为了保卫党中央，誓为苏维埃新中国流尽最后一滴血的口号下，顾全大局，团结协作，一切行动听指挥，面对凶恶的敌人，不怕牺牲，顽强战斗，把生的希望让给战友，把死的危险留给自己，用热血和生命谱写了长征史上最华丽的篇章。

传承和弘扬湘江战役精神，必须始终维护党的集中统一，不断强化核心意识、整体意识、大局意识、看齐意识。湘江战役精神与习近平总书记提出的“四个意识”是一脉相承、相辅相成的。

党的集中统一领导，不但是革命取得胜利的根本保障，也是建设和

改革取得成功的根本前提。尤其对于我们这样一个世界上人口最多的发展中大国、党员人数最多的大党，要想集中力量办成大事，必须坚持中国共产党的集中统一领导，必须坚决维护和服从党中央的领导权威，这样才能避免分散主义、防止重大失误、统一全党意志、畅通政令军令。要反对政治上的自由主义、组织上的分散主义和各种形式的本位主义、地方保护主义，自觉强化大局意识、核心意识、看齐意识，自觉听从中央号令，切实把各方面的力量凝聚到党的旗帜之下，切实用习近平中国特色社会主义新时代理论统一全党全军全国各族人民的思想，以此统领和推动我国经济社会全面、协调、可持续发展。

四、一切为了群众、一切依靠群众是湘江战役精神的本质要求

长征是播种机、是宣传队。红军走到哪里，就把宣传工作做到哪里。湘江战役中，红军用严明的纪律，塑造一支在中国共产党领导下的人民军队的形象。他们采用书写标语、散发传单、召开群众大会等方法向人民群众宣传革命道理和红军的性质、党的宗旨和民族政策以及红军北上抗日的主张，号召大家行动起来，打倒帝国主义和国民党反动派，打倒土豪劣绅，自己解放自己。红军像对待亲人一样对待老百姓。尽管天天行军打仗，给养困难，但从不乱拿老百姓一点东西。许多地方的贫困人民吃不饱、穿不暖，生活十分凄苦，红军将士宁愿忍饥挨饿也要用自己的衣食救济他们，打来的地主豪绅的浮财粮食也大都分给了贫困群众。红军用自己的言行，使农民群众深深体会到，红军是为穷人打天下的，是自己的队伍。

据少共国际师师长彭绍辉同志日记记载，仅在土桥阻击战中，全州就有 200 多青年修路工人在战场加入红军队伍，协助少共国际师防守德桥、土桥、屏山度。

在湘江战役时，红 34 师的红军战士翻越无人的宝盖山区后，来到绕弯村，有几名红军战士又饥又渴，想到村上找点东西吃，可是，村上

没有人在家。他们来到一个姓蒋的老大娘家里，见有一锅半粥半菜的小猪潲，就把它吃了。临走时，他们在锅里放了10余个银毫子，还留了张字条说明情况和表达对主人的谢意。正是这种对民众秋毫无犯，不乱入民宅的严明纪律，赢得了广大人民群众的拥护和支持，唤起了人民的革命热情，从各方面支援红军：有的为红军探听军情，有的帮红军磨米送饭，也有的帮红军挖战壕、运送弹药；还有的为红军带路、架桥、挑行李、抬担架等。同时，当地百姓还冒着“通匪、窝匪、济匪”被杀头的危险，保护红军伤员和收留失散红军。人民群众对红军的支持是长征胜利的坚强后盾。

传承和弘扬湘江战役精神，就是要时刻牢记群众路线。历史经验深刻说明，一个政党，一个政权，其前途命运最终取决于人心向背，古语有云：“得民心者得天下！”能不能代表最广大人民群众的根本利益，能不能赢得人民群众的拥护和支持，这是能否长期执政的关键。因此，我们必须增强群众观念，准确掌握群众所思、所忧、所盼，问政于民，问需于民，保障和改善民生。

五、坚持实事求是，一切从实际出发是红军血战湘江用生命和鲜血检验出的真理，是马克思主义普遍原理与中国革命实践相结合的结晶，是马克思主义活的灵魂

回顾湘江战役的历史，在湘江战役之前，我党有很多有利之机，但由于“左”倾的本本主义、教条主义的错误思想的干扰，对以毛泽东同志为代表的党内正确的战略思想一再打压。没能认识到已经变化了的形势，没有能坚持实事求是，而是错误地坚持了“堡垒对堡垒，拳头对拳头，御敌人于国门之外”的战略思想，致使中央红军丧失了许多宝贵机会，遭受重大损失。

湘江战役血的教训告诉我们，坚持实事求是的思想路线是我党的生命线。

时间是最公正的裁判，它的沉淀会使历史上的某一事件变得越发厚

重和清晰。这句话放在红军长征这件事上非常合适。随着时代的变迁，湘江战役精神愈发显现出它恒久而强大的精神魅力。

湘江战役是对我们党和我们党领导的人民军队一次血与火的洗礼，数万红军战士用生命和鲜血，忠诚和担当所镕铸出的湘江战役精神，是长征精神最集中、最核心的体现。

不忘初心，方得始终。铭记历史，方能照亮未来。深入挖掘湘江战役所蕴含的伟大的长征精神，具有深远的历史价值和现实意义。在新的历史条件下，学习和研究湘江战役中体现出的革命精神，弘扬和传承伟大的长征精神，对增强政治意识、大局意识、核心意识、看齐意识，加强党的建设、坚持党中央集中统一领导、增强党的团结统一、形成全党的向心力、凝聚力和战斗力具有重大的现实意义。

（王文胜，桂林市党史研究室副主任）

铭记革命先烈历史　弘扬湘江战役精神

湘江战役是中央红军突围以来历时最长、规模最大、战斗最激烈、牺牲革命英烈最多、事关中央红军命运的战役。数万红军英烈长眠在这片用生命和鲜血染红的热土上。湘江战役精神是伟大的长征精神最生动、最集中、最具体、最核心的体现，湘江战役精神是用生命热血铸就的伟大革命精神，在中国特色社会主义建设新时期，弘扬湘江战役精神：就是要学习把中华民族的根本利益看得高于一切；为了救国救民，不怕任何艰难险阻，不惜付出一切牺牲的精神；要学习坚持独立自主、实事求是，一切从实际出发的精神；要学习顾全大局、紧密团结的精神；要学习紧紧依靠人民群众，同人民群众生死相依、患难与共的精神。

一、豪情壮烈　血染湘江

1934 年 11 月 25 日至 12 月 1 日，在湖南道县和广西全州县的湘江两岸地区，湘江战役爆发。此役是中央红军长征以来最为惨烈的一仗。在付出了巨大代价后，红军最终突破了国民党军的第四道封锁线。

1934 年 10 月，中央红军开始长征。到 11 月，已连续突破国民党军三道封锁线，进入了湘南地区。此时，蒋介石判明了红军西进的战略意图，遂任命何键为“追剿”军总司令，以薛岳、周浑元两部 16 个师组成“追剿”军紧紧追击，以桂军、粤军共 9 个师在湘江两岸进行封堵，企图将红军歼灭于湘江以东地区。

当时，红军面临的最大困难不是外部压力，而是内部的错误指挥。毛泽东当时担任中共中央政治局委员，但受到“左”倾主义者的排挤，已经失去了决策权，但他多次提出建议：乘各路敌军正在调动之际，组织力量主动反击，改变战略方向，在湘南地区建立新的根据地，以扭转战局，变被动为主动。然而，博古和李德等人断然拒绝了这个建议，要求部队继续西进。无奈之下，毛泽东与朱德、周恩来等同志组织各纵队寻求突围，准备强渡湘江。

11月26日，红军各部按照中革军委的命令展开行动，进入广西境内。中央纵队居中，红一、三、五、八、九军团等战斗部队在四周，先行展开作战。经过激烈战斗，右翼红一军团先头第二师顺利渡过湘江，在广西全州以南界首至屏山渡之间的渡江点架设起浮桥。28日后，红三军团先头部队红十团渡过湘江，红二师在通往渡口的湘桂公路脚山铺占领阵地。左翼红三军团前锋第四师、先头第十团在界首以南的光华铺、枫林铺占领阵地，第五师则在湘江东岸的新灯占领阵地。这样，红军形成了红一军团在右，红三军团在左，红五军团殿后，主力大举进入广西、准备渡江的较好态势。

这时，中央纵队距离湘江渡口只有160多里。如果快速行军，一日即可渡江。但自长征以来，博古和李德要求红军采取“大搬家”式行军，军委纵队的非战斗人员将印刷机、印钞机、医疗设备等大量笨重物资人扛肩挑，导致队形绵延数十里，每天只行进四五十里。在前线十万火急的电报一道接一道的催促下，100多里的路，竟然走了整整四天。中央纵队动作缓慢，又使转道行动的红八、九军团和担负后卫任务的红五军团等部迟迟无法过江。

红军渡江拖延，为国民党部队赢得了开进、集结的时间，战场情况发生重大变化。各路军阀见有机可乘，纷纷赶到湘江东西两岸追上了红军，形成了前后堵截、南北夹击的局面，从空中和地面对红军展开规模空前的进攻，一场恶战终于爆发。从28日起，湘江两岸飞机轰鸣、枪炮震天。国民党军各路部队倾巢出动，扑向红军。红军战斗部队在渡口外围奋力挡住国民党军，掩护军委纵队向渡口方向机动。

战斗最先在红三军团第五师主力守卫的新灯一线打响。新灯以北5000米的古岭头是红军前往渡口的必经之地。28日拂晓，桂军四十四师在机枪、重炮、迫击炮的火力掩护下，向红五师守卫的前沿阵地发起进攻。桂军素有“打仗像恶狼”之名。中革军委命令红五师“不惜一切代价，坚守二至四天”。双方在每一个山头上展开激烈争夺。炮弹和重磅炸弹的爆炸声不绝于耳，许多来不及构筑工事的红军战士被震昏了，耳鼻出血，但没有人后退。在三天三夜的时间里，红五师全师 3000 多人伤亡 2000 多人，前沿阵地有的山头上一个排打得只剩一名战士，但他们没有让桂军前进一步。

在湘江西岸界首以南的光华铺、枫林铺，是中央红军过湘江最重要的渡河点。30 日拂晓，部分敌人突破红三军团第十团的防线，占领了界首渡口。团长沈述清率领了 2 个营的兵力直奔渡口，向桂军发起猛攻。敌我双方在江边来回“拉锯”，战斗异常残酷。经反复冲杀，红十团终于夺回了界首渡口西岸，但沈述清在冲锋中中弹牺牲，年仅 26 岁。参谋长杜中美接任团长后也在战斗中牺牲。在政委的指挥下，红十团继续战斗，伤亡 400 多人，但完成了阻击任务。

而在湘江东岸界首以北的脚山铺一线，林彪、聂荣臻指挥红一军团主力与湘军 4 个师及后续部队展开激战。红军依托公路两旁的山丘构成阵地，保护后方渡口安全。湘军在家门口作战，凶狠异常，组织敢死队反复冲锋，一度打到红一军团指挥所的前面。红一军团集中部队组织反攻，顶住湘军的飞机、大炮，与冲上来的敌人反复争夺。脚山铺是争夺最激烈的战场，敌人先后投入 6 个师的兵力，伤亡近万人，却始终未能突破红一军团防线。战斗中，红一军团自身也伤亡 6000 余人。

除此之外，担负后卫任务的第五军团边打边撤，硬是堵住了数倍于己的国民党军队的围攻，保障了中央的行动。在掩护部队的浴血保护下，中央纵队冒着天上飞机的扫射，终于在 11 月 30 日赶到湘江东岸的界首渡口，开始在漫天战火中组织渡江。

形势危急时刻，不懂军事的博古一筹莫展，甚至起了自杀的念头，李德也束手无策，只会不断骂人。朱德和周恩来将临时指挥所设在了界首渡口，顶着敌机的轰炸、扫射，调度指挥过江行动。当博古、李德和毛泽东等领导人赶到渡口时，众人被当时的情况震惊了：天上，几十架飞机轮番朝湘江江面和两岸投弹轰炸，江面上搭成的浮桥，许多被打断、打散。江水中有无数牺牲的红军战士的尸体。还没被炸断的桥面上，拥挤着红军的队伍慢慢前行；战士们无处躲避，每一分每一秒都有人跌入江中。被炸坏或丢弃的机器、文件、书籍，散落在岸边。四周阻击阵地上的枪炮声不绝于耳。就在这种情形下，同志们不顾一切地奋勇向前。

此时，红一、三军团等阻击部队伤亡已非常严重，而红五、八、九军团仍然没有过江，整个红军部队处境极其险恶。12 月 1 日，军委下达命令，要求“动员全体指战员认识今日作战的意义”“人人要奋起作战的最高勇气，不顾一切牺牲，克服疲惫现象，以坚决的突击，执行进攻与消灭敌人的任务……保证我野战军全部突过封锁线”。

这是湘江战役乃至整个红军作战历史上最惨烈的一天。各个阵地上，国民党军队倾尽全力展开集团冲锋。红军将士高喊“为了苏维埃共和国”的口号，扑向蜂拥而至的敌群。敌人被打下去，又冲上来，再打下去。拉锯战中，敌我双方绞成一团，展开大规模肉搏。每一寸战场上都洒满鲜血，湘江的江水被染成了红色。

在这场战斗中，红军展现出顽强的战斗力，无论国民党军怎样猛攻，始终未能阻断红军渡江的步伐。至 17 时，中央机关和红军大部终于渡过了湘江。根据军委命令，担负掩护任务的红一军团、红三军团随后撤出战斗，其他部队也陆续结束战斗。此后，红军主力继续前进，走上了长征的新路程。

二、湘江战役精神的内涵

湘江战役精神就是伟大的长征精神最生动、最集中、最具体、最核心的体现。这就是坚定革命理想信念和共产主义必然胜利的精神；不怕牺牲、一往无前的牺牲精神；顾全大局、团结战斗的无畏精神；依靠人民群众、与人民群众生死相依、患难与共的为民精神。

（一）坚定革命理想信念和共产主义必然胜利的精神

中央红军经受了长达 7 年之久的土地革命血与火的斗争洗礼。他们忠于党、忠于人民，铸就了革命理想高于天、听党指挥、能打胜仗、正义事业必胜的军魂。在湘江战役的绝境中，中央红军践行着这种革命英雄主义精神，军魂雄立、理想坚定、必胜信念刚健，与数倍于我的敌军展开了生死搏杀。红十团血战光华铺，红十八团 2000 名将士壮烈牺牲，红三十四师血战到底，全师将士舍命阻击，师长陈树湘绞肠成仁，后卫师炸桥断后舍生护卫阻击，全师将士之躯永驻湘江。在中央红军面临生死险境，朱德总司令半天三道铁令，上万名红军将士以命相搏，掩护中央红军机关纵队誓死渡江。湘江战役中红军将士以命相搏的生死血战，凸显出红军将士革命理想高于天的英雄意志，民族利益高于一切的英雄气概和品质，听党指挥的英雄誓言，救国救民、正义事业必胜的英雄信念。

（二）不怕牺牲、一往无前的精神

英勇杀敌的牺牲精神，是湘江战役红军将士革命英雄主义精神的精神特质。湘江战役军事环境、军事条件、军事态势、敌我双方的军事实力等现实因素，需要红军将士英勇血战践行牺牲精神。湘江战役是国民党军队围杀中央红军的第四道死亡封锁线，敌军五路大军对中央红军进行围杀，使中央红军处在生死存亡的绝境。绝境逢生需要红军将士践行无畏的牺牲精神；李德、博古错误的政治路线和军事路线、军事指挥，使中央红军身处险境。险境相逢勇者胜，需要红军将士以血战到底的英雄气概和牺牲精神战胜险境，以残酷的血战和血的教训来纠正这一错误的政治和军事路线。为保卫党中央、保存中央红军的火种和力量，完成党中央北上抗日的民族使命，红军将士必须杀开一条血路，做出牺牲，才能突破敌人的第四道封锁线奔赴抗日前线。湘江战役是中央红军长征以来对敌作战最惨烈最艰险、战役时间长、战役阻止任务重、战役险境多重、敌我兵力悬殊的血战。湘江战役结束，红军从出发时的 8.6 万人锐减到 3 万余人，近 4 万名红军英烈长眠在桂北湘江这片热土上。

（三）顾全大局、团结战斗的精神

湘江战役实际上是双重激烈斗争。一是要同党内的“左”倾错误路线作斗争，二是要与围杀中央红军的敌人进行生死血战。中央红军突破敌军第一道封锁线，很多红军高级将领就看清了蒋介石布下的口袋阵，将中央红军全歼于湘江天险的险恶用心，并纷纷向中央军革委“三人团”谋划提出摆脱围剿的军事线路。毛泽东三次向中央军革委“三人团”提出正确的军事线路，都被博古、李德否定，致使中央红军突破敌人第三道封锁线时已经牺牲近2万余名红军将士。在这决定中央红军命运前途、能否实现北上抗日担当民族大任的关键时刻，毛泽东第四次向中央军革委“三人团”进言，提出正确的军事线路，但仍遭否决。以毛泽东为代表的红军将领表现出顾全大局、团结作战、永不放弃的无私无畏的斗争精神。红军将士仍然以大局为重、团结奋勇杀敌，誓死保卫党中央。在湘江战役三大阻击战、四大渡口的生死决战中，红军将士以英勇无比、团结战斗、牺牲自我、永不放弃的革命英雄主义的意志与高风亮节的英雄品格和情怀，突破湘江天险，才有中央政治局在“通道会议”后纠错拨正、求真正向，沿着正确的军事路线一往无前。

（四）依靠人民群众、与人民群众生死相依、患难与共的精神

湘江战役惨烈的激战，中央红军突破湘江生死封锁线，彰显了红军将士爱民得人心、百姓舍命护红军、军民团结战斗的精神。中央红军在与敌人残酷封锁的激战途中，做群众的宣传思想工作，宣传党中央为人民求解放、中央红军北上抗日的正义之举。中央红军沿途书写100余条宣传标语和漫画，驻扎村寨时为百姓进行数场文艺宣传演出，并模范遵守当地百姓习俗和意愿，遵守党的群众纪律，帮助百姓排忧解难、送钱医病。最为重要的是中央红军沿途为群众镇压罪大恶极的土豪恶霸32人，深得人民群众的人心，得到百姓的拥护。同时，在敌人残酷的封锁下，群众舍命帮助中央红军指路渡江，补充给养、暗收红军伤员。湘江战役结束，待敌人走后，当地百姓暗中用3天多时间掩埋红军的遗体。这种在险境中军爱民、民拥军生动感人的军民情怀，是湘江战役革命精神的真实写照和内涵属性。

三、弘扬湘江战役精神

中央红军在湘江战役猛烈淬炼出的革命精神，在长征史乃至中国革命史中具有永恒的精神价值。这种精神品格永存历史，跨越时空，深植时代，具有厚重的历史价值。

（一）把中华民族的根本利益看得高于一切的精神

坚定革命理想信念和共产主义必然胜利的精神才能增强“四个自信”。广大红军指挥员是忠诚的马克思主义者，普通战士也知道并相信自己是在向抗日前线进军，是为无产阶级、为解放人民而战斗，为家庭、土地和国家而战斗。他们明白革命就会有流血和牺牲，但是坚信共产主义事业必然胜利。因而，广大红军指战员在面对数倍于自己的敌军，面对恶劣的自然环境时，不惧生死。在战斗中冲锋陷阵，前仆后继，视死如归，对革命事业的无限忠诚，这是红军的强大精神动力，是中华民族所以生生不息的优良传统，是中国共产党人能够取得革命胜利的强大精神力量，也是我们在实现中国梦的新长征中需要倡导和弘扬的正确价值观。不忘初心，方得始终。中国共产党人带领中国人民走过的这 100 年，又何尝不是一场始终“不忘初心、继续前进”的伟大长征？80 多年前的长征体现了中国共产党人的精神自信与文化自信，这种“走自己的路”的自信正逐渐沉淀升华为中华民族前进的强大定力和深厚历史底蕴。正如毛泽东后来所说：“我们现在遇到的困难不算很大，有什么了不起呀！比起万里长征，爬雪山过草地，总要好一点吧。”①

“四个自信”体现了中国共产党对中国特色社会主义道路、理论、制度和文化的执着追求。长征的胜利表明，中国共产党只有高扬理想信念的风帆、保有对社会主义事业的必胜信念和一往直前、不怕困难的英雄气概，从对中国特色社会主义事业的摸索中、自省中、挫折中、成功

① 《毛泽东文集》第 7 卷，人民出版社 1999 年版，第 187 页。

中获得自信，才能从容应对各种考验，不断把中国特色社会主义伟大事业推向前进。

（二）为了救国救民，不怕任何艰难险阻，不惜付出一切牺牲的精神

惨烈的湘江之战证明，党领导的人民军队是一支一不怕苦，二不怕死，敢打硬仗、善拼恶战的军队。这是建军以来人民军队的光荣传统，在革命战争年代是这样，在新时期的人民军队也需要发扬这种作风。特别是在当今时代，国际风云变幻莫测，更需要人民军队发挥当年红军的这种政治素质和顽强战斗作风，能够招之即来、来之能战、战之必胜，敢于与任何强敌比拼，成为保卫国家主权和领土完整的钢铁长城。我们必须把伟大的湘江战役精神与新的历史使命结合起来，在改革发展稳定、内政外交国防、治党治国治军方面，既要做梦想家又要做实干家，既要胸怀崇高理想又要脚踏实地做事。

（三）坚持实事求是，一切从实际出发的精神

在湘江战役，中央红军经过英勇奋战，突破了国民党军第四道封锁线，挫败了蒋介石企图歼灭红军于湘江以东的计划，中央红军也为此付出了极为惨重的代价。湘江战役充分暴露了在当时以博古、李德等人执行王明“左”倾错误路线的决策给红军带来的严重恶果，逐渐觉悟到这是排斥了以毛泽东为代表的正确路线、贯彻执行了王明错误路线的结果。在红军干部中强烈要求改变错误领导的情绪，经过湘江战役达到了顶点，为中央错误领导的垮台敲响了丧钟，直接为在遵义召开中共中央政治局扩大会议，确立毛泽东在党中央和红军的领导地位，奠定了最重要的干部思想基础。遵义会议的胜利召开，是中国共产党从幼年的党走上成熟的党的标志，是共产党历史上一个生死攸关的转折点，也是中国共产党第一次独立自主地运用马列主义基本原理解决自己的路线、方针和政策的会议。此后，中国共产党纠正了“左”倾错误路线，建立了以毛泽东为核心的坚强的领导班子，加强了党对军队的领导，并充分结合地理地形的特点，发挥红军自身的优势，运用机动灵活的战略战术，广泛开展游击战、运动战，掌握了进攻的主动，在川、黔、滇、鄂、豫、陕等广大地区调动敌人，冲出了国民党军队一道又一道封锁、一次又一次的包围，并最终赢得长征的胜利。

（四）坚持顾全大局、紧密团结的精神

湘江战役中，就在湘军、桂军与国民党中央军互相将最严重的作战任务推来推去的时候，中央红军却在疾进途中表现出一种顽强的整体性。红一军团一师若不按照彭德怀命令坚守，中央纵队在湘江一带便要被敌追近两天时间，湘江之战中红军的损失不知还要增加多少；红三军团四师若不按照林彪命令在南岸背水布防，界首渡口必定在桂军突袭下丢失，红军大队就将在湘江被追敌切断。虽然面对的并非自己属下部队，但他们这种从战争全局出发的整体意识，是我军的一大优势，这在湘江战役中展现出来，在后来的抗日战争，特别是解放战争中发挥得淋漓尽致，因而比原来预期提前取得了解放全中国的革命胜利。这是我军战无不胜的一个传家宝，也是在新的历史时期必须弘扬的全局观念。日本帝国主义趁国共内战的机会，加快了对华侵略的步伐。共产党在面对国民党军队的围追堵截时，仍不忘通过各种渠道号召集中全国人力、物力、财力，共同抗日。中国共产党作为抗日民族统一战线的积极倡导者，始终以民族解放为己任，捐弃前嫌，放下国民党对共产党人血腥屠杀的深仇大恨，努力促成建立以国共合作为基础的抗日民族统一战线，为抗日战争的完全胜利奠定了坚实的政治基础。

当前，我国正处在全面建设小康社会的关键期和全面深化改革攻坚期，任务复杂繁重，没有思想的解放就没有改革的突破。习近平总书记曾指出："在深化改革问题上，一些思想观念障碍往往不是来自体制外而是体制内。思想不解放，我们就很难看清各种利益固化的症结所在，很难找准突破的方向和着力点，很难拿出创造性的改革举措。"[①] 因此，我们必须坚持实事求是，以更加宽阔的眼界审视马克思主义在当代发展

① 《习近平谈治国理政》，外文出版社 2014 年版，第 87 页。

的时代内容和时代课题；必须以我们正在做的事情为中心，坚持问题导向，以强烈的问题意识冲破思想观念的障碍、突破利益固化的藩篱；必须聆听时代声音，继承和发扬湘江战役实事求是精神，更加深入地推动马克思主义同当代中国具体国情相结合。

（五）紧紧依靠人民群众，同人民群众生死相依、患难与共的精神

中央红军到达湘江以东后，通过大量的政治宣传工作使群众认识到红军是劳苦大众的队伍，是穷人的队伍。红军散发了一系列苏维埃政权相关政策与文件，如《中国共产党中央委员会告民众书》痛斥国民党军阀的罪恶，阐明中国共产党的主张；《出路在哪里》指出工人、农民、兵士及一切劳苦的民众们受苦的根源在于万恶的国民党军阀，出路在于中国共产党、苏维埃红军；11 月 29 日，红军政治部颁布了共产党第一个民族政策文件《关于瑶苗民族工作中的原则指示》，重申了民族平等、民族自由政策，强调“瑶民的事由瑶民自己决定，汉人不得干涉”。这些宣传，政策鲜明，针对性强，取得了人民群众的积极支持。当红军先头部队在渡口架设浮桥时，群众主动将自己家里的木料、门板甚至床板捐献出来，帮助红军下河打桩、架桥；新圩阻击战中，新圩乡村民让出祠堂，改成红军战地救护所；脚山铺阻击战中，当地居民不怕连累，主动收留和护理受伤红军，红四团政委杨成武就曾在脚山铺自然村王寅修家养伤。在全州的短短 7 天之中，红军所到之处，都有青年要求参军。

中国梦的内涵是国家富强、民族振兴、人民幸福，它归根到底是人民的梦。但幸福不会从天而降，美梦不会自动成真。只有把党的战略目标变成群众的自觉实践，始终坚持人民主体地位，不忘密切联系群众，不断调动人民群众干事、创业的积极性和创造性，才能聚合众力、融合众智以实现中华民族近代以来最伟大梦想——中华民族的伟大复兴。

湘江战役精神是我们这个时代所呼唤的精神，是当代中国共产党人和广大人民需要弘扬的伟大革命精神。伟大的红军将士在湘江血战中生成的革命精神与英烈之魂，在中国革命史中永存，在新时代永驻。正如习近平总书记所指出的：“我们一定要铭记烈士们的遗愿，永志不忘他们为之流血牺牲的伟大理想”,[1]“我们要铭记一切为中华民族和中国人民作出贡献的英雄们，崇尚英雄，捍卫英雄，学习英雄”。[2]

（陈永红，中共广东省委党史研究室副调研员、副研究员）

① 《习近平谈治国理政》第2卷，外文出版社2017年版，第35页。

② 习近平：《在纪念中国人民抗日战争暨世界反法西斯战争胜利70周年系列活动上的讲话》，人民出版社2015年版，第19页。

湘江战役精神的历史意蕴及时代价值

湘江战役发生在中央红军开始长征一个多月后，当时，红军来到广西境内的湘江上游，准备渡过湘江，北上与红二、红六军团会合。蒋介石则调集 25 个师，40 多万兵力空投手令。决心将红军全歼在湘江东岸，1934 年 11 月 27 日，红军先头部队红一和红三军团已据守湘江东岸，为大部队渡江打开通道。然后，由于党内“左”倾领导者的错误决策，把“战略转移”变成了“大搬家”，急行军两天可到的路程，让先头部队足足等了五天。在付出惨痛的代价后，中央红军终于突破了湘江，但兵力却由 8.6 万多人锐减到 3 万多人，负责断后的红五军团第 34 师 5000 多人几乎全军覆没，师长陈树湘被捕后从伤口中掏出自己的肠子扯断，壮烈牺牲，年仅 29 岁。

一、湘江战役历史意蕴

湘江战役是关乎中央红军生死存亡的一战。湘江战役是中央红军突围以来最壮烈、最关键的一仗，我军与优势之敌苦战，终于撕开了敌重兵设防的封锁线，粉碎了蒋介石围歼红军于湘江以东的企图。红军虽然突破了第四道封锁线，但付出了巨大的代价。“三年不饮湘江水，十年不食湘江鱼。”可见这场战役的惨烈程度，湘江战役就是血与火、生与死、存与亡的一场战役。星星之火可以燎原，经历湘江战役之后，中央红军在遵义召开中共中央政治局扩大会议，史称“遵义会议”。它是红军四处碰壁身处绝境时召开的，从此中国革命一个杰出人物，正式登上历史舞台，标志着中国革命翻开崭新的一页。

纪念湘江战役就是纪念在湘江战役中红军表现的革命精神，是整个红军长征精神的光辉体现。同时，湘江战役也证明：党领导的人们军队是任何反动力量也战胜不了的！

在过去的众多理论研究讨论中，都以回避的方式不谈其胜利与失败。大家都清楚地知道，红军面对敌我数量悬殊巨大，而且，正值年底，天气寒冷，面对恶劣的自然环境，面临同党内错误思想的激烈斗争，红军损失过半。对于湘江战役是胜利还是失败，我们不能简单地用红军损失多少来定性。对这场战役是否获胜，我们可以从敌方对这场战役的评价获悉。蒋介石在给白崇禧的电文中讲："开放黔、川要道，无异纵虎归山；数年努力，功败垂成"。但从蒋介石这篇电文，就能充分说明红军取得了湘江战役的胜利。

二、湘江战役精神的时代价值

湘江战役不仅仅是一个停留在历史时空的红色记忆，更是一个经久不息的精神指南，值得后辈铭记的时代价值观。在我们建设中国特色社会主义事业的今天，它为我们提供了强大的精神动力，是弘扬培育和践行社会主义核心价值观的典型案例，湘江战役蕴含的时代价值是实现中华民族伟大复兴的现实需求。要做到充分理解和体会湘江战役精神，并弘扬广大红军指战员英勇战斗、不怕牺牲、敢于突破的湘江战役精神，我们就应与时俱进，围绕时代发展的实践要求，不断创新发展。

习近平总书记在党的十九大报告中指出，推动中华优秀文化创造性转化、创新性发展，继承革命文化，发展社会主义先进文化，不忘本来，吸收外来、面向未来，更好构筑中国精神、中国价值、中国力量，为人民提供精神指引。在中国共产党领导中国人民走向伟大复兴的新时代，革命文化具有特殊的时代价值。湘江战役精神的意义也在于此。

湘江战役精神助力培育和践行社会主义核心价值观。

社会主义核心价值观需要立足于中国传统文化，而革命文化又是中国特色社会主义文化的源泉之一。要提高政治站位，树立历史眼光，强化理论思维，增强大局观念，坚持以习近平新时代中国特色社会主义思想为指导，不断拓展研究广度和深度，赋予淮海战役精神新的时代内涵，为丰富中国共产党精神谱系提供理论支撑和精神滋养。湘江战役的精神，作为中国革命文化的重要组成部分，是培育和践行社会主义核心价值观的精神向导。习近平总书记在党的十九大报告中指出，“人民有信仰、民族有希望、国家有力量。湘江战役精神是对社会主义核心价值观的充分诠释，它的传承和发展有助于解答社会主义意识形态建设过程中的困惑和考验。

无论在血雨腥风、战火纷飞的革命年代，还是在生机勃勃、革故鼎新的改革发展年代，红色文化一直激励着中国人民奋勇前进。要大力弘扬红色文化，传承革命精神，从中汲取昂扬奋进、团结拼搏的精神。

要抓好宣传教育，充分彰显湘江战役精神的时代价值，助力加强思想道德建设。湘江战役中取得胜利的法宝之一就是思想政治工作。红军思想政治工作体现了与时俱进精神务实精神和以人为本精神，从而成为夺取战斗胜利的保证。

新时代我们应切实把湘江战役精神转化为奋发有为、奋勇开拓的磅礴力量，以一往无前的姿态推动新一轮思想解放大潮涌起，以攻坚克难的决心、决战决胜的气魄创造地方经济转型科学发展，以回报人民的情怀加快建设幸福美好大家庭，以坚如磐石的意志深化全面从严治党，努力创造高质量发展的过硬成果。

在新时代弘扬湘江战役精神，也是彰显中国特色社会主义文化自信。革命文化是马克思主义中国化的重大文化成果，中国化的马克思主义是文化自信的理论之源。毛泽东指出：“自从中国人学会了马克思列宁主义以后，中国人在精神上就由被动转入主动。”① 湘江战役精神是建立在伟大的湘江战役革命实践基础之上，湘江战役即是湘江战役精神的实践之源。习近平总书记在十八届中央政治局第一次集体学习时的讲话中指出，理想信念就是共产党人精神上的“钙”，没有理想信念，理想信念不坚定，精神上就会“缺钙”，就会得“软骨病”。

① 《毛泽东选集》第 4 卷，人民出版社 1991 年版，第 1516 页。

加强思想道德建设就必须广泛开展理想信念教育，湘江战役精神蕴含的不畏牺牲、敢于奋斗的精神，就是防治“软骨病”的“钙”。

要创新传播运用，充分释放湘江战役精神的深远影响。在经济全球化、文化多样性的时代，创新传播方式应该讲求细分传播对象，多维度多层次讲好中国故事，其根本在于叙事的公信力，尤其是信息应适应分众化、差异化传播趋势，努力增强针对性和实效性，以求传播效果的最优化。湘江战役精神的传播，不能止步于当地，更应推向全国，让全国人民学习了解这段历史，深刻领会参战的革命烈士的革命英雄主义精神。

正本清源，守正创新。湘江战役不能止步于党史故事，在当前全面从严治党的形势下，不乏有很多地区存在着坍塌式腐败的情况，在这类地区或者行业，我们就要有壮士断腕的决心和意志。湘江战役那样惨烈，留存的火种都能燎原，那么，只要我们端正态度，吸取教训，从贪腐中觉醒，一样可以获得“重生”，继续为党和国家的社会主义事业做出贡献。要释放乐观精神，活出积极人生。湘江战役告诉我们，苦难只是一时的，湘江战役精神蕴含的是红军在长征中表现出来的坚定的共产主义理想、革命必胜的信念、艰苦奋斗的精神和一往无前、不怕牺牲的英雄气概，只要我们坚定信仰，不放弃理想，经过坚持不懈的努力和奋斗，终将实现中华民族复兴这一伟大梦想。“历史是最好的教科书，中国革命史是最好的营养剂”。党的十八大以来，习近平总书记反复强调党员干部要不断筑牢理想信念，在参观考察延安、井冈山等革命圣地的时候，更是大力提倡“多接受红色基因教育”。

各级各类湘江战役纪念设施，特别是湘江战役纪念馆，要用好用活阵地，充分发挥湘江战役精神的教育作用，特别是发扬湘江战役精神对党员干部的教育引领作用。湘江战役中牺牲的英烈，他们的抗战精神值得后辈不断学习。第一，不忘初心，牢记使命。我们要充分了解，当今的美好幸福生活来之不易，都是先辈们用鲜血铸就的，我们这一代人是幸福的一代人，有着比抗战时期更好的物质条件，我们应该更好地投入到建设社会主义事业当中去。第二，党员干部要勇于担当，不怕吃苦。现在年轻干部应多一些坚守，少一分浮躁，通过“学习、思考、实践”，一步步实现自我价值。多一分抱负，少一分抱怨，让梦想在奋斗中成真。第三，进一步保护和利用好红色文化资源，切实弘扬和传承红色文化精神。没有革命先辈们用热血青春换来的胜利，就没有我们今天的幸福生活。我们要深深懂得珍惜今天的幸福生活，好好学习，努力工作。

湘江战役遗址和各类纪念设施，承载着党领导人民在长期革命斗争中铸就的宝贵精神财富，在新时代，开展革命历史和革命传统教育，宣传湘江战役中千千万万战士对党、对革命事业的无限忠诚，勇于胜利、勇于突破、敢于牺牲的革命精神，广大干部群众更要紧密团结在以习近平同志为核心的党中央周围，把思想和行动统一到党的十九大精神上来，认真学习贯彻习近平新时代中国特色社会主义思想，团结奋斗、苦干实干，昂首阔步踏上决战全面建成小康社会、全面建设社会主义现代化国家新征程。

湘江战役精神，是地方城市顺应新旧动能转换的大势，打造红色文化产业品牌的新动能。要保证湘江战役精神的红色不褪色，桂林人民应继承发扬革命精神，让红色基因和革命精神注入工作和生活，契合时代和群众的需要，更好为桂林地区经济发展服务，为本地经济建设提供持久的精神动力。

地方政府应积极致力于保护红色革命文化，加强对湘江战役精神的研究和利用。在传承中华文化和革命文化成就和光荣的同时，必将成为了解历史、资鉴未来的最好途径。

三、结语

87 年前，一场战役，五个昼夜，虽然久远，以前的人们没有忘记过他们，我们现在也没有忘记，以后我们的后辈也不能忘记。正是有了这万千革命先辈的浴血奋战，才有了我们今天的立国之本，才有了我们今天的幸福生活，革命先辈是我们的民族脊梁，他们视死如归的英雄主义精神，值得每个中国人敬仰。湘江战役精神应注入到工作和生活中，互为动因，相互映射。党和政府，特别是桂林地区的干部群众更要大力发扬这一宝贵精神财富，使之在新时代焕发出新的生机活力。

（姚文，讲师，主要从事马克思主义理论研究）

浅议湘江战役精神对坚定“四个自信”的启示

湘江战役是中央红军长征过程中牺牲革命战士最多最惨烈的战役，也是事关中央红军命运的关键之战。中央红军与优势之敌血战苦战，终于撕开了敌重兵设防的封锁线，粉碎了蒋介石企图围歼红军于湘江以东的意图。广大红军指战员在强敌重重包围面前所表现出来的坚定信念、不怕牺牲、顽强血战、百折不挠的高贵革命品质，为我们留下了永远的精神丰碑。“四个自信”来源于中国共产党团结带领中华各族儿女进行伟大事业、伟大工程、伟大斗争和伟大梦想过程中对自身理论和实践的充分肯定和总结，在本质上体现了对中国共产党历史的自信，既是我们党 100 年来带领人民实践探索的宝贵经验，也是未来创造更大成就的光辉指引。

中国特色社会主义进入新时代，我们要进行伟大斗争、建设伟大工程、推进伟大事业、实现伟大梦想，仍然需要继续传承和弘扬湘江战役精神，这对于坚定“四个自信”有很大的现实意义。

一、湘江战役精神为早期中国共产党人探索道路自信提供了方向保证

道路问题是根本问题，关乎党的命脉、国家前途、民族命运、人民幸福。道路自信源于我们党 100 年来带领人民不懈奋斗取得的伟大胜利。中国特色社会主义道路来之不易，是在改革开放 40 多年的伟大实践中走出来的，是在中华人民共和国成立 70 多年的持续探索中走出来的，是在对近代以来 170 多年中华民族发展历程的深刻总结中走出来

的，是在对中华民族5000多年悠久文明的传承中走出来的，具有浓厚的历史渊源和广泛的现实基础。

湘江战役不仅仅是突破艰难险阻，实现战略转移的一次伟大胜利，也是立足中国实际，探索中国革命道路的艰辛过程，为新时代我们坚持道路自信，提供了基本的方法论遵循。

1931年1月党的六届四中全会以后，以王明为代表的“左”倾路线在党的中央领导机关内开始取得统治权。1931年11月中央苏区党代表大会和1932年10月苏区中央局的宁都会议根据六届四中全会的错误纲领，不仅否定了毛泽东的正确路线，而且在政治、组织和军事上排斥毛泽东的正确领导。由于受“左”倾错误路线的影响，中央红军被迫进行战略大转移，开启了二万五千里的伟大征程。1934年11月27日至12月1日，中央红军苦战五昼夜，从广西全州、兴安间抢渡湘江，突破了国民党军的第四道封锁线。渡过湘江后，中央红军和军委两纵队已由出发时的8.6万人锐减到3万余人。湘江战役成为中央红军从中央苏区突围后长征途中战斗最激烈、损失最惨重的一仗。这次战役引起了广大红军将士对中国革命道路问题的严重关注，面对方向和道路的艰难抉择，中国共产党立足于当时实际，审时度势，独立自主、实事求是地探索符合中国国情的革命道路。

湘江之战的惨败和血的教训，使红军清醒地认识到，必须改变行军路线和战略战术，张闻天、王稼祥等中国共产党领导人更加意识到了“左”倾错误路线是典型的教条主义与宗派主义，忽视了对中国国情和中国革命规律的研究，其判断与中国的实际严重脱离，照搬照抄共产国际的决议和苏联的某些经验，给党和红军带来的严重危害，认识到再这样下去中国革命有被彻底断送的危险，只有纠正“左”倾错误路线，由毛泽东来领导，革命才有希望。这为党内纠正“左”倾错误路线奠定了思想基础和群众基础，是中国共产党人在革命和建设道路探索上的重大转折点，是中国共产党人在这条探索道路上“自信”开始走向成熟的标志。

湘江战役的历史经验告诉我们，只有立足实际、独立自主开辟前进道路，才能不断走向胜利，这恰恰也是我们当前走中国特色社会主义道路的一个基本遵循。

二、湘江战役精神为理论自信提供了思想源泉

理论是行动的先导，只有科学理论才能保证行动的成功、目标的实现。正如毛泽东所言：“主义譬如一面旗子，旗子立起了，大家才有所指望，才知所趋赴。”① 理论自信源于我们党100年来不断推进马克思主义中国化的成功探索。鸦片战争后，中国陷入内忧外患的黑暗境地，中国人民经历了战乱频仍、山河破碎、民不聊生的深重苦难。为了民族复兴，无数仁人志士不屈不挠、前仆后继，进行了可歌可泣的斗争，进行了各式各样的尝试，但终究未能改变旧中国的社会性质和中国人民的悲惨命运。而中国共产党坚持以马克思主义为指导思想和理论武装，浴血奋战，成立新中国，使中国人民能够沿着社会主义道路，开始实现中华民族伟大复兴的中国梦。

湘江战役前后，毛泽东逐渐显示了其战略家和军事家的雄才大略，展示了其非凡的政治勇气和远见卓识，创造性地把马克思主义普遍原理与中国革命具体实际和时代特征相结合，认识和掌握中国社会发展的客观规律，克服各种错误倾向，提出了正确主张，逐步开始确立和巩固毛泽东在党和红军中的领导地位，为毛泽东思想的形成奠定了基础。

长征之初，红军处于消极逃跑状态，而不是积极的战略转移，行军途中有大批战士累死、饿死。特别是湘江之战，红军锐减到3万余人，这是中央红军离开中央苏区以来规模最大、战斗最激烈、形势最严峻的一仗，也是红军有史以来损失最惨重的一次恶战。面对这样惨痛的事实，全军将士对此严重不满。大家对博古、李德的指挥已由怀疑、不满到完全失去信任，逐渐觉悟到这是他们排斥毛泽东的领导、推行错误的

① 《毛泽东年谱（1893—1949）（修订本）》上卷，中央文献出版社2013年版，第70页。

战略战术的结果，大家呼唤毛泽东出来参与军事领导的呼声越来越高。也正因为中国共产党人及时反思，不照搬马克思列宁主义教条，不唯上，实事求是，一切从实际出发，毛泽东的正确路线得到了群众的拥护，得到了群众的支持，并重新确立为党的理论指导方针。同时，湘江战役也引起毛泽东个人的不断思考，如何才能打赢仗？这场战役应该反思什么？等等，逐渐丰富了他的理论思想，为马克思主义普遍原理与中国革命具体实际结合提供了催化剂，为挽救党和红军提供了理论支撑。

湘江战役精神充分体现了坚定马克思主义理想信念，主动探索符合中国自身革命和建设发展的理论，为毛泽东思想和中国特色社会主义理论体系的形成打下坚实基础。

三、湘江战役精神为制度自信提供了实践依据

制度问题是带有根本性、全局性、稳定性、长期性的问题。制度自信源于我们党100年来为推动社会发展进步提供根本保障的独特优势。红军二万五千里长征之所以能够打败重重围攻，取得胜利，一个重要的因素就在于长征途中一系列制度的确立和巩固，这不仅确保了长征从瑞金刚出发突围时的被动、盲目、挫折走向理性、成功，也为后来我们推进制度建设，构建制度自信提供了历史的依据。这其中，湘江战役无疑具有承上启下的作用。

民主集中制是我们党的根本组织制度和领导制度，是正确规范党内政治生活、处理党内关系的基本准则，是反映体现全党同志和全国人民利益与愿望，保证党的路线方针政策正确制定和执行的科学的合理的有效率的制度，是我们党最大的制度优势。长征前后，博古、李德推行“左”倾错误路线，无人能制止，导致一系列的损失发生，给党中央和中央红军带来惨痛的教训。大家开始反思，博古是马克思列宁研究专家，理论水平很高。李德是洋人，是共产国际派来的军事顾问。这二人都是共产国际确定的中共领导核心层，对博古、李德的错误决策，一些高级干部和指战员，在当时就有不同意见。但是，意见归意见，命令还

须绝对服从。哪怕是在湘江战役的紧急关头，全军将士仍然表现了高度一致，毫无保留地执行命令，从而保证了绝大部分红军过了湘江，坚决贯彻执行党指挥枪的制度。这种高度的组织纪律性，是我们党领导的人民军队能够取得战争胜利的重要因素。在战争年代是如此，在和平时期也是如此。只有这样，中国共产党才能具有强大的生命力和战斗力。当然对于广大干部和红军将士的正确意见，博古、李德二人是听不进去的，独断专行，唯我独尊，毫无民主集中制可言。湘江战役的惨烈结局则使广大指战员特别是高级干部要求改变博古、李德的错误领导形成了共识。在湘江战役之后，从通道会议开始，他们与博古、李德的争论多起来了，毛泽东的正确意见也能逐渐被接受认可。这为遵义会议的召开，成立了由毛泽东、周恩来、王稼祥三人组成的军事指挥小组，认真贯彻执行民主集中制，有效保证民主决策、科学决策，形成统一的思想共识奠定了基础。在这一过程中，民主集中制、党对军队的绝对领导、民族和统战政策等相关制度得以形成与发展，思想、组织、作风建设的机制逐渐明确，党内一系列规章制度逐步确定。这些制度在长征结束后的延安得到了充分实践与完善，不仅确保了党的领导，推动了革命走向成功，也使中国特色社会主义制度的确立和完善有章可循。

四、湘江战役精神为文化自信提供了强大精神动力

文运同国运相牵，文脉同国脉相连。与物质生产相比，文化是更持久、更恒远的力量，是一个国家软实力的主要体现。文化自信，是更基础、更广泛、更深厚的自信。文化自信源于我们党 100 年来在伟大斗争中积淀的精神追求。文化自信包含三个方面的基本内涵：中华优秀传统文化、革命文化和社会主义先进文化。其中，革命文化指的是中国共产党和中国人民在长期的革命斗争实践中形成的，凝聚着中国共产党人和革命群众独特思想和精神风貌的文化，包括党在革命战争时期形成的优良传统和作风，培育形成的各种革命精神，比如红船精神、井冈山精神、苏区精神、长征精神、延安精神、西柏坡精神、大庆精神、红旗渠

精神、“两弹一星”精神、雷锋精神、焦裕禄精神、抗洪精神、载人航天精神、抗震救灾精神、北京奥运精神，等等，都是我们党的宝贵精神财富。

中国共产党在幼年时期，把马克思主义教条化、把共产国际的指示和俄国革命经验神圣化的错误倾向，几乎导致中国革命陷于绝境，这在湘江战役达到了顶点。湘江战役后，马克思主义开始同中国实际相结合，从此奠定了正确处理中国革命问题最根本的思想基础和理论依据。因此可以说，湘江战役精神是中国革命文化的重要源头之一。湘江战役继承了中华民族自强不息、奋斗不已的民族性格，产生于血与火的革命战争年代，绵延于当下全面建成小康社会，体现了社会主义先进文化的前进方向，是文化自信深厚的根基。它的历程是中国共产党人团结带领全国各族人民进行新民主主义革命的重要组成部分。与其他革命精神一样，湘江战役精神孕育于中国共产党领导的新民主主义革命的伟大实践和进程中，是中国共产党红色基因和精神族谱的重要组成部分，也是历经千锤百炼凝结形成的伟大革命精神。湘江战役精神虽是特定时代环境的产物，但与其他革命精神却是一脉相承，承先启后的，都是对中国共产党根本宗旨的继承和诠释，是不断发展着的党的任务、宗旨的时代体现。在以湘江战役精神为代表的中国共产党人革命精神的指导和鼓舞下，中国共产党团结领导中华各族人民取得了新民主主义革命的伟大胜利、社会主义建设的艰难前进、改革开放的伟大成就，在实现国家富强、人民小康的征程上不断奋勇前进，中国特色社会主义进入了新时代。

实现中华民族的伟大复兴中国梦是无数革命先烈上下求索的目标，是近代中国无数仁人志士不懈追求的理想，是中华各族儿女千百年来共同的愿望，也是当代中国的时代主题。湘江战役已成历史，但湘江战役的革命精神是永存的。它是红军长征精神的重要组成部分，也是中华民族精神的重要体现。正是依靠这种精神，中国共产党团结带领中国人民推翻了帝国主义、封建主义、官僚资本主义三座大山的压迫，实现了民族独立、人民解放、国家统一、社会稳定，取得了新民主主义革命的胜利，实现了中国从几千年封建专制政治向人民民主的伟大飞跃。新中国成立以来，尤其是改革开放以来，在中国共产党的正确领导下，中国经济社会发展发生了翻天覆地的变化，一举扭转了晚清以来很长一段时期民族不振、国家羸弱、民生凋零的颓势，民族走上振兴之路，国家日渐富强，人民生活水平不断提高，向着实现中华民族伟大复兴中国梦的宏伟目标大踏步地前行。

习近平总书记说：“伟大的事业需要伟大的精神。实现中华民族伟大复兴的中国梦，是当代中国爱国主义的鲜明主题。要大力弘扬伟大爱国主义精神，大力弘扬以改革创新为核心的时代精神，为实现中华民族伟大复兴的中国梦提供共同精神支柱和强大精神动力。”① 中国特色社会主义进入新时代后，弘扬湘江战役精神，有助于中国共产党人不忘初心，牢记使命，继续前进，有助于引导人民树立和坚持正确的历史观、民族观、国家观、文化观，不断增强中华民族的强烈归属感、认同感、尊严感、荣誉感，是实现中华民族伟大复兴中国梦的强大思想武器和精神动力。

（杨路军，现就职于中国甘肃省天水市麦积区委宣传部）

① 《习近平关于社会主义文化建设论述摘编》，中央文献出版社 2017 年版，第 127 页。

结合湘江战役谈长征精神

——学习习近平总书记在纪念红军长征胜利80周年大会上的讲话

一、特殊的战役

（一）湘江战役前的情况

湘江战役，是中国工农红军长征中的一部分。1934年10月，第五次反“围剿”失败后，中央主力红军8万余人为摆脱国民党军队的包围追击，退出根据地开始了战略大转移（长征）。在湘江战役前，突破了国民党军的三道封锁线，人员减少到6万余人。然而李德等领导人一味退却，消极避战，使红军处于不利地位。蒋介石在湘江又布置了第四道封锁线，企图将中央红军消灭于湘江以东。中央军委决定从广西的兴安、全州之间抢渡湘江。湘江战役就是在这样的背景下爆发的。

（二）国民党军布置的第四道封锁线

湘江战役前，蒋介石安排湘军刘建绪的第一纵队，开往广西北部的全州县，与广西第十五军夏威部队联系，正面拦截红军；吴奇伟部的中央军第三纵队沿湘桂公路进行侧击，防止中央红军北上与红二、六军团会合；中央军周浑元的第三纵队、湘军李云杰的第四纵队、湘军李韫珩的第五纵队从东面将中央红军压向湘江防线。中央红军与国民党军的人数比例是1∶8左右；国民党军还拥有大炮、飞机等装备上的优势。中央红军处于危险的境界。

（三）中央红军还处在错误路线领导之下

中国工农红军在错误路线的领导下，李德等领导人一味退却，消极避战，大搬家式的行军，舍不得辎重，缓慢前行，完全处于一种被动的状态。

二、神奇的战役

（一）湘江战役是中央红军在损失重大情况下的胜利之战

对于湘江战役，因为红军损失过半，在过去的众多研究结论中，都以回避的方式不谈其胜利与失败。大家都清楚地知道，红军面对敌我力量悬殊巨大，面对恶劣的自然环境，还面临同党内错误思想的激烈斗争，红军损失过半。对此，我们不能简单地以人员损失的多少来定性。其实，对于这个问题，当年湘江战役的领袖是最有发言权的。毛泽东在总结长征时讲道："长征是以我们胜利、敌人失败的结果而告结束。"[①] 1934 年 12 月 1 日 3 时 30 分，由朱德总司令签署，中央局、中革军委、总政治部给红一、三军团的指令中特别讲到过江的性质，说"一日战斗，关系我野战军全部西进。胜利可开辟今后的发展前途；退则我野战军将被敌人层层切断"。作战的意义是"我们不为胜利者、即为战败者"。红军过江了，理所当然地成为了胜利者。李德讲："是一支完整的军队，突破了敌人的封锁。"介石在给白崇禧的电文中讲："开放黔、川要道，无异纵虎归山；数年努力，功败垂成。"综上所述，不难看出，湘江战役是中央红军在损失重大情况下的胜利之战。

（二）长征精神是湘江战役红军胜利的主要原因

湘江战役，是中央红军在错误路线指引，敌我力量悬殊巨大的情况下，付出巨大的牺牲取得的胜利。胜利来之不易，胜利的主要原因是有伟大的红军精神，这种精神在湘江战役得到了充分的表现。

1. 习近平总书记说："长征是一次理想信念的伟大远征。"[②] 湘江战役中，中央红军面对强敌，展开了激战，湘江的水被红军的鲜血所染红，民间流传着这样的一句话："三年不饮湘江水，十年不食湘江鱼。"湘江战役中，全体红军指战员，为伟大理想和信念，不惜抛头颅、洒热

① 《毛泽东选集》第 1 卷，人民出版社 1991 年版，第 150 页。

② 习近平：《在纪念红军长征胜利 80 周年大会上的讲话》，人民出版社 2016 年版，第 3 页。

血，前仆后继，勇往直前。红三十四师是光辉的典范，战斗间歇他们宣誓："为苏维埃新中国流尽最后一滴血"。师政委程翠林、师长陈树湘等一批指战员战死沙场；他们与其战友们为伟大理想和信念，实现了自己的誓言。有着伟大理想信念的军队还有什么样的敌人不能战胜，这样的军队是战无不胜的，中国共产党人的理想信念是坚不可摧的。正如习近平总书记说："长征的胜利，是中国共产党人理想的胜利，是中国共产党人信念的胜利。"①

2. 习近平总书记说："长征的胜利，宣传了我们党的主张，播撒下革命的火种，扩大了党和红军的影响，巩固了党同人民群众的血肉联系，使党牢牢扎根在人民之中。"② 湘江战役中，红军所到之处，少不了宣传我们党的主张。在湘江战役渡江指挥部旁边的关公庙内，红军唱"文明戏"，宣传革命的思想；在墙上用石灰水写标语"收富填贫、打倒土豪劣绅"。在华江瑶族乡的吊脚楼留下了满墙的红军标语。

在陆定一的回忆文章《老山界》一文中记载："部队今天夜里非行军不可，她的房子和篱笆都是枯竹编成的，我们生怕有人拆下来当火把点，就写下了几条标语，用米汤贴在外面显眼的地方，告诉我们的部队不准拆篱笆当火把。"这火把的主要材料就是竹子。老山界脚下这户瑶民家的篱笆是制作火把最好的材料。宣传队员为保护瑶民家的利益，写出标语告诉后面的队伍，事情虽小却大得民心。

人民是天，人民是地；中国共产党的天是人民，中央红军的地是人民。有了这样的"天"和"地"，就有了根本，就能无往不胜。

3. 习近平总书记说："长征是一次唤醒民众的伟大远征。"③ 长征是宣言书，长征是宣传队，长征是播种机。中国共产党的根是人民，一个代表人民利益的党，一支为人民谋利益的军队；他们以自己的模范行

---

① 习近平：《在纪念红军长征胜利 80 周年大会上的讲话》，人民出版社 2016 年版，第 3—4 页。

② 习近平：《在纪念红军长征胜利 80 周年大会上的讲话》，人民出版社 2016 年版，第 6 页。

③ 习近平：《在纪念红军长征胜利 80 周年大会上的讲话》，人民出版社 2016 年版，第 5 页。

动，赢得人民群众的真心拥护和支持。如今健在的百岁老人资义清，每当讲到红军，他就会告诉你：红军是好人，那一年的天气特别的冷，接连打了三天的大白霜；为了不打扰老百姓，一些战士晚上在湘江边的堤埂睡觉，从此再也没有醒过来。

位于兴安县的金石乡文甲洞村，村里流传着这样的故事；那年，土豪劣绅到村里散布消息：说要来“共匪”了，他们就是共产党的红军，要共产共妻。瑶族赵金万大爷与妻子盘中玉一家单独居住在叫作仑江的山腰。红军的先头部队进入竹林界，刘连长带领先遣队到达了赵金万家。这时候，天色已经黑了下来。饥饿的红军战士衣裳已经被初冬时节的细雨所浸透。饥寒交迫的战士们，原以为可以进屋，看到的却是赵金万家紧紧关闭着的大门。因为前些日子土豪劣绅的宣传与恐吓，害怕红军才紧闭大门。屋外的红军见老乡没有开门，就在屋檐下站着。

夜深了，赵金万夫妻见没有了动静。轻轻地走到门前侧耳向外听去。静静黑夜中，听到的只是那雨水的滴答声。于是，以为红军已经离去的赵大爷开门向外看去。只见红军一个个都在自家的屋檐下站着呢。赵大爷被感动了，红军被请进了堂屋，赵金万让妻子盘中玉在家煮姜汤水给红军喝，烧大火给红军烘烤。家中能吃的都已经被山霸搞光了。赵大爷带上年轻的儿子上山背回藏在地窖的苞谷，煮了一大锅苞谷稀饭给红军充饥。

这个晚上，红军战士们围着火背靠背地睡着了。赵大爷听刘连长讲革命的道理到天亮。

天亮后，先遣队要马上出发。刘连长掏出两块大洋给赵大爷。听说部队要过财喜界；前些日子，桂军反动派来人，要瑶民组织民团到财喜界隘口阻击红军，那里地势险要、易守难攻。说是这样可以保护瑶民的利益，还会得到奖赏。红军的到来，已使桂军那几个人闻风丧胆，逃得无影无踪。隘口上只是一些被蒙蔽的瑶民兄弟在留守。一旦红军从那里经过，就会使双方造成不必要的伤亡。赵大爷主动提出要为红军当向导，与红军一起上路。临近财喜界，山上传来了警告的枪声。赵大爷挺身站了出来。这时，没有文化的他用瑶话把昨晚刘连长讲述的革命道理像竹筒倒豆子一样，全都倒了出来：红军是保护穷人利益的，我们应该联合起来打土豪，不要自己人打自己人。还以身说教地喊道：红军不但不抢，煮了点苞谷给他们吃，还给了我两块大洋呢。你们不要守界了，快回家看看吧。听了赵大爷的话，这些守界的瑶民放下手中的枪，跑下界来，还除去原来埋在路旁的带毒竹签；有了民众的支持，红军不费一枪一弹，就顺利地通过了财喜界。

4. 习近平总书记说："长征途中，我们党高举全民族团结抗战的大旗，推动了抗日民族统一战线的形成。"[①] 湘江战役，虽然非常的惨烈；但是，中国共产党领导下的人民军队，始终把民族大义放在重要的位置。所到之处，宣传抗日；并让民众了解到，中国共产党领导下的军队是人民的军队，是为广大人民谋利益的，是抗日的真正力量。在兴安县金石乡的红军堂内，至今保存有当年的红军标语，内容是"红军是民众抗日斗争的主力军"。这是以爱国主义为核心的民族精神的具体表现，是伟大的历史见证，是中国共产党高举全民族团结抗战的大旗，推动了抗日民族统一战线的形成。

5. 习近平总书记在讲话中说道："弘扬伟大长征精神，走好今天的长征路"，"历史是不断向前的，要达到理想的彼岸，就要沿着我们确定的道路不断前进。每一代人有每一代人的长征路，每一代人都要走好自己的长征路。"[②] 作为一个中国人，我们要有自己的担当，要走好自己的长征路。在湘江战役中，中央红军面对强大的敌人，面对险恶的环境；凭着伟大的红军精神，战胜了一个又一个的困难，打退了敌人一次又一次的进攻；最终突破湘江，达到胜利的彼岸。如今，只有大家都走好了新的长征，我们才能尽快地实现中华民族伟大复兴的中国梦，梦想的成功要大家的共同努力。我们研究湘江战役，重点是研究长征精神，

① 习近平：《在纪念红军长征胜利 80 周年大会上的讲话》，人民出版社 2016 年版，第 6 页。

② 习近平：《在纪念红军长征胜利 80 周年大会上的讲话》，人民出版社 2016 年版，第 20、10 页。

长征精神在湘江战役得到了全面的体现，这是一笔伟大的精神财富。走好新的长征路，不可能一帆风顺，也将会有许多新的困难与问题，我们要用伟大的长征精神去战胜困难；早在几十年前就有这么一句话："苦不苦，想想长征二万五；累不累，想想红军老前辈。"长征精神在我们心中，没有克服不了的困难；让我们在长征精神的感召下，共同建设好伟大的祖国，为中华民族伟大复兴而努力奋斗。

三、结语

习近平总书记说："长征是一次开创新局的伟大远征"，"我们党表现出无所畏惧的伟大实践精神，表现出浴火重生的伟大创造精神，在血与火中蹚出了一条走向新生、走向胜利的革命道路"。① 湘江战役就是习近平总书记所说的实践。湘江战役可谓浴火重生，虽然红军损失过半；但是，这支过江的是具有伟大精神的人民军队，是经过战争与意志锻炼的革命队伍；湘江战役前是困难重重；湘江战役后，如同聂荣臻回忆录中所说，"促使人们从根本上考虑党的路线问题、领导问题"，为遵义会议的召开奠定了基础，湘江战役为遵义会议拉开了序幕。湘江战役成为中国革命的伟大转折，湘江战役后中国革命一步一步地从胜利走向胜利；中国共产党领导下的军队与民众开启的实现中华民族伟大复兴之路从这里稳步前行。

（陈兴华，上海复旦大学历史系文物与博物馆专业毕业，原兴安县博物馆副馆长，现任《兴安县志》副主编）

① 习近平：《在纪念红军长征胜利80周年大会上的讲话》，人民出版社2016年版，第6、7页。

试论湘江战役精神的丰富内涵与时代价值

湘江战役是一场关乎红军命运的战役，它打破了蒋介石妄图将中央红军“全部歼灭于湘江东岸地域”的罪恶计划，宣告了“左”倾教条主义路线的彻底失败。血的教训促成了红军在湖南通道改变进军方向和黎平会议的召开，为挽救红军、挽救中国革命、确立毛泽东在党和红军中的领导地位的遵义会议的召开奠定了基础。湘江战役也是中央红军长征中最为惨烈的战役，是红军将士牺牲最多一场战役。数万红军英烈长眠在这片用生命和鲜血染红的热土上。如今，湘江战役的硝烟早已散尽，但红军将士在这血与火的激战中所践行的坚定执着追求理想的英雄意志、英勇血战到底的英雄气概、勇于牺牲自我的牺牲精神、为真理而斗争的英雄品质、为民族抗战一往无前求胜利的英雄信念，仍然具有厚重历史价值和时代意义，湘江战役精神，是当代中国共产党人和广大人民需要弘扬的伟大革命精神。伟大的红军将士在湘江血战中生成的革命精神与英烈之魂，在中国革命史中永存，在新时代永驻。本文将对长征湘江战役的精神生成和历史价值作出阐述。

一、湘江战役精神的生成

（一）湘江战役精神产生于红军生死存亡之际

应该说，湘江战役是我军生死存亡之战。它是在我军尚不了解敌情变化的情况下拉开序幕的，是在一种被动且带有一定盲目性的情况下作出战斗部署的。1934 年 11 月 25 日，中革军委正式作出决定：突破敌人的第四道封锁线，渡过湘江，向西翻过越城岭进至湘西南地区，以期与贺龙、萧克的红二、六军团会合。由于博古、李德等人不顾战事发生的变化，加上甬道搬家式的行军，大大降低了部队的机动性，结果遭到国民党军重兵的围追堵截。蒋介石命令他的“中央军”和湘桂军阀务必将中央红军“包围全歼于湘江东岸地域”。在此关键时刻，红军指挥员在率领广大红军将士跟数倍于我方的敌人展开殊死搏杀。11 月 27 日，中央红军主力进至广西全州、灌阳。红一军团先头部队第二师顺利渡过湘江，控制了兴安界首到全州脚山铺的渡河点并架设浮桥。红三军团第四师也于 28 日渡过湘江进至界首。此时的局势对中央红军较为有利，但因为后续部队行进迟缓，错过了转瞬即逝的渡江机会。随后，敌第一路“追剿军”4 个师向红二师发起进攻。11 月 29 日，其他几路“追剿军”也向道县、文市等地的中央红军后卫部队发起进攻。此时，桂军主力也分两路北进，向湘江东岸和西岸的中央红军发起进攻，企图将中央红军围歼于湘江两岸。红军在付出巨大牺牲后，以少胜多，才突破了蒋介石精心设置的第四道封锁线，粉碎了妄图在湘江以东消灭红军主力的计划。

（二）湘江战役精神建立在红军胜利基础上

湘江战役中，中央红军付出了巨大的牺牲，但取得最终的胜利。至 1934 年 12 月 1 日晚，中央红军即红一方面军大部得以渡过湘江，而红八军团一部不幸被敌击散，红军团第十五师之大部、红三军团第六师第十八团在灌阳新圩至全州石塘一线被打散，红五军团之三十四师被敌切断后在返回湘南道州途中多次遭敌伏击、围攻而全军覆没。至此，历时八天的湘江战役以红军付出惨重代价突破湘江防线而结束。蒋介石虽然在此次战役中投入嫡系部队和湘、粤、桂地方军阀部队共 26 个师近 30 万人，但最终未能阻挡红军西进的铁流。正如陈云所言：“赤军一出此四道封锁线，如虎出柙，可以东奔西突矣。而南京政府蒋介石几年来碉堡政策与‘剿共’军事，全部付之东流矣。红军当时之喜悦，真是无以形容。”① 就连何键也被迫承认，“敝部奉令追匪（剿）西窜股匪，未能达到歼匪于漓水以东地区之任务，实深惭悚”。

① 《陈云文选》第 1 卷，人民出版社 1995 年版，第 48 页。

同时，在广大红军指战员看来，此役并未失败，而是取得了最后的胜利，通过了湘江。如时任红三军团政委的杨尚昆后来回忆道："湘江之战是红军长征以来最险恶的一仗。广大的红军指战员浴血奋战5昼夜，终于跨越天堑湘江，突破敌人的第四道封锁线，粉碎了蒋介石'务求全歼，毋容匪寇再度生根'的梦想。他们的功绩将永垂史册。"

时任红一军团第一师政治部主任谭政这样说道："这就又一次地证明了我们这支军队是无坚不摧的，是不能战胜的，任何敌人的追击、堵击、截击计划都是徒然无效的。""这一胜利，在长征历史上，永远不失其光辉的意义。它开展了胜利的前途，奠定了在云、贵、川活动和从此转入川西北之顺利条件。"

二、湘江战役精神的内涵

（一）信念坚定、对党忠诚是湘江战役的精神本质

中央红军经受了历次反"围剿"战争的烈火锤炼，粉碎了国民党近百万军队的进攻，具备优良的政治、军事素质，他们忠于党、忠于人民，铸就了信念坚定、对党忠诚的军魂。在湘江战役的绝境中，中央红军践行着这种革命英雄主义精神，军魂雄立、理想坚定、必胜信念刚健，与数倍于我的敌军展开了生死搏杀。红十团血战光华铺，红十八团两千将士壮烈牺牲，红三十四师血战到底，全师将士舍命阻击，师长陈树湘绞肠成仁，后卫师炸桥断后舍生护卫阻击，全师将士之躯永驻湘江。在中央红军面临生死险境，朱德总司令半天三道铁令，上万名红军将士以命相搏，誓死掩护中央红军机关纵队渡江。湘江战役红军将士以命相搏的生死血战，凸显出红军将士信念坚定、对党忠诚的革命精神，充分展示了中央红军过硬的政治素养。

（二）英勇血战、不怕牺牲是湘江战役精神的核心

湘江战役是一场以少胜多的突击战。湘江战役中，红军所面临局势异常严峻，敌我双方力量悬殊、战斗异常激烈，需要全体红军将士英勇血战的牺牲精神。国民党五路大军来势汹汹，他们想剿杀中央红军于第

四道死亡封锁线，使中央红军处在生死存亡的绝境。而李德、博古等人错误的政治路线和军事路线、错误的军事指挥，使中央红军的处境雪上加霜。险境相逢勇者胜，需要红军将士以血战到底的英雄气概和牺牲精神战胜险境，以残酷的血战和血的教训来纠正这一错误的政治和军事路线。为保卫中共中央、保存中央红军的火种和力量，完成党中央北上抗日民族使命，红军将士必须杀开一条血路，作出牺牲，才能突破敌人的四道封锁线奔赴抗日前线。湘江战役是中央红军长征以来对敌作战最惨烈、最艰险、时间长、阻止任务重、险境多重、敌我兵力悬殊的血战。湘江战役结束，红军从出发时的 8.6 万人锐减到 3 万余人，数万名红军英烈长眠在桂北湘江这片热土上。

我们以湘江战役中的全州之战为例。这次战役是双方投入兵力最多、红军牺牲最多的一场血战。据当时红一军团二师四团政委杨成武回忆："敌人像风暴摧折的高粱秆似的纷纷倒地，但是打退了一批，一批又冲上来，再打退了一批，又一批冲上来，从远距离射击，到近距离射击，从射击到拼刺，烟尘滚滚刀光闪闪，一片喊杀之声撼天动地。"12 月 1 日对红一军团来说可谓战斗最为激烈的一天。据时任红一军团政委聂荣臻回忆："这一天，一军团团部也遭受极大危险。敌人的迂回部队打到了我们军团部指挥所门口，这是多年没有的事。当时指挥所在一个山坡上，我们正在研究下一步行动计划，敌人已经端着刺刀上来了。"从这段回忆就可以看出红军处境之危急、战斗之激烈。可以说，中央纵队能够渡过湘江突破敌人的第四道封锁线，是前后左右掩护部队指战员用鲜血和生命撑开了一条西进走廊。1955 年，原红五师师长李天佑深情地回忆道：我不能忘记那些为红军的生存，为了革命胜利而牺牲的烈士们，他们以自己的胸膛阻住敌人，保存了革命的力量。烈士们永垂不朽！

（三）敢于突破、永不言败是湘江战役精神的特质

湘江战役面临着党内外激烈的斗争。一是要同党内的"左"倾错误路线作斗争，二是要与围杀中央红军的敌人进行生死血战。中央红军突

破敌军第一道封锁线，很多红军高级将领就看清了蒋介石布下的口袋阵，将中央红军全歼于湘江天险的险恶用心，并纷纷向中央军革委“三人团”谋划提出摆脱围剿的军事线路。毛泽东曾三次向中央军革委“三人团”提出正确的军事线路，都被博古、李德否定，致使中央红军突破敌人第三道封锁线时牺牲近2万余名红军将士。在这决定中央红军命运前途、能否实现北上抗日担当民族大任的关键时刻，毛泽东第四次向中央军革委“三人团”进言，提出正确的军事线路，但仍遭否决。以毛泽东为代表的红军将领表现出顾全大局、团结作战、永不放弃的无私无畏的斗争精神。红军将士仍然以大局为重、团结奋勇杀敌，誓死保卫党中央。在潇水掩护战、新圩阻击战、脚山铺阻击战、光华铺阻击战和界首保卫战中，红军将士以英勇无比、团结战斗、牺牲自我、永不放弃的革命英雄主义的意志与高风亮节的英雄品格和情怀，突破湘江天险，才有中央政治局在“通道会议”后纠错拨正、求真正向，沿着正确的军事路线一往无前。

（四）依靠群众、军民一心是湘江战役精神的宗旨

湘江战役取得最终的胜利，离不开当地人民群众的支持和拥护。战斗中，红军掩护百姓撤退、百姓舍命护红军伤员、军民团结战斗的感人事迹不断涌现。激战途中，红军还做群众的宣传思想工作，宣传党中央为人民求解放主张、中央红军北上抗日的正义之举。中央红军沿途书写了百余条宣传标语和漫画，驻扎村寨时为百姓进行数场文艺宣传演出，并模范遵守当地百姓习俗和意愿，遵守党的群众纪律，帮助百姓排忧解难、送钱医病。尤其难得的是，中央红军沿途还为群众镇压罪大恶极的土豪恶霸32人，深得民心，得到百姓的热情拥护。同时，在敌人残酷的封锁下，群众舍命帮助中央红军指路渡江，补充给养、暗收红军伤员。湘江战役结束，待敌人走后，当地百姓暗中用三天多时间掩埋红军的遗体。这种在险境中军爱民、民拥军生动感人的军民情怀，正是红军依靠群众、军民一心的生动体现，也是湘江战役精神的宗旨。

三、湘江战役精神的时代价值

（一）湘江战役在长征史上有重要地位，湘江战役精神是共产党和人民军队宝贵的精神财富

中央红军以顽强的意志、优良的作风和过硬的政治素质，赢得了民心，震慑了国民党反动派，彰显了中央红军崇高的革命英雄主义精神，在长征史乃至中国革命史中具有不可磨灭的精神价值。这种精神品格永存历史，跨越时空，深植时代，具有永恒的时代价值。湘江战役后，不仅仅是军事上粉碎国民党反动派企图“全歼”红军于湘江的图谋，更为重要的是湘江战役的血战，警醒了不少党内高级指挥者，以牺牲数万名红军将士生命的代价事实，宣告了“左”倾冒险主义和教条主义的破产。突破湘江后，党中央在湖南通道两次召开了中央政治局扩大会议，以毛泽东、朱德、王稼祥为代表的红军高级将领，以血的沉重教训，批判李德、博古的错误军事路线和政治路线，痛斥了“左”倾教条主义，高度赞扬红军将士听党指挥、顾全大局、牺牲自我、誓死保卫党中央的英雄壮举。由此，确立中央红军向桂北进军的正确的军事路线，而后转向贵州黎平、猴场、攻打遵义，并相继召开了长征史上著名的“通道会议”“黎平会议”“猴场会议”和“遵义会议”。中央政治局系列重要会议，为中央红军后续长征在政治上、思想上、组织上和军事上提供了正确路线方针指向，并为中国工农红军夺取长征的伟大胜利，提供了革命英雄主义的典范和强大的精神力量。

（二）湘江战役精神是长征精神的重要组成部分

湘江战役是长征以来中央红军进行的最为惨烈、最为重大的战役，也是承接中央红军第五次反“围剿”后的重大战役。因此，湘江战役红军将士表现出来的革命英雄主义精神，既是对苏区革命精神的承传和践行，又结合长征新的革命斗争任务的特点，生成新的革命精神内涵。由此，湘江战役红军将士的革命斗争实践，也必然成为生成长征精神的开端性实践，并客观真实反映了湘江战役红军将士的革命英雄主义精神，

是长征精神的重要组成部分。

（三）湘江战役精神具有永恒的时代价值

湘江战役中，红军将士与敌人浴血奋战、不怕牺牲的英雄气魄，勇破敌军在湘江的残酷封锁，为保存中央红军的有生力量和革命火种，为北上抗日保存红军精英实力，作出了不可磨灭的历史性贡献。湘江战役精神，也是我们新时代军魂的精神支撑，红军将士坚定的理想信念，英勇血战、不怕牺牲的精神，敢于突破、永不言败的精神，依靠群众、军民一心的作风，是湘江战役赋予红军将士军魂的崇高精神内涵。这种伟大的军魂，为新时代军队建设提供了强大精神动力和优质的红色精神基因。湘江战役精神，将指引着我们不断前进。

（钟燕林，瑞金市委党史办干部）

湘江战役精神的生成逻辑与时代价值探究

1934年11月27日至12月1日，中央红军在湘江上游广西境内的兴安县、全州县、灌阳县，与国民党军苦战五昼夜，最终强渡湘江，打破了国民党第四道封锁线，塑造了伟大的湘江战役精神。习近平总书记在纪念长征胜利80周年大会上指出："伟大长征精神，是中国共产党人及其领导的人民军队革命风范的生动反映，是中华民族自强不息的民族品格的集中展示，是以爱国主义为核心的民族精神的最高体现。"[①] 湘江战役精神依托于伟大的长征和湘江战役而诞生，鼓舞了中华儿女在革命年代的激昂斗志，是中华民族宝贵的精神财富。探求湘江战役精神的形成逻辑、当代价值与传承路径，是建设社会主义现代化强国、实现"两个一百年"奋斗目标和中华民族伟大复兴中国梦的应然要求。

一、湘江战役精神的生成逻辑

湘江战役精神是中国共产党和中国人民在伟大长征过程中形成和发展起来的精神财富，它不是凭空形成的，有着严密的逻辑形成体系。总的来说，湘江战役精神的指导思想是马克思主义，精神源头是中华民族精神，现实根基是伟大长征实践，实际保证是党的坚强领导。

（一）马克思主义是湘江战役精神形成的思想指引

回顾历史不难看出，中国人民是在无数的探索、无数的寻觅中找到了马克思主义理论，并从建党之日起就作为指导思想确立下来，这体现了人类对先进理论的追求、对摆脱落后命运的勇敢，由此所产生出来的巨大能量催生了马克思主义与中国实际的具体结合和运用。二万五千里

---

① 《习近平在纪念红军长征胜利80周年大会上的讲话》，《人民日报》2016年10月22日。

长征始于对马克思主义脱离实际的不成熟认识，导致“左”倾主义盛行、认识教条化等，使党蒙受了巨大的损失。实事求是、独立自主，湘江战役和长征最后的胜利源于对马克思主义科学的认识分析和运用，湘江战役的失利加速了毛泽东的复出，为后来的胜利奠定了基础。而遵义会议后确立了毛泽东的领导地位，实事求是的思想路线得到正式的确立。因此，毛泽东在《反对本本主义》中就提道：马克思主义的“本本”是要学习的，但是必须同我国的实际情况相结合。

（二）中华民族精神是湘江战役精神形成的精神源头

从历史的进程看，湘江战役精神应是民族精神的时代体现和延续传承。民族精神是中华儿女长期社会实践的产物，是埋藏在民族心理深层的自发情感，是中华民族生生不息、薪火相传的精神支撑，体现了中华民族崇高的气节和追求。湘江战役精神是以中华民族精神为精神源头，在伟大湘江战役和长征途中形成、发展起来的，在中国革命过程中所体现出的不屈不挠的革命意志和不怕牺牲的壮烈精神都延续了伟大民族精神的丰富内涵，标志着我们党对民族精神的自觉认同与自觉传承，并且都具有整合文化价值、凝聚人心、鼓舞斗志的作用。因此，湘江战役精神的内涵和地位与中华民族精神的内容和作用具有高度的一致性，是民族精神在长征精神中的最直接、最生动的体现，是保证中华民族革命事业走向成功的重要精神支撑。

（三）伟大革命实践是湘江战役精神形成的现实根基

党和人民在艰苦的湘江战役和长征过程中塑造了伟大的湘江战役精神和长征精神，是伟大革命精神形成和发展的实践基础，而这些革命精神又在长征过程中激励着中国人民的斗志，推动着长征的胜利，是长征取得胜利的精神支撑。毛泽东在评价长征时指出：“长征是历史记录上的第一次，长征是宣言书，长征是宣传队，长征是播种机。”[①] 长征是“宣言书”，向全世界宣告即使遭遇了巨大的挫折，红军仍是一支勇往直

① 《毛泽东选集》第1卷，人民出版社1991年版，第149—150页。

前、不可战胜的坚强队伍；长征是“宣传队”，向广大人民群众宣传马克思主义，宣传党的政策和方针，从而达到团结人民、解放人民的目标；长征是“播种机”，长征过程中在人民心中一路播下了新中国、新制度的种子，而这些种子在生机勃勃的春天中发芽成长，为中国共产党建立了坚实的群众基础，成为推动革命胜利的重要力量。

（四）党的坚强领导是湘江战役精神形成的根本保证

中国共产党的坚强领导是湘江战役精神形成的根本保证。长征途中，英勇的红军历经挫折而不断奋起，历尽苦难而浴火重生，从血战湘江到四渡赤水，从巧渡金沙江到强渡大渡河，击退了无数凶恶的敌兵，征服了艰苦的自然环境，归根结底在于心中坚定的革命必胜信念的支撑，在于党的正确领导指引了正确的方向。首先，中国共产党在政治上的逐步成熟为革命精神的形成提供了组织路线保证，尤其是毛泽东领导地位的重新确立；其次，中国共产党的军事领导为革命精神的形成提供了载体保证，每位长征人都是革命精神的创造者和践行者；最后，中国共产党的思想领导为湘江战役精神的形成提供了精神动力，中国共产党人在井冈山革命时期形成的井冈山精神在长征中发展为新的革命精神，即湘江战役精神。

二、湘江战役精神的时代价值

湘江战役精神是中国共产党人和人民军队革命英雄气概的生动反映，是中华民族自强不息、百折不挠民族风格的集中展示，更是以爱国主义为核心的伟大民族精神的最高体现。当前，全面建成小康社会，建立一个富强、民主、文明、和谐、美丽的社会主义现代化强国是全党全国各族人民的奋斗目标，这更需要伟大精神的推动。所以，全面继承和弘扬湘江战役精神，有着重大的现实意义。

（一）为全面深化经济改革提供创新动力

马克思在经济与政治、文化关系上认为经济基础决定上层建筑，这就说明，一个国家应当把经济发展放在最重要的位置。当前，我国正处在全面建成小康社会的关键时期，湘江战役精神可以与经济建设的道路相结合，推动中国特色社会主义市场经济健康、有序发展。一方面，湘江战役精神以马克思主义为指导思想，具有科学性和全面性，可以作为科学的理论方法去指导现代化经济体系的建立，提供坚实的理论保障；其次，湘江战役精神可以为经济建设提供强大的精神动力。在经济建设的过程中，总是会遇到各种各样的难题，发扬湘江战役中“英勇战斗、不怕牺牲、敢于突破”的革命英雄主义精神，顺利渡过经济改革的困难；最后，湘江战役精神有助于深化供给侧改革。供给侧改革是当前调整经济结构最明显的手段，需要大力弘扬劳模精神和工匠精神，而这两种精神又是在新的时期对湘江战役精神的发展，为进一步深化供给侧改革提供了信念支撑。

（二）为全面加强执政党建设提供重要借鉴

我国是人民民主专政的社会主义国家，中国共产党是中华民族和中国人民的先锋队，代表着最广大人民的根本利益。在长征中，中国共产党受到沿途人民的衷心爱戴和高度信赖，很大原因在于对自身的严格要求，与群众血肉相连的好传统、好作风。当前，党群关系、干群关系以及党自身存在的一些问题尤其是腐败问题不容忽视，很多党员干部把自己手中的权力作为商品进行利益交换，滥用职权，走上违法犯罪的道路。因此要大力弘扬湘江战役精神和长征精神，将党的政治建设放在首位，为全面从严治党提供理论遵循。另一方面，长征精神还能为提高干部素质提供实践借鉴。长征途中的中国军队领导干部年龄都在 30 岁以下，但这样一支年轻的队伍却带领中国红军走完了二万五千里，完成了人类历史上的如此伟大诗篇，以此为借鉴，在选拔人才中应当以能力为主、以德才为先，在实践中不断提升党员干部综合素质。

（三）为建设社会主义文化强国提供文化基础

湘江战役精神作为民族精神的时代体现，在如今仍然有着十分重要的作用，这不仅体现在经济、政治生活中，还体现在文化建设中。一方面，湘江战役精神推动思想道德建设，使社会主义核心价值观深入人心。自改革开放以来，我国人民的物质需求得到了极大的满足，生活水平不断提高，但思想上存在一定程度的道德缺失，如理想信念乏力、个人主义抬头、奢靡之风盛行等。加强湘江战役精神中的革命理想教育，促进全社会共同理想认同；加强湘江战役精神中的艰苦奋斗教育，塑造积极向上的社会氛围；发扬湘江战役精神中的集体主义精神，增强社会凝聚力。另一方面，湘江战役精神还为创造社会主义文艺精品提供了现实素材。在正确解读和合理运用的前提下，创造出符合时代精神、引领社会风尚的文艺作品是发扬湘江战役精神的又一途径。湘江战役精神是革命先烈留给我们的宝贵精神财富，虽然现在与长征中面临的困难不一样、主要矛盾不一样，但精神是永恒不朽的，仍然具有重大的支撑力和推动力。

（四）为实现伟大复兴的中国梦提供精神支撑

人民对美好生活的向往就是我们的奋斗目标，民生建设问题一直是我国在着力解决和提高的重大实际。民生建设的长征路上，就要不忘初心，将湘江战役精神运用于社会变革、运用于全体人民的团结进步、运用于加快中国梦进程。首先，长征一个很显著的特征就是革命，习近平总书记提到“长征是一次开创新局的伟大远征”，在当代社会也应该保持这种革命精神，打破固有的思维，对生活现状进行革命、对不好的方面进行革命，这就是湘江战役精神和长征精神对社会变革的启示，为了人民更美好的生活，为了民族更美好的未来，为了国家更美好的征程，整个社会都应继续发扬这种革命精神；其次，长征中我党与人民群众团结一心、播下了革命的火种，所塑造的与群众紧密相连的血肉关系可以促进广大人民的团结进步，为实现中国梦提供基础保障；最后，湘江战役精神所包含的精神理念和优良作风都是全面建成小康社会的精神动力，符合中华民族复兴中国梦的内核。

三、在新的历史条件下继续弘扬湘江战役精神

如今，湘江战役的硝烟已经散去，但湘江战役精神不能抛弃。作为

中华民族伟大的革命文化和宝贵的精神遗产，湘江战役精神在今天的中国特色社会主义建设中仍然发挥着重要的作用。如何深度挖掘和解读湘江战役精神，湘江战役精神在新时代如何继承与发展，这些问题都是值得深思的。

（一）深刻阐释讲好长征故事

历史是最好的教科书，让红色基因代代相传，必须要利用好红色资源，讲好长征故事。习近平总书记强调，要把理想信念的火种、红色传统的基因一代代传下去。中国人民饱经苦难，红色基因应当是集体记忆，一旦被唤起，就能产生强烈的共鸣。传承湘江战役精神和长征精神，开展长征精神的系列教育，最重要的前提是对长征及湘江战役的内涵、特点、原因及途中发生的故事、召开的会议、制定的路线进行一个详尽的了解和概括，进行深入的学术研究。当前，我国的经济实力和军事实力得到了极大的提高，在和平与发展的时代主题下，国际形势也较稳定，广大人民群众不可能对长征途中的艰苦、精神的伟大有着切身的体会。因此，要宣传和弘扬长征精神，必须了解透长征的前因后果、行走路线及先辈事迹，利用各大主流媒体网站加强对长征文化和长征精神的解读，以全体社会成员为教育对象，采用理论教育、形象教育和实践教育相结合的方法，加强长征史实教育，强化史实教育效果。

（二）政府主导巩固宣传阵地

革命精神与民族精神、时代精神一脉相承，是进行思想教育、道德引领的重要资源。国家对公民的意识形态教育和思想政治导向应是占主导地位的，在发展红色文化事业上也发挥着重大的支持和保障作用。首先，政府要为鼓励广大人民学习长征文化及湘江战役精神提供便利的条件，如邀请专家和长征老红军开展一些关于长征的讲座和论坛，播放关于湘江战役的纪录片、影视片等，拓宽学习渠道；其次，在长征文化事业建设上，根据实际情况改革、深化相关规章制度，加强革命文物保护利用、推进红色旅游基地、爱国主义教育基地的建设，加强公益性和受众性，增强红色文化的凝聚力；最后，政府应对各地长征文化和长征精神的不同宣传教育形式进行资源联合与整合，建立学校、家庭、社会的共建共享机制，优化供给结构，提升供给质量，弘扬革命传统，此外还要注意壮大志愿服务队伍和教育方法的多样性，以增强教育实效性。

（三）现代解读融入时代元素

我们传承革命文化和精神，最后的落脚点应在于“传统革命精神现代化”，即传承与发展相结合、传统与现代相结合，在传承的基础上进行创新，与时代相融合，从而推动现代文化的发展。一方面，应该认识到湘江战役精神与民族精神、时代精神的一致性。破除湘江战役精神“过时论”。湘江战役精神既是对自强不息民族精神的体现和继承，又是革命时期时代精神的集中体现。当前，我们已经进入中国特色社会主义新时代，应大力弘扬湘江战役精神的本质，如对理想信念的坚守、不怕吃苦的奋斗精神、互助团结精神等，都是当今中国实现“两个一百年”奋斗目标、民族复兴中国梦的精神源泉。另一方面，要善于挖掘传统革命文化中的现代元素。社会主义核心价值观是当代中国先进文化的凝练表达，是公民道德建设的基本准则，也是引领人民思想的精神旗帜。将湘江战役精神与社会主义核心价值观进行融会贯通，在新的历史条件下对湘江战役精神进行积极重构和价值探索，从而促进社会主义核心价值观的践行，彰显出湘江战役精神的崭新价值。

（四）品牌建设走向国际发展

长征是人类历史上一次伟大的远征，世界范围内关于长征的报道和研究不计其数，彰显出中国革命文化的巨大影响力。从这个意义上说，中国共产党人和中国人民用生命和鲜血构筑的湘江战役精神应该是全人类的宝贵精神财富，是人类追求理想和胜利的真实案例。前段时间，肯德基雷锋精神主题餐厅走红，对此，美媒发文表示“这是美国标志性的品牌与共产主义宣传之间开展的一次极其罕见的合作”。这让我们不禁反思，为什么美国宣扬个人主义、英雄主义的文艺作品川流不息地涌入中国，让中国人民的思维方式、生活方式都受到影响，而我们传统的革命文化、集体主义、共产主义文化却很少能进入国际市场，宣扬中国精神呢？目前，中国也有一系列成功的作品走向世界，如《战狼》《流浪地球》，但这样的作品少之又少，对于中国精神的宣传也只是短暂的作用。因此，当前应该着力塑造湘江战役精神和长征文化的品牌效应，让长征精神、长征文化走向国际、融入世界、影响世界。

（冯丽娟，湖南道州人，湖南省师范大学马克思主义学院硕士研究生；秦尧，江苏盐城人，湖南省师范大学马克思主义学院硕士研究生）

理论研究篇

天欲堕，赖以柱其间

——中央红军湘江战役

1934年11月下旬至12月初，中央红军在广西北部湘江两岸进行的湘江战役，是“左”倾教条主义错误统治下第五次反“围剿”失败，中央红军战略转移长征初期极为不利的决战。这一战，仍由于战略指导错误造成；处于敌占区流动中无后方作战；被迫在广大区域内分兵多点多天同时就敌；情况一天比一天严重，战斗一天比一天激烈，局势一天比一天险恶，惊心动魄。这一战，中央红军付出了惨重的损失，确保了党的领导机关和主力部队突破敌人的围追堵截，粉碎了敌人将我军聚歼于江东的图谋。这一战，宣告了“左”倾教条主义统治的最后破产，促使党召开遵义会议纠正教条主义错误，把中国革命实践造就的领袖毛泽东推到党和红军的领导地位，使得党的革命航船从此乘风破浪，直到取得中国民主革命胜利。这一战，是中央红军有史以来最为悲壮惨烈的一战，也是中国共产党历史上系于生死存亡的一战，是中国共产党和中国革命又一次从失败走向胜利的历史转折点，尤为可歌可泣。

一、决战前因

（一）反“围剿”失败　长征开始

1934年9月下旬，蒋介石以50万重兵采取“堡垒主义新战略”，对中央红军和中央苏区构成的中央战略区发动第五次“围剿”。“左”倾教条主义无视红军战争的严重的敌强我弱特点，放弃此前毛泽东倡导的“你打你的，我打我的”“完全主动作战政策”，实行以进攻对付强敌进攻的冒险主义战略，企图御敌于苏区之外，致使这次反“围剿”的第一步就陷入被动。继而，博古把中央红军指挥权全权托给共产国际派来的军事顾问李德。李德则教条照搬外军的作战经验，命令兵力、火力处于绝对劣势的中央红军，以阵地防御战抵御强敌的阵地进攻战，不仅造成了红军严重损失节节败退，而且致使中央苏区人力、物力源严重消耗。1934 年 9 月，敌人兵分 6 路向中央苏区腹地攻击，中央战略区第五次反“围剿”失败已成定局。“左”倾教条主义决定中央机关和中央红军立即撤出中央苏区突围战略转移。10 月 10 日，中共中央机关、中革军委机关、中央政府机关和中央红军 5 个军团共 8.6 万余人，开始撤出所在地实行战略转移。后来成为历史上著名的万里长征。

（二）突破封锁线　西渡潇水

在 1934 年 9 月上旬蒋介石的“围剿”军兵分 6 路，发起对中央战略区腹地攻击的同时，就预计到中央红军有可能向赣西南方向突围，命令国民党粤军和湘军在赣西南和湘南构筑第一、第二、第三道封锁线，并派出部队固守，但粤军和湘军一方面是主力部队基本被用于“围剿”战场上，抽不出更多力量执行构筑碉堡和固守任务，另一方面也没料到中央红军这么快突围。故这些构筑的封锁线碉堡并不密集，更没有重兵把守。这使得中央红军突围后的行动比较顺利。10 月 21 日至 25 日，中央红军击溃了少量粤军的拦阻，突破粤军设在中央苏区西南边沿桃江东岸的第一道封锁线，进入五岭的第一岭大庾岭；11 月 5 日至 8 日，通过连规模守备的设在湘南桂东经汝城到粤北仁化的第二道封锁线；继于 11 月 13 日至 15 日，又通过少量民团守备的敌设在湘南郴州至宜章的第三道封锁线，翻过五岭第二岭骑田岭。此后，进入五岭第三岭萌渚岭北部湘南临武、蓝山、嘉禾、宁远和道县境内。期间虽有团规模的阻击战，但基本是顺利的。11 月 25 日，全部渡过潇水，进到五岭第四岭湘桂边境上的都庞岭东麓。

（三）指导错误　行动迟缓

长征队伍从 10 月 10 日撤出驻地启程，到 11 月 25 日全部过潇水，用时46天，走出约1700里地，平均每天行程不过40里。若依后来形成的长征走了25000里，用时374天，平均每天得走约80里地计，初期的46天行军速度，还赶不上全程平均速度的一半。这里的原因就出在博古、李德指导思想又错了。博古把这次战略转移当成是把中央苏区搬迁到湘西。“搬家”就得带上全部的“家当”，而带上全部“家当”，不但走得慢，而且也不便途中必要的打仗。李德则教条战略转移途中不宜与敌人纠缠，甚至拒绝有利和必要的作战。博古的“大搬家”思想，造成转移行动极其迟缓，给了敌人足够时间调动部队，组织执行围追堵截；李德的实际上的“避战主义”，则给了敌“追剿”军放肆的追击锐气，这就必然埋下了转移的队伍被强敌追上，陷于敌重兵围追堵截的危险境地。

二、浴血湘水

(一) 强敌围追　依江堵截

蒋介石是在中央红军突破其第一道封锁线后的不日，即10月底才知道中央红军突围战略转移的，他的第一反应是调动重兵围追堵截。他先是命令“围剿”中央红军的中央军薛岳第七纵队和周浑元第八纵队参加“追剿”军；继于11月12日任命湖南国民党军首领何键为“追剿”军总司令，统一指挥湘军和中央军薛岳、周浑元部，将我中央红军消灭于湘江以东地区。但实在说，蒋介石并不认为何键的“追剿”军能把中央红军消灭于湘江以东，11月17日，他又命令湘军、黔军、桂军，协力“围剿”，把中央红军消灭于湘水以西地区，不使其西进贵州或北上湘西与红二、六军团会合。广西国民党军首领白崇禧得悉中央红军已进入湘南，朝湘江而来，则不愿与中央红军作鹬蚌相争，把原在全州、兴安地区的防御部队，收缩集结到恭城战略机动位置上。可是中央红军行动实在迟缓，到11月20日前后薛岳、周浑元的部队已追到衡阳地区、湘军参加“追剿”的部队也全部到位，何键于11月23日申时，即15至17时下达“追剿”部署作战命令，以前到全州堵截、侧由零陵南击、后从道县追击，与广西桂军衔接，企图堵住湘江渡口，将我全军围歼于湘江以东地区。广西的白崇禧见我军行动迟缓，北线何键的“追剿”军着实由零陵南压道县后追，已可能将我军截击于江东，遂命令收缩集结于恭城地域的第七、第十五军一部向灌阳、兴安运动，在实际上协同北线“追剿”军对我军围追堵截。这样，南北两线国民党军共25万重兵，已在实际上形成以湘江为屏障的第四道封锁线。

（二）唯有一战　夺路过江

中央红军情报部门二局及时侦收并破译了何键23日申时部署命令电。于24日22时30分把它转换为敌情通报全军。可能因为只顾于过潇水，博古和李德于25日午后才看敌情报告，也才意识到问题的严重，这才于当日17时以中革军委主席朱德名义，下达向全州、兴安西北黄山地域进军作战命令。全州、兴安西北并没有黄山之说，从方位上判断他们所谓的黄山地域当是指五岭的第五岭越城岭地域。命令指定一军团主力和三、八军团为进攻部队，五、九军团和一军团一师为掩护部队，力图突破即将面临的敌人围追堵截，抢渡湘江进入越城岭。同时，中共中央及红军总政治部联名发布关于突破敌人第四道封锁线进行湘江战役的政治动员令。

（三）劫难已成　血战不免

这已是11月26日，雨天。之前，军委下达发起湘江战役命令时，全军刚渡过潇水主力集中在道县境内潇水以西都庞岭东麓。从潇水到湘江约300里，中间还隔了个湘桂边界上的都庞岭，数万人的队伍又带着辎重，要前出到湘江地域可不是一两天内能实现的事，但情况紧急部队还是冒雨行动。一军团主力翻过都庞岭进到广西灌阳北部文市，继而过灌江向湘江边前进；三军团进到灌阳东北部水车地域；军委第一纵队到达道县蒋家岭，第二纵队到蒋家岭以东高明桥地域；五军团主力和一军团一师则在高明桥地域东边向后警戒；五军团三十四师进至道县上坪策应八、九军团；八、九军团则还在永明境内，企图攻下三峰山隘口进入灌阳。这一天午后，又相继得悉北边的敌“追剿”军一路军向全州疾进，紧跟的二路军向黄沙河湘江东岸前进，第三、第四路军已追入道县境内；南边的敌桂军其十五军主力北进灌阳城，一部指向兴安。显然，敌人的围追堵截已向内围压缩，敌我在湘江两岸的血战已不可避免。

（四）争取先机　控制渡口

11 月 27 日，阴。鉴于北南两向敌军抢占全州、兴安要地，可能阻止我军西渡湘江，军委于 26 日 16 时 30 分命令一军团二师急进全州方向，一军团十五师跟进；同时命令五军团十三师在蒋家岭、雷口关地域占领防御阵地，对追进道县之敌警戒。27 日 9 时，彭德怀命令其三军团四师进占新圩并向兴安方向侦察，继又命令五师跟进新圩，在有利地形上构筑防御工事，向灌阳警戒。17 时 30 分，军委命令三军团占领永明至灌阳及道县到灌阳的枢纽孔家地域，策应后续部队；命令八军团应不顾牺牲夺取三峰山隘口，并强行军进至孔家地域，九军团受八军团指挥跟进。显然，17 时 30 分的这个命令纸上谈兵，一厢情愿。彭德怀还是按他的战略占领新圩地域设防；八军团未能攻下三峰山隘口进到孔家地域。好在一军团先头部队四师于这天夜里过了湘江，控制了全州以南脚山铺至咸水地段的渡江点，工兵开始架桥。

（五）两面阻击　战役打响

11 月 28 日，阴。凌晨，军委得悉北边的敌“追剿”军第一路 3 个师进到全州，第二路跟进黄沙河，第四路可能全部过潇水向都庞岭上永安关地域追击；南边的敌桂军约 4 个师，拟经灌阳城前出到苏江、新圩、石塘地域，阻击我军西渡。这些敌情方向确实，但兵力夸大了，不过也着实让红军指挥者紧张，他们即以军委名义命令一军团主力坚决阻击由全州向南攻击的敌一路军，保持已取得的湘江渡点；三军团四师经青龙山过湘江，向光华铺地域前进，阻击由兴安城北上之敌，以五师的 1 个团向泡江地域前进，该师主力在新圩马渡桥地域阻击由灌阳城而来的敌桂军；五军团主力十三师在蒋家岭、永安关地域阻击敌之第四路军追击；八、九军团改经道县小坪由三十四师接应从蒋家岭进入灌阳。是日，军委一纵队由周岩进至石塘圩附近的官山；二纵队前梯队随三军团后方部前进，后梯队向上营开进。这时，博古、李德意识到局势的危险，于 15 时以朱德名义命令全军必须赶在 29 日至 30 日全部过湘江。但这又是一厢情愿，不说我军后卫部队还在蒋家岭距江边还有约 200 里，仅就敌情而言已不容我军按计划过江。这天 16 时，已进抵全州城之敌十六师一部，沿全州至兴安公路开始试探性攻击，控制路板桥地段高地的红二师一部当即给予打击，双方对射至入夜，敌撤回全州城。是日近黄昏，由灌阳城北上新圩的敌桂军四十四师约两个团，向在新圩地域阻击的五师主力攻击，五师主力将敌击退。新圩地域阻击战关系到我军西进湘江的道路不被敌切断，关系到我党中央领导机关及党政军领导的安危，彭德怀十分重视，他把已过江的四师托给林彪、聂荣臻统一指挥，亲自指挥新圩方向阻击战。这一天虽仍是阴天，但湖南的敌军航空队仍出动，轰炸了文市地区的我军集结部队。

（六）三地争夺　同时激战

11 月 29 日，阴。广西国民党军阀白崇禧见何键的部队已压了下来，并且已在全州方向开打；又见我经灌阳向江边运动的部队机关庞大，还带着辎重行动缓慢，除令一部前出兴安堵住渡口，把重兵放在新圩方向企图截断我向江边运动的队伍，乘机抓一把。这一天拂晓，灌阳方向的桂军四十四师向新圩方向大举攻击。这是彭德怀预料中的，他原指定红六师接替红五师新圩阻击，让五师前出协同四师兴安方向湘江两岸的阻击，但红六师掩护军团后方部和紧跟的军委一纵队前梯队，未能按时赶到新圩接防，五师主力只好坚持奋力抗击。可想而知，战斗异常激烈、残酷，五师的师团首长身先士卒，师参谋长胡竣、十四团团长黄冕昌相继战死，十五团团长和两个团政委相继负伤。部队伤亡惨重，但仍扼守住阵地，挫败了敌人切断我军的图谋。当日，进至兴安的敌桂军四十三师两个团向光华铺出击，以 1 个团向江东塘家市地域攻击。三军团四师奋力抗击，遏阻敌人进攻，牢牢地控制住界首方向的渡口和向这个方向运动的通路。当日，全州的敌第十六师等部以约 3 个团兵力，攻击我军一军团二师在脚山铺地域的一线阻击阵地，二师奋力阻击，一再打退敌人的进攻；位于江东的我一军团十五师则以一部，向全州城东南方的大肚岭、白沙一带攻击，以求威胁全州城，迫使攻击脚山铺的敌军回援全州城，但无奈敌兵力优势，他们以六十二师 1 个旅抗击，攻击部队寡不敌众，未达到目的。入夜，脚山铺、光华铺、新圩三地暂时休战，我军守备在阵地上的官兵再次到阵地前沿收集敌人伤亡人员留下的弹药，以备明天再战。这一天的临近午时，能见度好转，敌湘军航空队飞机首先临空，轰炸位于文市地域的部队和后方部，使我军遭到相当损失；跟着，敌桂军航空队的飞机临空，反复轰炸扫射我军在界首方向架设的便桥和修桥工兵。敌桂军的飞机虽没炸断便桥，但严重地阻碍了我军向江边运动。这一天，军委一纵队进到石塘，二纵队向王家地域前进；八军团翻过都庞岭进到灌阳水车，九军团跟进到何家冲；入夜，五军团撤出在蒋家岭的警戒，军团部和十三师转移到文市，三十四师仍走在最后，向后方警戒。全军过了潇水后因地域狭小又是山区，并且时间紧迫，不能筹到足够的数日量粮食，此时各部已近于断炊。

（七）血肉之躯　撑住甬道

这一天 11 月 30 日，仍是阴天。前一天的激战，全州方向的敌人进占朱塘铺；兴安方向的敌人主力进占光华铺，一部占领东岸塘家市；灌阳方向敌军占领板桥铺。南北三地的敌人已在客观上形成协同对我军夹击态势，我军已被压缩在北线自文市经两河、石塘、麻子圩、凤凰嘴至湘江边，南线自水车经新圩以北、青龙山、大塘到江边的狭隘甬道上。此时，军委一、二纵队和后续八、九军团显得有些乱，一些部队分队失去联系，许多民工、官兵掉队。这一天，何键误认为我军大部已过湘江，他们已不可能将我军堵截在湘江东岸，遂命令第一路军留所部十九师加强 1 个旅和 4 个补充团于全州，继续向我一军团攻击外，其余 3 个师和第二、第三、第四、第五路军，立即向新宁、城步地域转移，以求实行蒋介石的把我军围歼于湘江以西计划。何键的这道命令客观上是帮了红军突围，试想，倘若他反之，命令已进至黄沙河的薛岳第二路、追到道县的周浑元第三路军，兼程南压和西追，还来不及过江的我军军委两个纵队和中央红军五、八、九军团及三军没过江部队，会是怎么个结果。但南边的“小诸葛”白崇禧却来了劲。他认为我军不过是夺路过江无意与他决战，而且队伍混乱，分力分散在掩护，正是他有利可图之机，不仅命令兴安、灌阳两地所部，加大力度对我军攻击，而且命令其航空队6架飞机倾尽可能于轰炸、扫射，乘机狠狠抓我一把，以彰显他反共更坚定、用兵更精明、战绩更显赫。在白崇禧的这种旨意下，占领光华铺之敌于这天，即30日上午又向红四师发起猛烈攻击，企图推进到界首，封闭我军南侧渡江点。四师一线红十团不顾伤亡惨重奋力阻击，团长沈述清战死，坐镇一线的师参谋长杜中美代理团长指挥不幸又牺牲，团政委杨勇接过重任，继续抗击，直到十一团过来换下。十团和十一团终于坚守住阵地，牢牢控制着界首地域渡口。灌阳方向的敌军除继续着昨天的攻击，又开辟古岭头地域攻击，八军团和五军团三十四师立即兼程增援，接替六师主力，与敌殊死决战，保证了向江边运动的通道没有被敌切断。在兴安、新圩、古岭头激战同时，全州方向的敌人又投入3个团对脚山铺红军阵地的猛烈攻击，红二师不顾惨重的伤亡，奋力血战，打退敌人一次次进攻，直到红十五师和一师相继赶到，协力稳住对北线要地的控制。这一天，敌湘桂两军航空队几乎倾尽全力轰炸、扫射，以致我军军委一、二纵队白天不得不防空，没能赶到江边过江。

（八）血染湘水　突出重围

12月1日，阴。以实际说，这一天的行动是30日夜加1日白天。经30日白天的战斗，南北两线的敌人几乎都看出我军的弹药严重不足，而全局的行动很乱；另一方面，也看出能不能把我军切断大部围歼于江东，全在于他们能不能突破湘江西岸咸水与界首之间我军的阻击，封闭湘江渡口；能不能突破我军在新圩地域和古岭头的阻击，将我军向江边行动拦腰切断。为此，三个方向的敌人都加大了进攻力度，并不惜与我军夜战。而对我方来说，军委1时30分致电一、三军团首长，命令两部务必不惜牺牲击退全州、兴安两方向之敌攻击，保持住渡口；针对一军团阻击告急，命令九军团赶过江以为一军团预备队。3时30分，他们以中央政治局、军委和总政治部名义再电一、三军团首长，指出“一日战斗，关系我野战军全部西进，胜利可开辟今后的发展前途，退则我野战军将被敌层层切断”。并且强调，“我们不为胜利者，即为战败者，胜负关系全局”。一军团长林彪、政委聂荣臻，三军团长彭德怀、政委杨尚昆，坚持在湘江西岸各自的指挥所，督促所部不惜牺牲击退敌人，撑住渡口；八军团长周昆、政委黄甦，三十四师师长陈树湘、政委程翠林，已与军委失去联系，他们分别指挥着所部，抗击新圩方向和古岭头方向敌军的攻击，保证通道不被敌切断。黎明前，毛泽东、张闻天、王稼祥所在的军委二纵队过江了，这让周恩来、朱德提着的心稍稍放下，但八军团和五军团还没有过江，而五军团的三十四师、三军团十八团还在古岭头鏖战。5时，周恩来、朱德致电彭德怀、杨尚昆，让他们不惜以三军团所有力量，确保住界首渡口和西进的通道；6时，他们又命令林彪、聂荣臻，“一军团无论如何应保持由白沙铺西进的路”。上午，八军团部终于率领余部千余人过了江；五军团部率领主力十三师过了江。他们几乎是涉水过江，尾追而来的敌军到了江边，用机枪对着涉水还在江里的红军扫射，又有许多官兵倒在湘江里，鲜血染红了湘江水，以致这里的人民流传：“三年不喝湘江水，十年不吃湘江鱼。”正午，一、三军团为保存最后的力量，不得不放弃渡口的坚守，撤出战斗向西退去。敌人占领了红军所有的渡口，封闭了湘江通路。至此，除了被敌缠住不能摆脱的红三十四师、红六师十八团外，还有数千名失散的官兵和民工被敌截断在江东。但从总体说，中央红军终以付出惨痛代价，突破了敌人的第四道封锁线，粉碎了蒋介石将我党中央领导机关和中央红军消灭于湘江以东的图谋。

（九）万般牵挂　被截官兵

没能过江的三军团六师十八团，在湘江战役中师建制内，担任三军团后卫，而跟在三军团后面，是军委第二纵队前梯队，到新圩地域后，他们接替新圩地域阻击战，掩护了三军主力过江，也掩护军委二纵队前梯队过江，但他们却遭受惨重损失，剩下的人员也走不了。而红三十四师，则是战略转移以来全军的后卫，担任断后任务。断后，就意味着必须牺牲自己保全大局。他们也遂行牺牲自己保全大局的后卫精神。接任指挥全局的周恩来、朱德，心中一直牵挂着那些牺牲自己掩护主力过江的部队。12 月 1 日 5 时，他们致电三十四师陈师长、程政委，让他们突围后向大塘圩方向走，争取过江；6 时，他们又致电一军团保持向白沙铺西进的道路，掩护三十四师和十八团过江向西转移。这一天 14 时，周恩来、朱德又致电陈师长、程政委，让他们快快按指定路线过江，并明确三十四师由军委直接指挥。此后，他们虽退进西延山区，但仍为三十四师命运而不眠。3 日 4 时，他们再致电三十四师，如不能过江，则转为游击战；5 日 5 时，他们又一次致电三十四师转为游击战争，以保存力量。周恩来、朱德代表着党和红军尽到了关怀之所能。

（十）英雄不屈　以死铭志

12 月 1 日午后敌人封闭了湘江渡口，滞留在江东的红军除建制部队三十四师、十八团外，还有因伤病及与部队失去联系的大量官兵、民工，他们陷入了强敌的围歼和搜捕，红十八团最终全部战死。而伤病员和大量失散人员被俘。但他们仍然宁死不屈，即使灭绝人性的敌人要把因伤被俘的红军人员推进溶洞中处死，他们也宁可自己纵身跳入洞中赴死，不让敌人推进洞中。红三十四师孤军坚持古岭头阻击战，曾被强敌打散，师政委程翠林、政治部主任蔡中和多数的团长、政委战死，但师长陈树湘、师参谋长王光道、一百团团长韩伟，收集了部队，他们从实际出发，决定往来路返回到湘南开展游击战争。此后，韩伟团长率一百团剩余人员断后，掩护陈师长带本队翻过都庞岭，又回到道县。期间，担任后卫的韩团长所部最终战至只剩下 14 人，在强敌跟追下，韩团长带领官兵宁愿纵身跳崖一死，也绝不被俘，最终只有韩团长被挂在崖壁树上逃过一死，其他人或当场牺牲或重伤而死。韩团长最终被群众保护，后辗转到陕北归队，新中国成立后，被人民共和国授予中将军衔。陈师长带领的本队，在道县四马桥地域遭受民团袭击，陈师长腹部负伤，昏迷中被俘，当他醒来发现被俘时，把手伸进腹部伤口绞断肠子，以死铭志。丧心病狂的何键命令人割下陈树湘的头，送到陈树湘故乡长沙，挂在长沙城小吴门城头上。何键的本意在于示众，却不料客观上彰显了共产党人的宁死不屈血性。王光道带领的本队在九嶷山区落脚转为游击战，但当地的环境十分恶劣，最终失败。被截的官兵和在湘江两岸阻击倒下的官兵，虽然没能走完万水千山长征路，但他们以牺牲自己保全大局，彪炳千秋，不愧是英雄好汉！

三、历史反响

（一）翻过越城岭　践行宣传队

中央红军突破敌人第四道封锁线后，当即西进西延，翻过五岭第五岭越城岭的最高峰猫儿山，当地称老山界，进入桂北山乡龙胜，利用敌人没有重兵追击，作短期休整。龙胜是侗、壮、瑶少数民族区，从没听说过天下有共产党红军。中央红军虽然像受伤的猛虎遁入山林中，舔着流血的伤口，但并没有忘记长征是宣传队，他们严格践行党的民族政策，模范遵守“三大纪律，八项注意”，以自己文明之师的亲民形象，向少数民族同胞宣传，让他们第一次知道中国有一个为人民谋解放的共产党和红军，有一条共产党领导下谋幸福的革命道路，从而获得了少数民族同胞的支持援助，也播下了革命的种子。

（二）全军齐呼唤　促成党纠错

中央红军虽然突破了敌人第四道封锁线，但付出了惨重代价。至此，长征出发时的8.6万余人，只剩下3万余人。此时，周恩来虽在实际上担当指挥，但从组织上说博古仍是中央领导核心，他仍然把红军指挥权交给李德；更严重的是博古、李德仍然坚持北出湘西的既定计划；而蒋介石则已在12月3日就命令何键把20万“追剿”军移师到我北出湘西路上张网以待，如果我军不放弃北出湘西计划，势必遭到覆灭劫难。但所幸的是第五次反“围剿”失败，湘江战役的惨重损失，已使得党和红军广大官兵强烈要求改变中央领导，改变红军指挥；另一方面，毛泽东已做通了党和红军领导张闻天、王稼祥的工作，他们已认识到教条主义的严重危害。这就有了12月12日通道会议，否定博古、李德坚持要去湘西的原计划，中央红军转而进入敌人来不及设防的贵州，并且一举夺取了黔北重地遵义。在遵义，党中央召开政治局扩大会议，从组织上纠正了博古中央的错误，把中国革命实践造就的领袖毛泽东推上党和红军领导地位。

（三）继续长征路　走向新胜利

遵义会议后，在以毛泽东为核心、周恩来辅佐的中央领导下，党和中央红军以自主活跃之精神，继续着长征路。那虽然是万水千山路漫漫，还有强敌的围追堵截，还有说不尽的艰难困苦，还有党内张国焘分裂主义的干扰，但毛泽东、周恩来优化组合党的领导，带领着党和红军克服一切困难，一往无前，于1935年10月到达陕北，并把中国革命的大本营扎根西北。中国共产党和中国革命终于经受了又一次严重失败的痛苦考验，又一次从失败走向胜利。

湘江血战后，毛泽东有词：“山，刺破青天锷未残。天欲堕，赖以拄其间。”[①] 他没有说此词是对湘江血战的感怀，但若以词意喻以湘江血战的景况，可不，党和革命简直已处于天要塌的地步；可是，有自我纠错勇气和能力的中国共产党，有英雄好汉的中国红军，如同刺破青天的山，锋刃依然，顶天立地依然。

悲壮惨烈的湘江血战，是中国共产党人和人民军队官兵鲜血铸就的历史祭坛。它记录着中国共产党和人民军队昨天的苦难和辉煌，激励着中国共产党领导下的中华民族今天的崛起和复兴。今天，我们拜谒这座祭坛，祭奠血染湘水的英烈，就是要发扬党的革命传统，即使是天欲堕也要拄其间；就是要传承前辈的与敌人血战到底的气概，先烈的顾全大

---

① 《周恩来年谱（1983—1949）（修订本）》上卷，中央文献出版社2013年版，第440页。

局不惜牺牲自己的观念，烈士的忠于党宁死不屈的志向，革命者为着民族大业一往无前的精神；就是要在以习近平同志为核心的党中央领导下，为实现中华民族伟大复兴的中国梦而奋勇向前。

〔陈伙成，中国人民解放军军事科学院军史研究部原主任；赵晓刚，中共广西区委党校（广西行政学院）党史党建教研部博士、副教授，湘江战役现场教学主讲教师，广西党史专家，广西中共党史和中共党史人物研究会理事〕

全面科学认识湘江战役的重大意义和历史启迪

中国工农红军长征是中国共产党和红军谱写的壮丽史诗，是中华民族伟大复兴历史进程中的巍峨丰碑。广西是红军长征经过的重要省份，具有重要地位和深远影响。1934 年 11 月 25 日至 12 月 13 日，中央红军长征过广西，历时 19 天，途经今灌阳、全州、兴安、资源、灵川、龙胜六县（隶属广西北部的桂林市，以下称“桂北”），克服重重困难，突破湘江封锁线，翻越长征以来的第一座高山——老山界。

红军长征过广西时间虽短，却在中国共产党和中国革命史上留下浓墨重彩的一笔，在桂北留下了众多革命事迹和珍贵遗迹。深切纪念和缅怀这段历史，全面科学认识湘江战役的重大意义和历史启迪，重视保护和利用好以“湘江战役”为核心的桂北长征文化资源，对于传承红色基因，弘扬长征精神，培育践行社会主义核心价值观，发展中国特色社会主义文化，凝聚中国力量，实现中华民族伟大复兴中国梦具有重要的时代价值。

一、当前对湘江战役的错误认识

不少人误以为湘江战役发生在湖南，如陕西电视台制作的影视作品《长征大会师》在再现中央红军抢渡湘江的情景时，将湘江地域管辖省区标注为“湖南·湘江”，直到桂林市委党史研究室致函指出这一史实错误后才修改为“桂北·湘江”。

（一）“失败论”影响广泛

长期以来，人们对湘江战役的评价往往都将其看作一次惨败，“失败论”影响广泛。

（二）“无关紧要论”比较普遍

许多人未能认识到湘江战役与遵义会议之间的内在联系，从而忽略其历史地位，“无关紧要论”还比较普遍。

（三）“让路放生论”广为流传

近年来广为流传的“让路放生论”，突出强调红军能够突破湘江是因为国民党内部派系矛盾，李宗仁、白崇禧等地方实力派为了自保而给红军让路，许多人信以为真。“让路放生论”辗转相传，产生严重消极影响，有必要澄清历史是非。

二、湘江战役的重大意义

湘江战役是人民军队创建以来受创最重、牺牲最大的一次战役，也是红军长征途中规模最大、战斗空前激烈的战役，中央红军和中央机关人员长征出发时的8.6万人，突破湘江封锁线后，减至3万多人，史称“血战湘江”。

（一）湘江战役是关系中央红军生死存亡乃至中国革命成败的关键战役

1934年11月25日至12月1日，历时7天的湘江战役在全州、兴安和灌阳三县展开，中央红军发出了“我们不为胜利者、即为战败者”“为苏维埃新中国流尽最后一滴血”“誓死保卫党中央”“过了湘江就是胜利”的吼声，以饥饿疲惫勇猛之师冲向火线，血战五昼夜，经过新圩阻击战、脚山铺阻击战、光华铺阻击战和后卫阻击战，顶着敌人的狂轰滥炸和枪林弹雨，拼死鏖战，以损失过半的惨重代价，从全州、兴安间渡过湘江，突破了国民党军队的最后一道铁壁合围封锁线，粉碎了蒋介石围歼中央红军于湘江以东、将红军置于死地的图谋，赢得了战略上的胜利。这个生死攸关的重大胜利，为后续长征提供了前提和可能。

（二）湘江战役是马克思主义中国化过程中的一个重要节点

湘江战役的惨重损失充分暴露了“左”倾冒险主义的错误决策给红军带来的严重后果，起到了反面教材的作用，为“左”倾冒险主义错误领导的垮台敲响了丧钟。眼看第五次反“围剿”以来，迭次失利，现在又几乎濒于绝境，越来越多的红军将士认识到必须改变错误的战略战术，重新回到以毛泽东为代表的正确军事路线和政治路线上来，从而成为我们党探寻适合中国国情革命道路的一个重要分水岭，成为马克思主义中国化过程中的一个历史性事件，一个重要节点。通过对湘江战役的反思，特别是经过长征的洗礼，为总结历史教训，形成发展中国特色革命道路，具有重要作用。

（三）湘江战役加速了党和红军的觉醒，是实现伟大历史转折的光辉起点

党和广大红军指战员对博古、李德错误路线的认识，经历了一个与正确路线比较的逐渐觉悟过程。第五次反“围剿”失败以来，党和广大红军指战员对博古、李德“左”倾军事路线的怀疑和不满情绪日益强烈，并在湘江战役后达到顶点，党和红军由此觉醒，成为实现伟大历史转折的光辉起点。渡过湘江后，围绕中央红军前进方向问题，从翻越老山界，到通道会议、黎平会议、猴场会议，一直进行着激烈的争论，从而为遵义会议的胜利召开，确立毛泽东在党中央和红军的领导地位，奠定了重要的思想基础和组织基础。

（四）湘江战役后红军翻越老山界保存了有生力量

中央红军抢渡湘江后，进入到广西资源县的油榨坪，原计划稍作休整，再继续向湘西北转移，与红二、六军团会合，而敌人已调整部署，企图围歼红军于转移途中。毛泽东根据敌情变化，力主改变行军路线，折回广西兴安县境内的华江一带，在桂北翻越老山界，然后从敌人防守力量薄弱的地方突围。这一主张的实施有效保存了红军的有生力量，老山界是红军的“救命山”。

（五）湘江战役期间的民族工作和群众工作是建设新型人民军队的生动实践

桂北是中央红军长征进入的第一个少数民族聚居区，是中国共产党和红军成立以来，第一次较长时间、较大范围、较大规模地与少数民族的接触、碰撞、交流、沟通和互动，也是党的民族工作、民族策略、民族政策奠定基础的过程，意义重大，影响深远。在湘江战役激烈进行时，红军总政治部就发布了《关于瑶苗民族中工作的原则指示》，制定了《对苗瑶民的口号》，对红军此后执行党的民族政策、开展群众工作具有重要的政治指导作用。在桂北，红军一面与国民党军队激战，一面通过刷标语等形式广泛宣传党的主张、宗旨和民族政策，如“红军是穷人自己的队伍”“红军绝对保护瑶民”“继续斗争，再寻光明”等，切实尊重各民族的风俗习惯，执行铁的纪律，赢得了人民群众的真心拥护和支持。红军所开展的民族工作和群众工作，在桂北大地传播了革命真理，播撒了革命火种，充分体现了长征作为“宣言书、宣传队、播种机”的伟大意义和重要作用。

三、湘江战役留下许多宝贵的启示

习近平总书记指出，伟大的长征精神，就是把全国人民和中华民族的根本利益看得高于一切，坚定革命的理想和信念，坚信正义事业必然胜利的精神；就是为了救国救民，不怕任何艰难险阻，不惜付出一切牺牲的精神；就是坚持独立自主、实事求是，一切从实际出发的精神；就是顾全大局、严守纪律、紧密团结的精神；就是紧紧依靠人民群众，同人民群众生死相依、患难与共、艰苦奋斗的精神。

中国共产党人和红军将士用生命和热血铸就的伟大长征精神，作为中国共产党人红色基因和精神族谱的重要组成部分，已经深深融入中华民族的血脉和灵魂，成为社会主义核心价值观的丰富滋养，成为鼓舞和激励党和人民不断攻坚克难、从胜利走向新的胜利的强大精神动力。

湘江战役及翻越老山界是酝酿和准备遵义会议不可或缺的历程，给我们留下许多宝贵的启示。

（一）没有核心的领导集体是靠不住的

历史的经验教训表明，马克思主义政党要有坚强、成熟的领导核心，“任何一个领导集体都要有一个核心，没有核心的领导集体是靠不住的”。我们要自觉增强“四个意识”，坚决维护习近平总书记党中央的核心、全党的核心地位，坚决维护党中央权威和集中统一领导，这是党和国家事业健康发展的根本保证。

（二）始终坚持对革命事业的无限忠诚

湘江战役期间广大红军将士特别是陈树湘师长壮烈牺牲和红三十四师英勇悲壮的事迹充分体现了对革命事业的无限忠诚，这是红军能够战胜敌人，克服任何险阻，突破湘江封锁线的强大精神动力，是中华民族之所以生生不息的原因，是中国共产党人能够取得革命胜利的强大精神力量。实现中华民族伟大复兴的中国梦同样需要对中国特色社会主义事业的无限忠诚。我们要在实现中国梦的新长征中大力倡导和弘扬这种正确的价值观。

（三）方向决定道路，道路决定命运

湘江战役检验了军事路线正确与否。只有把马克思列宁主义基本原理同中国革命具体实际结合起来，独立自主、实事求是解决中国革命的方向、道路等重大问题，才能把党的事业引向胜利。这是在血的教训和斗争考验中得出的真理。今天，在中国特色社会主义新时代，我们必须增强“四个自信”，坚定不移沿着中国特色社会主义道路走下去。

（四）红军打胜仗，人民是靠山

湘江战役期间桂北各族群众舍生忘死为红军带路、架桥、救护伤病员，收留遗落红军，踊跃参军，为红军摆脱敌军的层层围堵突破湘江作出了不可磨灭的重要贡献。时至今日，桂北各地仍保留有许多“红军岩”“红军楼”“红军堂”“红军亭”“红军桥”“红军洞”“红军井”和红军标语等革命遗迹，仍能听到许多传颂军民鱼水情的感人故事，如灌阳县一家祖孙三代守护红旗，资源县、龙胜县村民祖孙三代守护红军墓等。这昭示我们，必须坚持以人民为中心的思想，把人民放在心中的最高位置，始终与人民群众同呼吸、共命运、心连心，始终为人民利益和幸福而矢志奋斗。

（五）不忘初心，牢记使命，促进老区振兴

中国共产党人的初心和使命，就是为中国人民谋幸福，为中华民族谋复兴。这个初心和使命是激励中国共产党人不断前进的根本动力。长征中红军指战员所展现出的勇于牺牲、勇于突破、勇于胜利，就是为了初心和使命而奋斗的生动体现。100 年来，一代又一代优秀中国共产党人，不忘初心、牢记使命，为祖国和人民无私奉献。我们要永远铭记走过的路和为什么出发，永远保持中国共产党人的奋斗精神，永远保持对人民的赤子之心。在新时代，不忘初心、继续前进，走好今天的长征路，就必须把人民放在心中最高位置，坚持一切为了人民、一切依靠人民，为促进老区振兴、为人民过上更加幸福美好生活而矢志奋斗。

2016 年 10 月 21 日，习近平总书记在纪念长征胜利 80 周年大会上提出，长征永远在路上，“不论我们的事业发展到哪一步，不论我们取得了多大成就，我们都要大力弘扬伟大长征精神，在新的长征路上继续奋勇前进”。[①] 2017 年 4 月，习近平总书记在视察广西时指出，广西是革命老区，老区和老区人民为我们党领导的中国革命作出了重大牺牲和贡献。要加快老区建设和发展，让老区和老区人民尽快摆脱贫困，过上幸福日子。2018 年全国两会上，习近平总书记强调，红色基因就是要传承，要让孩子们知道自己是从哪里来的。2019 年全国两会上，习近平总书记进一步指出，共和国是红色的，不能淡化这个颜色。无数的先烈鲜血染红了我们的旗帜，我们不建设好他们所盼望向往、为之奋斗、为之牺牲的共和国，是绝对不行的。不能被轻歌曼舞所误，不能“隔江犹唱后庭花”。学习贯彻习近平总书记上述重要讲话，关键是科学全面认识长征，进一步明确湘江战役的历史地位，传承红色基因、弘扬长征精神，不忘初心、牢记使命、促进老区发展。

［赵晓刚，中共广西区委党校（广西行政学院）党史党建教研部博士、副教授，湘江战役现场教学主讲教师，广西党史专家，广西中共党史和中共党史人物研究会理事］

① 习近平：《在纪念红军长征胜利 80 周年大会上的讲话》，人民出版社 2016 年版，第 11 页。

红军长征湘江之战历史评价之刍议

一、湘江战役是胜仗还是败仗

湘江战役，红军战役目的就是渡过湘江，湘江渡过了，战役目的就达到了，因此湘江之战就是胜利的。这是红军军事顾问李德当时对湘江之战就是这么认为的。现代学者，有评价其是失败的，有评价其是“惨胜”的，等等。以历史学的观点，历史评价不可以偏概全，要全面具体分析。

（一）从战略角度上分析

1. 湘江战役的目的不仅是渡过湘江，它还要实现更高的战略目标，即到湘西与红二、六军团会合。中共中央、红军总政治部在渡江前下达了突破敌人第四道封锁线的政治动员令：“我野战军即将进行新的、最复杂的战役，要在敌人优势兵力及部分地完成其阻我西渡的部署条件下，来突破敌人第四道封锁，并渡过湘江……协同其他红军部队（二、六军团，四方面军），一致进行全线的总反攻与彻底粉碎敌人五次‘围剿’。”虽然部分红军过了湘江，但在全局上并没有粉碎敌人第五次“围剿”，被敌“围剿”的基本态势没有改变，红军仍在国民党军的围追堵截之中。湘江战役不仅是过江，也是为实现更高的战略目标部署的，但战役结果更加不利于战略目标的实现。

2. 不利于战略目标实现的局部战役战斗的结果，本质都是失败的，这也是世界军史界在战略层面上对战役战斗胜负公认的评价标准。1812年拿破仑率军入侵俄国，在博罗季诺会战中，双方都出动了绝对主力会战。结果是俄军伤亡惨重，重创了法军之后，主动撤离战场，保住了军队可以再进行长期战斗的基本力量。战后双方都认为自己胜利了。究竟谁胜利了？战后的影响是俄军达到了消耗法军的目的，保存了有生力量，后勤补给安然无恙，仍拥有预备队随时可以投入战斗，为后来转入反攻创造了条件。而法军在此次战役中歼灭俄军主力的目的落空了，虽后来占领了莫斯科，但运输线太长，难以维持其部队物资供给。战争最终遭到毁灭性打击的是法军，而不是俄军。博罗季诺战役对俄法 1812 年战争的整个进程有重大影响，实质已间接导致战争进程发生根本性转折。此次战役的历史评价是标志拿破仑军队已达到了克劳塞维茨《战争论》中所说的进攻的“顶点”，意味着失败的开始。拿破仑后来曾写道：“在我一生的作战中，最令我胆战心惊的，莫过于莫斯科城下之战（即指博罗季诺战役）。作战中，法军本应取胜，而俄军却取得了不可战胜的权利。”拿破仑就是从战略角度上来看待博罗季诺战役的胜负而来作历史评价的。

（二）从战役层面上分析

红军战略转移，实质还是第五次反“围剿”的继续（不能按后来历史学者以时间节点划分历史时段来截断事态的联系），湘江战役在作战方式上是突围之战。世界军史界在战役战术层面对突围战役（斗）胜败评价有公认的标准，这就是突围的军队，如果大多数人突出包围圈，保存了有生力量，一般就算是胜利；多数人没有突出包围圈就是失败。例如二战时英法联军的敦克尔刻大撤退，被围的英法军约 40 多万人（占被围的大多数）乘船渡过了英吉利海峡，摆脱了德军的包围，世界军史界都认为这是胜利的突围。新四军军部所经历的皖南事变，也是一次突围战斗，近万人只有约 2000 人突出重围，在中国军史界一致认为是失败的突围。中央红军战略转移出发时红军 8.6 万人，湘江战役前还有 6.5 万人，战役后折损 3.5 万人，剩余 3 万，不足原来的一半。所以，湘江战役从战役层面上也只能认定是失败的突围。

（三）从国民党军方面来分析

蒋介石在红军战略转移开始时的 1934 年 10 月 31 日就明令“务将西窜匪徒聚歼于湘江以东地区，勿使漏网”。从史料中分析，这道命令并不是蒋介石唯一的战略考量。“朱毛西窜”，他希望桂、湘军阀（以下简称桂军、湘军）大量消耗红军的力量，但也深知消灭红军也不可能“毕其功于一役”。所以他想借机“虎跟狼后”，实现战略上的“一石二鸟”，在消灭红军时同时收拾不与中央政令统一的地方割据势力。所以，红军在渡湘江时，嫡系周浑元部（以下简称中央军）攻击行动并不积极。红军向遵义挺进时，薛岳的追剿军不是尾随，而是到贵阳去控制军阀王家烈。蒋介石在贵州的“一石二鸟”计划成功了（降服了王家烈），桂军、湘军防备“前面进狼后面跟虎”的目的也达到了，只有红军往湘西去的战略目标没有实现，兵员却是折损大半。所以湘江之战在战略层面上看，国民党军胜了。

湘江之战在战役层面上如果定论是红军胜了，那么国民党军就应该是败了？史料揭示，国民党湘、桂两军伤亡损失人数大大少于红军（有些史料反映桂军才伤亡 2000 人，桂军还俘虏红军 7000 人）。所以，从战役战术层面不能论定国民党军在湘江战役中是打败了。

（四）以历史唯物论的观点分析

湘江之战红军如果没有渡过湘江，长征不可能取得最终胜利。这个假言推理是违背历史唯物论的。对历史进行评价，只能用历史史实作为前提，假设就是用想象作前提，得出历史结论也必定只是一种可能，可能的结论是不能认为是真理的，否则就是唯心的结论。长征胜利是历经许多事件的一个全过程的胜利，是各次战役胜败结果环环相扣产生出来的，湘江战役仅是长征全局中的一环，任何一环都不能独列出来孤立地论定它对长征最终胜利起决定性作用。

（五）从战后红军指战员的情绪来分析

从史料反映来看，红军指战员在湘江之战后对“左”倾错误领导的“瞎指挥”表现出严重的不满，要求更换红军指挥员的心情达到了高潮。党中央大多数领导同志在黎平、猴场中央政治局会议上，开始公开地坚决地支持毛泽东的意见，反对“左”倾领导的错误主张。以博古、李德、周恩来组成的中央“三人团”也出现了分裂。在猴场会议上，实际已剥夺了博古、李德的军事指挥权。这从红军指战员心态上也可看出对湘江之战的基本看法是一场败仗，否则怎会酿成后来遵义会议党的最高负责人和军事最高负责人的更换，以及出现毛泽东进入中央书记处取得军事指挥话语权的一幕?!

二、湘江战役为什么损失那么大

现在有许多评论，将湘江战役红军损失巨大的原因，主要归罪于李德“抬轿子”式的行军布阵，搬家式的逃跑转移，致使行军速度缓慢，不能及时通过因桂军首领白崇禧“放水”而形成的长达 7 天 30 公里无兵防守的湘江左岸。照此论断，如果红军负重不大，行军速度较快，就可以顺利地通过湘江这第四道封锁线了？非也。湘江之战白崇禧用的是“半渡而击”的战法。此战法就是要先“放水”迷惑引诱红军，当红军先头在“空防”处过江时，湘军“拦头”，桂军“截腰”和“扫尾”。李德“抬轿子”“搬家”式的行军则是更加强了敌军“半渡而击”的作战效果。

（一）什么是“半渡而击”

“半渡而击”取自“兵半渡而击之”一句，是《吴子兵法·料敌·第二》书中十三种情况下可攻击敌方之一种。在这之前的《孙子兵法》也讲到“客绝水而来，勿迎之于水内，令半济而击之，利”。（《行军篇》），济是“渡”意思。这是指“兵涉水过河一半时，可以攻打”，这时敌人无论是“头”，是“腰”，还是“尾”都最薄弱之处。“半渡而击”总体意思就是在对方的军队一部分人马渡过河时，位于对方军队正面的部队可以优势兵力“拦头”，位于对方军队同一岸边翼侧和后尾的部队可以“截腰、击尾”，使对方军队首尾不能相顾，处于进退两难的被动境地。公元前 506 年，吴王阖闾起兵讨伐楚国。吴军纵横数千里，连战连捷，楚国一再狼狈逃窜。楚军逃到清发水时，被吴军追上。吴王阖闾正要下令攻击，他的胞弟夫概就劝说道：“困兽犹斗，何况是人呢。我们如果把楚军逼得太急，他们会死力拼搏的，不如暂且停战，等到楚军渡河渡到一半时再行攻击。那时，楚军先渡河的幸免于难，无心恋战；后渡河的羡慕先渡河而逃走的，也会失去斗志，我军定能大获全胜。”吴王接受了夫概的建议，令部队停止前进，待机破敌。楚军见吴军不再追杀，以为他们怯阵，便下令部队渡江。吴军乘楚军部分已渡，部分未渡，士兵争相渡江的混乱状态下，突然向楚军发起攻击，杀得楚军屁滚尿流。这就是位于对方军队同一岸边翼侧和后尾“截腰、击尾”的一个战例。白崇禧人称“小诸葛”，“中国三个半军事家”之一，岂能不知道中国古代兵法。

（二）“半渡而击”的想定

桂军在红军渡江之前，先是将湘江左岸30公里防线放弃，以无兵防守的“空防”引诱红军进入。放弃防线的部队可以去防堵红军或中央军入桂，主要目的却是隐蔽于湘江右岸，既红军行军纵队的左翼及侧后兴安、灌阳地域待机。待红军行军纵队“半渡”湘江时，同时“拦头、截腰、击尾”，尤其是攻击翼侧、侧后红军未过江的人马。史料反映，开战前，桂军早就制订了“拦头，截腰，击尾”的战术想定，制订了两个方案。第一案是根据红军行军速度，于桂军撤离湘江西岸的第四日夜出击，用三个师“击大尾”（截腰、击尾）；第二案是如果红军的左翼是红军最强的主力，即用一个师“击小尾”（扫尾）。湘江30公里的缺口无兵防守一直持续了7天，桂军何时“半渡而击”，是根据红军“搬家”式的行军速度来计算的。桂军十五军估算从红军夜入清水关始，要过4—5个夜晚，先头才能过湘江，这时就是出击的时机。

（三）“半渡而击”经过

桂军于11月28日率先打响（截腰、扫尾）。出新圩桂军大约7个团，4个团直接对红三军团作战。红五师2个团（十四团和十五团）在新圩阻击，11月30日上午，红五师的阵地已经大部失守。桂军四十四师在30日这天突破了红三军团在新圩的大部分阵地，向石塘附近的红三军团的红五师十三团、红六师主力以及红八军团、红九军团冲去，八、九军团中的新兵很多被打散，给这几支部队造成了第一次重大损失。出光华铺敌军大约 4 个团，红三军团在光华铺战场投入的是红四师的 3 个团。11 月 29 日夜和 30 日清晨，一小部分桂军绕过红四师阵地竟然一度占领了界首红军的渡口，差点让军委纵队过不了江。桂军到 12 月 1 日上午已经冲到离界首渡口大约只有 2 公里的地方，中午，界首渡口再次被桂军攻克。打算从此渡口过江的红八军团的退路被截断了，只好掉头向北，从位于界首下游 12 公里（即红一军团防守的方向）的凤凰嘴徒涉过过。当红八军团先头部队赶到湘江东岸麻市村时，发现红五军团第十三师、少共国际师和红九军团部队正在凤凰嘴渡口抢渡。红八军团只能在一边等待，同时埋锅造饭。可饭还没吃到嘴边，下午 3 时左右，从新圩追过来的桂军四十四师等部队赶到，给正在渡江和等待渡江的红军造成了第二次重大损失。

桂军湘江撤防，湘军并不急于填补“空防”，但在桂军发起“截腰”“扫尾”时不久，湘军即发起“拦头”攻击，时间上配合得十分默契。这使红军首尾不能相顾，左右不能相帮，陷入极其被动的局面之中。红一军团开始只有四个团约 8000 人达到战场，面对出觉山铺的湘军 12 个团约 3 倍于己的敌人，打得异常残酷。11 月 30 日，湘军在原来的进攻部队的基础上再投入 8 个团，兵力达到 20 个团约 5 万人。红一军团两个师 6 个团与敌人 20 个团进行了殊死搏斗。红一军团觉山铺阻击，敌军没有占到便宜。

（四）桂军的战果

从桂军在湘江战役中“半渡而击”的战绩不难看出白崇禧的“空防”并非“放水”：湘江之战中，桂军直接攻击的红军部队是红三军团（损失 8100 人）、红八军团（损失 3800 人）、红九军团（损失 2000 人）、红五军团（损失 7000 人）、中央、军委纵队（损失 8500 人）合计 29400 人。这其中大部损失主要是桂军攻击造成的，占湘江战役红军损失的 2/3。湘军主要是“拦头”，直接攻击红军部队是红一军团（损失 6000 人，其中 5000 人是少共国际师的，被桂军造成的损失的）。红三军团红六师十八团和红五军团三十四师，都是因桂军攻势凶猛，界首浮桥被迫炸毁，在桂军前后夹击无法过江的情况下最后全军覆没的。沿湘江 30 公里不设防，“半渡而击”的预设战场，造成红军硕大的伤亡数字，另还俘虏红军约 7000 人，桂军自身伤亡约 2000 人等，难以看出白崇禧这是“放红军一码”的心态。

（五）红军的察觉

红军指挥员有没有察觉到敌人的“半渡而击”？从史料反映看，林彪军团长应当是察觉到了。一是李德三令五申红军抢渡湘江，红一军团作为先头部队，主力应当迅速过江建立滩头阵地。但林彪却迟迟不下令红五团迅速过江抢占全州，以形成掩护后续红军过江的有利态势。因为这时最大的软肋在“腰”上，被敌“截腰”的威胁及可能造成的被动损失一般分析要大于被敌“拦头”。二是红三军团四师在界首接防红一军团二师时，林彪指挥四师返回湘江右岸设防，以防桂军右岸侧击。果不然，四师很快就与桂军接火。这两个情况可说明林彪已察觉到敌会有“半渡而击”行动。

从史料分析，明确看出白崇禧的诡计只有毛泽东知道。湘江战役前，毛泽东在道县，就提出了沿潇水北上，在有群众基础的湘南实施运动战，寻机歼敌，在敌没有设防的地段伺机渡过湘江，过江后实施运动转战。毛泽东此时还没有看过《孙子兵法》，“半渡而击”的历史典故也有可能没有在书本上看到，但这不影响他靠思维悟性看出红军直挺挺地直奔湘江的危险性。不难看出，毛泽东这一条重大的建议，对敌“半渡而击”具有很强的针对性。如按毛泽东意见办，最起码敌人很难判断红军在哪个地点渡江，不至于像湘江战役那样钻入敌人“半渡而击”预设的口袋里。

综上所述，国民党某些杂牌军在红军长征中确有“放水”，但湘江之战，绝非“放水”，湘江战役红军损失为什么那么大，最主要的原因就是博古、李德中了白崇禧“半渡而击”之计，“抬轿子”搬家式的行军部署则更加重了红军的损失。

三、湘江之战的重大历史意义

（一）湘江之战意味着是党内“左”倾错误路线的末日

外因是变化的条件，内因是变化的根据。遵义会议决议就明确指出了，反“围剿”的失败主要原因不是敌人的强大，而是党内犯了“左”倾路线的错误。就湘江战役而言，错误的军事路线的“瞎指挥”表现在三个方面：一是误认为桂军撤守江防是“放水”，中了国民党军实施的“半渡而击”之计，自投罗网进入敌人“拦头，截腰，扫尾”的口袋里。二是红军战略转移目的是与湘西的红二、六军团会合，路程不少于1000公里，必然要打一路的仗。但红军转移部署却立足于“搬家”，不是立足于打仗，搬运了大量的“坛坛罐罐”，严重影响了作战部队的机动，犯了兵家大忌。三是仅三万红军过了湘江，在损失惨重，战斗力锐减，军委二局电讯侦知敌重兵在湘西道上设防封锁的情况下，“左”倾错误领导还一味坚持原定到湘西与红二、六军团会合的目标不变，理由是共产国际批准路线不能变。这显现出“左”倾错误领导僵化死板的思维素质。湘江之战前，“左”倾军事路线错误显露得并不明显，红军指战员们还感觉不到错误路线的重大危害性。湘江战役后，广大红军指战员，尤其是党和红军高级干部已深刻认识到，红军的最高指挥员不是敌军指挥员的对手，已难以担当红军转败为胜的历史重担，如果继续让“左”倾错误领导“瞎指挥”，红军必然要走向全军覆灭。更换党的负责人以及红军最高军事指挥员形成了共识，并成为当务之急。

（二）湘江之战是党内觉悟到毛泽东的主张正确的开始

毛泽东自1932年宁都会议之后，就失去了军事指挥权。之后极富作战经验的毛泽东提出的意见都得不到尊重，轻易地就被否定了。史料反映，在湘江战役之前，毛泽东曾提出过三次重大建议，但从未被采纳，更谈不上给他一点兵权去实现这些重大建议的机会，以证明其是正确的。但是，何以湘江战役后，多数红军高级领导干部态度180度大转弯，“逐渐觉悟到这是排斥毛泽东同志为代表的正确路线”（刘伯承语）。

毛泽东三次重大建议，实际上都经过了实践的检验而被实证为是真理。第一次建议的核心思想是“诱敌深入”，这已被中央苏区四次反围剿所证实。第二次建议的核心思想是“长距离的运动战”，这也被红四军离开井冈山根据地转战赣南、闽西和红四方面军长途跋涉转战川陕，并成功地建立了根据地来证实。第三次建议的核心思想是“避其锐气，击其惰归”，伺机选择渡湘江地点，出敌不意，运动歼敌。这个建议是在湘江战役发起前提出的，与湘江之战红军直挺挺地投入敌已预设的“半渡而击”，虚留生路的罗网形成了鲜明的对比，孰对孰错一目了然。“实践是检验真理的唯一标准”使红军高级干部对毛泽东的认识大转变。莎士比亚说过：“发光的不一定是金子，但是，是金子总会发光的。”毛泽东在湘江之战显露出了“金子的光芒”。

（三）湘江之战进一步锻造红军败而不馁的军魂特质

古今中外的军队，一战伤亡一半，意味着这支军队基本失去战斗力，不能继续作战。要到后方休整补充之后，方可再战。这是一般的常规。然而红军在湘江之战中，多数部队战损一半以上，却能继续战斗。原因就是“明智的人决不坐下来为失败而哀号，他们一定乐观地寻找办法来加以挽救失败”。淬火成钢，百折不挠。

“王者之兵，胜而不骄，败而不怨。胜而不骄者，术明也；败而不怨者，知所失也”。这句话出自战国的《商君书·战法》，意思是能够打胜仗的军队，胜利了不骄傲，失败了也不埋怨。胜利了但是却不骄傲的军队，是战术严明；失败了却不埋怨的军队，是知道自己失败在哪里。湘江之战后，党和红军清楚地知道自己失败在哪里。对症下药，药到病除。

湘江之战后，国民党军高级将领，包括蒋介石都感到称红军为“匪”，实不为匪，世界上没有打不散的“匪”，红军就是一支打不散的群体，所以不可以“匪”轻之。湘江之战，红军经受的是从未有过的重大损失，但他们从地上爬起来，擦干身上的血迹，掩埋好同伴的尸体，继续去战斗。信仰至上，败而不溃。

长征胜利是因为保存了革命的骨干力量。湘江之战言胜，是因为败而不馁，败而不馁，就是胜利！

（王东炎，开国少将王直之子，原武警福州指挥学校副校长）

红军将士在湘江血战中觉醒

1934年11月27日至12月1日，中央红军在湘江上游广西境内的兴安县、全州县、灌阳县，与国民党军苦战五昼夜，最终从全州、兴安之间强渡湘江，突破了国民党军的第四道封锁线，粉碎了蒋介石围歼中央红军于湘江以东的企图。但是，中央红军也为此付出了极为惨重的代价。部队指战员和中央机关人员由长征出发时的8.6万人锐减至3万余人。湘江战役是中央红军突围以来最壮烈、最关键的一仗，我军与优势之敌苦战，终于撕开了敌重兵设防的封锁线，粉碎了蒋介石围歼红军于湘江以东的企图。红军虽然突破了第四道封锁线，但付出了巨大的代价。五军团和在长征前夕成立的少共国际师损失过半，八军团损失更为惨重，三十四师被敌人重重包围，全体指战员浴血奋战，直到弹尽粮绝，绝大部分同志壮烈牺牲。渡过湘江后，中央红军和军委两纵队，已由出发时的8.6万人锐减到3万多人。广大干部和战士对王明军事路线的怀疑和不满到达了极点，纷纷要求改换领导。

湘江惨胜直接导致在遵义召开中共中央政治局扩大会议。它是红军四处碰壁身处绝境时召开的，从此中国革命一个杰出人物——毛泽东登上历史舞台，标志着中国红军翻开崭新的一页。本文梳理有关文献资料和红军的回忆文章，论述红军将士血洒湘江，唤醒了中国共产党人，唤醒了红军将士。湘江战役是惨败的，又是红军走向胜利的开端。

一、不堪重负的辎重队伍

据史料记载：当初中央红军从瑞金出发作战略转移时，搬家式的红军行军队伍像一条长龙，辎重队拖在行军后面长达50英里，首尾不相见。这一行军现象，堪称军事战斗史上的一大奇观，其经验教训值得后人研学。当时红军可以越过湘江，通过最后一道封锁线。尽管红军先头部队未能抢先到达全州，他们还是在 11 月 25 日在全州以南跨过了湘江。一军团和三军团的部队在 11 月 26 日也都过了江。恰在那时，广西军阀白崇禧从兴安把他的部队向南移动，佯作保卫桂林，实际上是开放走廊让红军从兴安前往全州。11 月 27 日晚，三军团和一军团的先遣部队没有遇到多少阻力便并肩渡过了湘江。在他们之后，九军团继一军团、八军团继三军团先后过江，本来红军在两三天内就可以全部过江，而且不会有多大损失。但是，行动迟缓的庞大的辎重队伍拖延了时间。界首和脚山铺是两大渡口。江水很浅，大部分人索性蹚水过了江。一路的惨状，可从《我的父亲康念祥的红色履历——博古警卫员的追记》一书看到："从道县一路走来，父亲看到路边尽是前锋红军部队留下的战士尸体，有卧倒的，有侧倒的，有仰倒的，什么姿势都有，牺牲的红军战士样子非常恐怖。父亲看到一个红军战士牺牲在路旁，衣服已经很旧了，看来是个老战士了，子弹从右眼穿了过去，眼窝里还流着血，左腿环在右腿下面，想是在移动中中弹牺牲的。湘江西岸传来阵阵激烈的枪炮声，那是红一军团和红三军团一北一南，在死命抵御着全州。兴安两个方面围堵过来的桂军和湘军的进攻，拱卫着红军的渡江'生命点'——湘江界首渡口的安全。红军过湘江的界首渡口是广西兴安县境内，这里是湘江的上游。军委纵队行军的速度太慢了，从潇水道县至湘江界首近八九十公里，用了 6 天时间才到达湘江东岸，平均每天只行军 10 多公里。这其中的原因，就是军委第二纵队有一个庞大的辎重队伍，拖着从苏区携带来的'坛坛罐罐'，肩挑背扛，缓慢地行走，拖累了整个军委纵队的行军速度。后来父亲听说，这些辎重其中有印刷机、缝纫机、造币机、织布机、银元、纸币和各种书籍等什么都有。这种搬家式的行军是要命的。博古同志大概也感到情况的危急，他也很着急，但也很无奈，前方红军将士用生命死死地保护着中央军委的行军通道、每分每秒都是在流血牺牲。那个样子，父亲有个形容：皱着眉头，没有笑脸、可以看出博古同志是在强压着自己不发脾气，看电报时，很专注，一边挠头，一边还不时地扶眼镜，谁来了都没有好脸，看见那个外国人李德也是一副没有好气的样子，心里沉重啊!”

二、随博古过湘江

在红军悄然撤离苏区一个月后，蒋介石判断出红军将同红二、六军团会合。于是，他调集几十万大军，分三路前堵后追，企图消灭红军于湘江之侧。面对敌人重兵，李德和博古一筹莫展，仍循着以往的战术，以硬碰硬，战斗的激烈残酷实属罕见。

康念祥（博古警卫员），博古戏称他为掌管中共中央大印的“掌玺大臣”的挑夫。他在宣统二年大年三十（1910 年 2 月 9 日）出生于江西吉安的一个贫困农民家庭，由于家庭贫困，两个姐姐送给别人当童养媳。康念祥 16 岁起给地主扛长工，1930 年红军到了吉安，康念祥参加了红军，经历了中央苏区五次反“围剿”。长征前夕，他担任了当时党中央“第一把手”博古（秦邦宪）的贴身警卫员，遵义会议时，他担任会议的内部警卫和服务。康念祥同战友们一起，随中央红军历经艰难险阻，行程二万五千里到达陕北。到陕北后，被送进红军大学学习，从 1935 年 12 月到 1940 年，在红军大学和抗日军政大学学习和工作。1940 年 5 月，他告别了延安，告别了抗大，告别了首长和同志们，告别了淳朴的陕北父老乡亲，义无反顾地走上了抗日的战场。当时李先念在豫鄂挺进纵队任总司令，挺进纵队拥有两个支队另 7 个团的队伍，敌后游击战争一片火热，在这里，康念祥经历了 5 年的战火洗礼。1955 年任广东佛山军分区司令员，1958 年转业到杭州，先后担任杭州钢铁厂副厂长、浙江省纪律监察委员会常委、浙江省物资局副局长，1982 年浙江省纪律检查委员会离休，1986 年 2 月 3 日去世。

《我的父亲康念祥的红色履历——博古警卫员的追记》一文写道：1934 年 8 月底，密训一月有余的，由于各方面综合素质较好，被邓发分配给共产党当时的最高领导人博古（秦邦宪）处做警卫员。10 月 1

日，邓发局长亲自带着我的父亲到博古处报到。博古当时住在瑞金云石山一个家族的祠堂内，邓发见到博古后说："博古，我给你选了一个最忠实、可靠的警卫员。"博古一看父亲，身体强健，十分满意。此后，父亲进入中央直属警卫队工作。此时，距离共产党从瑞金开始"战略转移（长征）"还有十天。父亲并不是博古唯一的警卫员。按共产党规定，中央的首长需配备四名警卫员。所以除了父亲，还有警卫班长罗正基，以及陈先光、陈年标二人。父亲被委派的核心任务有二：一是负责保管一匹马驮的挑子及行李；二是照顾好博古的生活起居。平日里，与博古在一起的除了警卫员，还有两匹马，一匹作为博古的坐骑，另一匹则放挑子。两匹马可以说都挑着中国共产党的最高权力。前者是领导人，后者驮着的两个铁皮箱里面，有三颗大印：中国共产党中央委员会；中国共产党中央委员会政治局；中国共产党中央委员会总书记。还有重要文件和党的经费、金条等贵重物品。重约 50 斤。在行军时马驮着挑子，宿营时由父亲保管，肩挑到驻地，遇到特殊情况，父亲也经常挑着这副挑子行军。博古同志当时常对我父亲说："小康，这个挑子很重，但是你一定要保管好，国外有一种官叫掌玺大臣，你成了掌玺大臣。以后先照顾好挑子，再来照顾我，我排第二。"父亲不解，何为掌玺大臣。博古便说："就是执掌印章的官儿啊。我们红军还没有设置这样的官位。"说完，就轻松地笑起来。

好不容易到了湘江渡口，却看见在湘江渡口的便桥上，红军过桥的次序大乱，博古同志发了长征发来最大的一次脾气。他拔出了他那把勃朗宁小手枪，踏上桥边的一个高点，将枪高举在空中、大声地喊道：大家都不许乱，都退后几步，按规定次序过江。谁乱就军法从事。大家一看，博古同志亲自出来维持秩序，混乱的场面就好了许多，部队渐渐开始按编队过江了。在江边，父亲看到江里漂浮着很多红军和牲口的尸体，还有木头、纸张等物品，不由得打了一个冷战。

在湘江，敌军的飞机疯狂地轰炸、扫射，许多大树被拦腰炸断，很多红军战士都没见过这阵势，重磅炸弹爆炸的巨大的声音和产生的气浪呼啸着向红军迎面扑来，江面上炸弹掀起的水柱有三丈多高，敌机上的机枪疯狂扫射，像狂风扫着地面，扬起一串沙土，尘土落下之后，就有红军战士牺牲和负伤，场面十分吓人，父亲自己也十分恐惧，他在《自传》中说的是实话。敌机轰炸时，虽然父亲已随博古同志过了江，但还是看到了有几个红军战士恐惧的样子。印象最深的是，一个红军战士趴在地下死命抱着一块大石头一动也不动，好像怕被炸弹的气浪吹走一样，脸色灰白，飞机过去了好一阵子，他还死死地趴在那里不敢动。

三、耿飚回忆湘江战役

耿飚之女耿莹在接受记者采访时说："我们小时候都缠着父亲讲打仗的故事，讲长征的故事，老人不愿意讲，因为他一开口就感觉他的脑海里有千千万万个战友的魂、战友的声音。'我父亲说，翻雪山开始有战士倒下了，大家还围着他哭，给他埋葬。后来埋都来不及埋，哭都来不及哭。'"父亲是湖南人，很喜欢吃鱼，但是绝不吃湘江的鱼。为什么不吃湘江的鱼？因为湘江战役太惨烈了，多少战友的血都流在湘江，湘江的水都是红的。耿飚在回忆录中写道：尖峰岭失守，我们处于三面包围之中。敌人直接从我侧翼的公路上，以宽大正面展开突击。我团一营与敌人厮杀成一团，本来正在阵地中间的团指挥所，成了前沿。七八个敌兵利用一道土坎做掩体，直接窜到了指挥所前面，我组织团部人员猛甩手榴弹，打退一批又钻出一批。警卫员杨力一边用身体护住我，一边向敌人射击，连声叫我快走。我大喊一声："拿马刀来！"率领他们扑过去格斗。收拾完这股敌人（约一个排）后，我的全身完全成了血浆，血腥味使我不停地干呕。

四、红军将士觉醒了

《中国红军长征史》一书中有一组红军从瑞金到湘江较为精确的数据；红军出发时为86800余人。突破第一道封锁线损失3700人；突破第二道封锁线损失9700人；突破第三道封锁线损失8600人；突破第四道封锁线损失 30500 人。红军从瑞金出发一路冲锋陷阵，第四道封锁线的湘江战役最为惨烈。中央红军从 8 万余人锐减到 3 万多人，血洒湘江这一仗，唤醒了红军将士。中央红军虽然自瑞金出发后突破 4 道封锁线，可却损兵折将，伤了元气。这是苏维埃运动以来红军所遭受的最为惨重的损失。红军所遭受的重大挫折，令包括博古在内的高层领导无不感到痛心，可是，唯有李德一点也没有为自己错误的指挥而愧疚，相反认为："尽管在突围的最后阶段损失这般严重，但中央红军仍在 1934 年 12 月中旬——出发两个月之后顺利地冲过了在德国军事专家看来不可攻破的国民党层层封锁。"

红三军团五师，担任的是掩护中央纵队和后续部队渡过湘江的艰巨任务。两天两夜的激战中，红三军团十团两任团长相继牺牲，政委杨勇指挥全团，付出 400 多人的伤亡代价。直到得知中央纵队安全过江后，五师才撤出战斗。承担阻击任务的六师十八团是大部队过江后最后的后卫部队。桂军以 3 个师的兵力围攻十八团，十八团几经冲杀突围，战至弹尽粮绝，大部分指战员壮烈牺牲。红五师指战员在敌我兵力极其悬殊的情况下，浴血奋战三昼夜，参谋长胡震、第十四团团长黄冕昌和副团长、参谋长、政治处主任及营以下干部都先后牺牲；红四团政委杨成武身负重伤；红三十四师被敌人重重包围，5000 多名将士殊死血战，直到弹尽粮绝，几乎全部牺牲，师长陈树湘英勇就义。久经战斗的红军指挥员经过湘江一战的惨败之后，个个义愤填膺。这种愤慨化为要求改变现状的强烈情绪。这血的教训，震醒了红军全军将士，必须改变目前这一不利的状况。渡过湘江后，中央红军和军委两纵队，已由出发时的 8.6 万人锐减到 3 万多人。使广大干部和战士对王明军事路线的怀疑和不满到达了极点，纷纷要求改换领导。湘江惨胜直接导致在遵义召开中共中央政治局扩大会议。

蒋廷松《将湘江战役的阻击战脚山写成觉山，是元帅的笔误还是有意为之?》一文写道："1988 年 9 月的一天，马光瑶老主任去北京找聂荣臻元帅给脚山铺阻击战题词。当聂荣臻元帅挥笔写下题词后，马光瑶老主任见了聂荣臻元帅那题词的横幅，顿时蒙了。原来聂帅的题词是这么写的：‘觉山阻击战中牺牲红军烈士永垂不朽’。马光瑶主任不明白，全州的脚山铺，聂荣臻元帅原来记得是很清楚的，他在回忆录里写的都是脚山铺，现在怎么题词却成了觉山铺了？如果写错了地名，那可不是小事哟！他清醒过来后，便小心谨慎地提醒聂荣臻元帅，是不是将全州脚山铺阻击战的地名写误了？聂荣臻元帅说，他知道那个地方的‘脚山铺’是山脚的‘脚山’。但是中央红军是在经过全州脚山血战后才觉醒的！马光瑶立即明白聂帅这么写的真实用意，想到许多红军回忆里也用的是觉山，觉得还真是一语双关，有特别的含义，比原来脚山铺的‘脚山’更好，不由连忙叫好。自那时聂帅的题词以后，全州官方机构在公开的场合用的便是觉山铺了。”看过聂荣臻元帅回忆录的读者都知道，尽管 1934 年许多人将脚山铺写成了觉山铺，但聂荣臻元帅写的是脚山铺，说明这位元帅写的是没有错的！至于他后来在题词里写成觉山铺，我是赞同故事里的说法，就是聂荣臻元帅故意借谐音写的，寓意着红军经过这场血战，红军将士觉醒了！

五、走向胜利

1935 年 12 月 27 日，毛泽东在党中央召开的党的活动分子会议上作《论反对日本帝国主义的策略》报告，第四次讲到长征问题。他说：“差不多一年半以来，中国的三支主力红军都在作阵地的大转移。从去年八月任弼时同志等率领第六军团向贺龙同志的地方开始转移起，接着就是十月开始的我们的转移。今年三月，川陕边区的红军也开始转移。这三支红军，都放弃了原有阵地，转移到新地区去。这个大转移，使得旧区域变为游击区。在转移中，红军本身又有很大的削弱。如果我们拿着整个局面中的这一方面来看，敌人是得到了暂时的部分的胜利，我们是遭遇了暂时的部分的失败。这种说法对不对呢？我以为是对的，因为这是事实。但是有人说（例如张国焘）：中央红军失败了。这话对不对呢？不对。因为这不是事实。马克思主义者看问题，不但要看到部分，而且要看到全体。一个蛤蟆坐在井里说：‘天有一个井大。’这是不对的，因为天不止一个井大。如果它说：‘天的某一个部分有一个井大。’这是对的，因为合乎事实。我们说，红军在一个方面（保持原有阵地的方面）说来是失败了，在另一个方面（完成长征计划的方面）说来是胜利了。敌人在一个方面（占领我军原有阵地的方面）说来是胜利了，在另一个方面（实现‘围剿’‘追剿’计划的方面）说来是失败了。这样说才是恰当的，因为我们完成了长征。”①

湘江战役的时钟指针虽然早已凝固，但川流不息的湘江水无时不在警示着后来的“长征者”——胜利来之不易，而一旦路线错误，失败就将是非常迅速的。我们走过的并非一条平坦大道，经历过苦难，遭受过挫折，甚至陷入过绝境；正在前进的道路上也不会只有顺境和坦途，还会有艰难和坎坷，甚至是危险和挑战。

2019 年 3 月 10 日下午，习近平总书记在参加十三届全国人大二次会议福建代表团审议时，讲述了一个有关“初心”的小故事。习近平总书记回忆红色土地、革命传统时，提到要把革命老区的经济发展好，把乡亲们的生活水平提上去，把生态保护好。他在纪念红军长征胜利 80 周年大会上发表重要讲话强调，历史是不断向前的，要达到理想的彼岸，就要沿着我们确定的道路不断前进。每一代人有每一代人的长征路，每一代人都要走好自己的长征路。今天，我们这一代人的长征，就是要实现“两个一百年”奋斗目标、实现中华民族伟大复兴的中国梦。长征永远在路上。不论我们的事业发展到哪一步，不论我们取得了多大成就，我们都要大力弘扬伟大长征精神，在新的长征路上继续奋勇前进。

（张其梅，史志研究者、浙江省军区军史办顾问）

① 《毛泽东选集》第 1 卷，人民出版社 1991 年版，第 149 页。

以黎平会议视角看湘江战役的战略意义

自笔者调入黎平会议纪念馆工作从事长征文化研究工作以来，因置身于长征文化相关的工作环境，开始以新的视角来审视红军长征的诸多事件，黎平会议便成为本人评判有关长征事件的参考系，形成了“黎平会议视角”。现以这一视角入手，分析湘江战役的战略意义。

一、黎平会议视角概述

（一）关于黎平会议

1934 年 12 月 18 日，中共中央政治局在黎平县城召开会议，史称“黎平会议”。与会者包括政治局委员博古（秦邦宪）、周恩来、朱德、毛泽东、张闻天 5 人，候补委员包括刘少奇、王稼祥、邓发、凯丰（何克全）4 人，这是中央政治局离开中央革命根据地以来召开的首次会议。会议接受了毛泽东的建议，通过了《中央政治局关于战略方针之决定》，放弃到湘西北与红二、六军团会师原计划，改向贵州北部进军。

（二）黎平会议视角概念

黎平会议是中国共产党在经受了湘江战役重大挫折后又进一步面临更凶险形势的情况下召开的政治局会议，基本改变了红军战略转移之前确定并得到共产国际批准的既定方针，开启了党和红军顶层领导集体调整的酝酿，为遵义会议的召开奠定了基础，黎平会议被誉为中国革命伟大转折的起点。全国人大常委会委员长栗战书在中共贵州省委书记任上视察黎平会议纪念馆时，赋予黎平会议精神具体内容：“敢闯新路，敢于突破，敢于胜利”。

所谓黎平会议视角，是基于黎平会议客观上的革命转折意义，站在中国共产党经黎平会议作出的战略决定，完成二万五千里长征，建立陕甘宁根据地，再经西安事变后形成抗日救国统一战线，积累力量，完成解放战争，最后夺取全国政权这一角度，来评价黎平会议前党和红军各大事件的价值和意义。

（三）黎平会议视角相关要素

政治立场。政治立场是黎平会议视角的第一要素，即拥护和认同中国共产党经过民主革命，武装夺取政权，带领全国人民进行社会主义建设。没有这一立场，黎平会议视角就失去基本参考面，所有的评价都无从谈起。

目标参照。评判一个事件的好坏，必须参照一个目标。从湘江战役来看，如果从渡过湘江、转战贵州，完成长征，经过抗日战争、解放战争，最后夺得政权的角度来看，湘江战役无疑是一次胜利；如果仅从战役的军队减员、放弃战略转移目的地这一情况来看，可将湘江战役视为军事路线的一次失败。黎平会议视角，是以中国革命的最后胜利为参照目标。

时间界定。黎平会议视角具有严格的时间界定，仅限于从红军战略转移开始，至黎平会议完成，不能无限上溯和后延。

二、湘江战役的基本描述

（一）湘江战役概述

1934 年 11 月下旬，中央红军突破了国民党军队的 3 道封锁线，行军至广西境内湘江上游东岸。11 月 27 日至 12 月 1 日，在兴安、全州、灌阳与国民党军队鏖战 5 天 5 夜，最终从全州和兴安之间强渡湘江，突破第四道封锁线，粉碎了蒋介石在湘江以东围歼中央红军的企图。湘江一役，中央红军付出了惨重代价，作战部队和中央机关由出发时的 8.6 万人锐减至 3.7 万人。

湘江战役是中央红军长征途中最壮烈、最关键的一役。经过苦战，中央红军突破了由国民党军队借助地形地物精心布置的险恶封锁线，打破了其全歼红军的企图。这次战役，红一、红三军团损失近半，红五军仅存一个师，红八军团三十四师整建制损失。湘江战役所造成的巨大牺牲，让所有幸存者对路线制定者严重怀疑和不满，纷纷动议改换领导。

（二）关于湘江战役的权威评价

关于湘江战役的评价，历来就有“胜利”和“失败”两种说法。毛泽东作为湘江战役的亲历者，作为中国革命最成功的领导者和最全面、最深刻的思想者，他的说法最具有权威性。他针对湘江战役是这样说的：“我们说，红军在一个方面（保持原有阵地的方面）说来是失败了，在另一个方面（完成长征计划的方面）说来是胜利了。敌人在一个方面（占领我军原有阵地的方面）说来是胜利了，在另一个方面（实现‘围剿’‘追剿’计划的方面）说来是失败了。这样说才是恰当的，因为我们完成了长征。”①

根据毛泽东的说法，可将湘江战役分成两个方面来评价。一方面，博古、李德不讲策略，机械地跟随红六军团行军路线前往湘西，而不是灵活机动地调整线路以避开敌人的封锁线，让敌人能够从容布防，使红军成为被动的一方，遭受伤亡过半的惨重损失，是错误军事路线的失败；另一方面，红军虽然承受了严重损失，但突破了敌人的第四道封锁线，让红军有了未来，有了改正错误、提高能力、争取胜利的机会，湘江战役应该属于一场胜利。

三、湘江战役对党和红军在敌我形势认识上的改变

（一）认识到敌方的强大及所处形势

从第五次反“围剿”开始，尤其是广昌失守以后，党和红军上层就已经认识到敌方的强大及其所处的有利形势。基于这种认识，党和红军才决定放弃中央苏区，全面迁移前往湘黔川交界地区与贺龙率领的红三军会师，这项决定又以红六军团的先遣西征探路作准备，足见其认识之清晰。但是，在制定军事路线时，又机械地追随红六军团的行

① 《毛泽东选集》第 1 卷，人民出版社 1991 年版，第 149 页。

军路线，亦步亦趋，不灵活机动地组织行军路线，致使湘江战役前一直处于被动局面。

湘江战役的惨烈场面和巨大损失，让党和红军上下以切肤之痛对敌方的强大形成了清晰的认识。当时的形势也对国民政府有利，他们对内基本平息了各路军阀纷争，对外也颇有成效，中日关系出现了一定程度的缓和，未发生军事冲突，外交上也达成了一系列旨在缓和局势的协议。总体来看，各方面形势都对敌方有利，对党和红军则极为不利。

（二）认识到我方政治路线方面的问题

湘江战役之前，由于领导体制的原因，党和红军存在一系列的问题，包括政治路线方面的逃跑主义、思想路线上的教条主义和组织路线上的宗派主义，直接影响上层的决策力和中下层的执行力，进而影响红军的战斗力。

通过湘江战役，高层领导集体充分认识到自身存在的相关问题，产生求变的动力和压力，才有了黎平会议上的战略调整。经过黎平会议和及后来的多次会议，党和红军才逐渐形成政治路线上的“北上抗日”目标，思想路线上的“实事求是”，组织路线上的民主集中制，还通过“黎平会议决定”的形式确立了“党指挥枪”的原则，为最后的全面胜利奠定了坚实基础。

（三）认识到我方军事路线存在的问题

第四次反“围剿”后至湘江战役前的这个期间，党内被“左”倾教条主义者所统治，军事领域的“冒险、保守、逃跑”的教条主义成为主流，未能在第五次反“围剿”期间创造和利用先机，逐步陷入被动，进而不得不放弃中央革命根据地，走上战略转移之路。

湘江战役是军事路线的检验器，任何错误的军事路线，无论冠以什么名号，都会在惨烈的战斗面前露出原形，交上一笔昂贵的学费。学费的坏处是让人心痛，但好处也很明显，能够让人看清真相并牢牢地记在心里。通过黎平会议，党和红军开始采取积极防御的军事路线，使红军逐步获得军事上的主动权，并在后来的抗日、解放战争中一以贯之，直至全面胜利。

（四）通过彻底的胜利来结束战争

湘江战役是真正的枪林弹雨，子弹和炮弹不仅来自陆地上、船上，还来自天上，每一寸水面和陆地都遭受着血与火的洗礼，尸骸枕藉，血染湘江。以至于湘江战役后，广西兴安一带流行着这样一句民谣，“三年不饮湘江水，十年不食湘江鱼”。湘江战役之惨烈，让每一位共产党人、每一位红军指战员都刻骨铭心、记忆犹新。

战争的惨烈让人厌恶战争。对于共产党来说，厌恶战争并不意味着逃避战争，而是要以战争或和平的手段去制止战争，通过最后的胜利来彻底结束战争。黎平会议、遵义会议之后，中国共产党在毛泽东的带领下，逐渐达成一个共识，即采取灵活运用多样的作战形式和战法，积极进行攻势作战，逐步改变战略形势，适时转入战略反攻和进攻，夺取最后胜利，进而结束战争。

四、湘江战役促进党和红军自身的改变

（一）一个理智、充满必胜信心的领导团队开始形成

一次严重的军事失利，必将引起所有成员对领导团队领导能力的不满和质疑，这种不满和质疑使领导集体的调整成为可能。湘江战役的结局，被人用“惨胜如败”来概括，不只是让直接参战的指战员们质疑领导集体的领导能力，就是领导集体内部也对其自身的结构产生了怀疑。

据部分回忆录介绍，湘江战役后，红军战士当中产生了“时刻想念毛主席”的思潮，纷纷回忆起第一、二、三次反“围剿”时的一次次胜利，认识到毛泽东的领导水平。毛泽东与张闻天、王稼祥一路上因病坐担架，湘江战役后得以一起深入分析党和红军领导机构所存在的问题，酝酿出改变党和红军领导结构的思路，被美国著名记者哈里森·索尔兹伯里在其所著的《长征——前所未闻的故事》一书中称之为“担架上的‘阴谋’”。他们的“阴谋”被周恩来所接受，黎平会议后开始酝酿，最后在遵义会议得以实现，将毛泽东选为中央政治局常委，初步确立了他

在党和红军的领导地位。

毛泽东成为政治局常委，是中国革命史上的里程碑事件，使中国共产党获得正确的政治和军事领导，才得以实现长征胜利，赢得抗日战争和解放战争，最后成立新中国。这一事件以湘江战役为起因，发轫于黎平会议，成形于遵义会议，每一项都是不可或缺的重要一环，意义均不可低估。

（二）留下一支能征善战、立场坚定的队伍

艰难的历程让懦弱者走开，让坚强者留下并变得更加坚强。湘江战役是红军长征途中最艰难的一页，有大量的战士牺牲，也不乏意志不坚定者脱离队伍。湘江战役使中央红军从8.6万人锐减至3万余人，二万五千里长征又使中央红军减少到8000余人，血与火的磨炼使红军成为一支意志坚定、战斗力强的坚强队伍，凭借强大的精神力量，在抗日战争、解放战争中发展壮大，最后夺取全国政权。

（三）建立健全对军事路线的纠错机制

错误的军事路线不只是给红军指战员带来生命和身体的危害，更给革命事业带来巨大的损失，这种危害和损失通过湘江战役得到了极端的表现。也正是因为湘江战役，党及其领导的军队在后来的革命历程中，对错误的军事路线给予了足够的警醒。

这种警醒，首先就表现在黎平会议决议里面，其第五条是这样表述的："责成军委依据本决定按各阶段制订军事行动计划……"，明确将军委置于中央政治局的领导之下，重申"党指挥枪"的原则，避免再次出现军队领导凌驾于党中央的情况。

湘江战役及黎平会议以后，各级军队的战略战术决策，都必须得到从中央到各级党委的审查批准，及时发现和纠正错误，形成严格的纠错机制。因为这种纠错机制，党所领导的军队极少犯像湘江战役这样的军事路线上的错误。

湘江战役是红军长征中的特大事件，使党和红军认清敌我形势，进而改变政治、军事路线，调整领导集体构成，对党和红军产生了极大的影响。黎平会议视角不是一种全新的视角，其以中国共产党的最后胜利为参照目标来评判湘江战役，湘江战役不乏积极、正面因素，相关结论高度契合毛泽东关于湘江战役的论断。

（杨祖华，贵州省印江县人，文博副研究馆员，现任黎平会议纪念馆副馆长）

湘江战役研究要重视综合运用历史文献解决历史遗留疑问

——以部分具体实例为对象

一、导言

在湘江战役的研究过程中，作为主战场的广西，由于各种原因，长期存在着文献采集视野过窄，导致可供研究的文献史料严重缺失。以部分权威性的湘江战役史料文献汇编为例：1. 由各地共同参与编纂的《国民党军追堵红军长征档案史料选编》丛书，出有“中央部分”“湖南部分”“云南部分”，缺失“广西部分”。2. 现有广西关于湘江战役研究的史料性著作中，如中共桂林地委《红军长征过广西》（1986 年）；中共广西壮族自治区委员会宣传部《红军长征过广西纪实》（2006 年）；中共桂林市委党史研究室《湘江战役文集》（2016 年）等，基本都存在重复引用直接的文献史料、不重视收录首发资源或没有同步引进日渐增多的种类各异的新文献资料。这使得在湘江战役的研究中遗留有许多明显的历史疑问，而这些疑问如果不引起人们重视，势必会导致湘江战役的研究始终无法实现还原历史真相的目的。

譬如湘江战役中的红军形象，许多著作中的主流描述都是衣着简陋、武器陈旧的，但细观文献可以看到不一样的记载（内容摘录于陈云遵义会议后向共产国际的报告）。

第一，红军在湘江战役后奔袭贵州某县城时，每个战士的着装都十分整齐：头戴钢盔，上穿四兜上装，下着马裤，腰缠精致皮带，裹腿整齐。每人都挂着一只从蒋军那里缴获的皮包，营以上军官都配有望远镜。我们还拥有轻重机枪，而滇军和黔军的机枪都没有我们这么多。以致县长都以为是中央军来了，主动打开城门欢迎红军进入并提交事先准备好的各种军需物资。

第二，红军进入贵州时，缴获的黔军手提机枪或花机关枪根本都不屑入眼，直接都送给了地方游击队使用。

探索这其中存在差异的原因，笔者认为主要是因为文献关注的视野过窄，轻视全方位采集各方面的相关文献资料，结果导致某些具体问题遗留成为了历史悬案，在不同程度上影响了湘江战役研究的深入或复原历史真相。因此本文尝试从拓宽文献视野的角度，探寻一下解决这些问题的参考性渠道。希望关注湘江战役研究的学者们能务实思考如何使现有的相关文献资料最大效益地转化成可供研究的文献史料，使之成为湘江战役研究的一个新课题。

二、湘江战役史研究中的部分遗留疑问及说明

（一）湘江战役史研究中的部分遗留疑问

1. 湘江战役时红一军团红一师红二团的团长是谁？

2. 为什么对于“湘江战役”的探讨缺乏高层的话语记录？

3. 朱德“向全州、兴安西北地域进军的命令”（1934 年 11 月 25 日 17 时）电文中的“黄山”应如何探析？

4. 湘江战役前王建平“一石三鸟”电报的可信程度如何？

5. 湘江战役红军损失数目应该怎样分析？

6. 湘江战役中桂系让路有无内幕？

7. 中央红军过广西究竟经过了几个县？

8. 中央红军过桂北足迹应该细化到什么程度？

9. 湘江战役起止时间应该怎样认定？

10. 湘江战役后剩余红军名单统计的可行性程度？

11. 湘江战役重要战场怎样确认？

12. 红军第三十四师在全州的战斗轨迹如何还原？

13. 湘江战役中中央纵队行动迟缓原因?
14. 红军的团政委黄乾幹情况能否细化?
15. 怎样研究湘江战役发生的必然性?
16. 湘江战役中桂系史料缺失的原因有哪些?
17. 湘江战役后桂系采取了哪些善后治理措施?
18. 湘江战役相关原始文献的文字校勘应该重视哪些问题?
19. 湘江战役与红七军、红六军团过广西的关系是怎样的?
20. 怎样探讨湘江战役前后中共与桂系高层的互动?
21. 怎样还原七千战俘的史实真相?

…………

(二) 相关说明

由于时间或研究的局限，本文只尝试提出限于笔者学术见识的疑问并只对其中部分疑问进行探讨。在湘江战役的研究中，不同层次、不同关注点、不同文献阅读量的研究者肯定会有不同的疑问，希望能以此起到抛砖引玉的作用，集结起更多的致力于湘江战役研究的热心人士共同突破其中的每一个疑问：即使命运注定我们不能荣获全功，也应该在此生将遗憾减到最小。

三、湘江战役研究在文献使用方面存在的问题探讨

(一) 文献引用范围偏窄

比如，湘江战役起始时间，多依据红军政治训令及朱德军令中的11月25日为准，但就军事行动的起始时间而言，是可以分为战役前期策划、战役前期行动、战役正式启动等环节的，即使不取战役前期策划为起始时间，若完全排除战役前期行动在起始时间之外，似非恰当。据《共匪西窜记》所载桂军提供的1934年11月18日行营电报等信息，红军当时已经兵分两路，一路向南进逼龙虎关，几经激战，至19日方退；另一路更提前向西北经道县两侧森林，直出全州黄沙河，还曾与当地民团武装发生战斗。这些信息建议应该纳入今后湘江战役起始时间研究的

考量。

又如，红军在湘江战役中所经地域的确认，狭义的固无疑义：灌阳、全州、兴安。广义的则如何框定？除灌阳、全州、兴安外，资源、龙胜、灵川、恭城、贺县及湖南相关县份等是否应该全部纳入？

（二）文献使用缺乏互证

比如，湘江战役前白崇禧所接到的王建平“一举除三害”电报，多数研究者在使用时直接采信，却不参考在1934年10月15日《蒋介石日记》中已经明言要缉捕王建平，又怎么可能存在11月中下旬发生王建平接触高层军事机密并发密电给白崇禧通报的情况？

（三）文献采用政治解读

比如，为突出“左”倾军事领导在指挥中存在的红军长征携带行李过多、影响行军速度、导致战斗阻击部队损失过大等失误，就将浴血阻击的原因归因于中央纵队行动迟缓。其实11月30日中央纵队都已经进入西延山区，11月30日和12月1日的拼死阻击主要是为接应八、九军团南下佯攻部队。

（四）文献应用考虑不周

比如，湘江战役损失人数，只从出发或沿途损失数目统计，忽略沿途新招收入伍人数。又如夸大战损数目，忽略流亡数目。

四、拓宽文献视野、还原湘江战役史实研究的几点建议

1. 建立起实体资源或电子资源的湘江战役研究专题信息库，努力充实现有的文献信息，为关注湘江战役研究专业学者或民间热心人士提供无门槛资源支持。

2. 拓宽湘江战役研究的文献视野，特别是国民党方面存留的相关文献，如《蒋介石日记》《共匪西窜记》等著作及散见在当时民国报刊中的相关资料。

3. 核定湘江战役研究中的框架性文献，如《湘江战役实态分时史事》《湘江战役幸存者名录》等，为今后湘江战役的研究提供史实参考

的标准。

4. 按季编发《湘江战役研究动态信息》电子书，为关注湘江战役研究的有志者提供最新信息资料。

（寄小文，桂林市教育科学研究所教研员、副教授，广西桂学会桂林分会特聘研究员）

全州县湘江战役文化遗址保护利用调查报告

全州地处湘桂孔道，自古是兵家必争地。红军长征途中最惨烈的湘江战役就发生在这里。在长期的革命斗争中，特别是红军长征途中，留下了许多宝贵的革命遗迹、遗址，这是一笔宝贵的革命历史文化遗产。本文谨就红军长征过全州的史实，挖掘和宣传湘江战役及伟大的长征精神的现实意义，文化遗址的保护利用现状、存在的主要问题及对策作一探析，以进一步促进全州县长征文化遗址的保护和利用，更好地传承和弘扬伟大的长征精神。

一、红军长征过全州的史实

湘江战役，是中央红军长征以来进行的一次最激烈、最悲壮的战役。在整个战役中，蒋介石共投入嫡系部队和湘、粤、桂三省地方军阀部队合计达 26 个师近 30 万人，历时一个多星期，妄图全歼我中央红军于湘江以东的全州地区。红军指战员以饱满的政治热情和“为苏维埃新中国流尽最后一滴血”的忘我牺牲精神，前仆后继，经过一个多星期的浴血奋战，终于突破国民党军优势兵力设置的第四道封锁线，掩护中共中央、中革军委和红军主力渡过湘江，保存了革命的中坚力量，粉碎了蒋介石消灭红军于湘江以东地区的企图。但由于党内严重的“左”倾冒险主义领导错误和敌我力量的悬殊，使红军付出了极为惨重的代价，部队由出发时的 8.6 万余人锐减到 3 万余人，特别是红一军团在脚山铺、白沙河抵死阻击，红三军团在新圩、光华铺顽强战斗，红八军团、红九军团在古岭头、砖瓦岭、杨梅山、凤凰嘴浴血奋战，红三军团第六师第十八团在隔壁山烧天岭、红五军团第三十四师在安和文塘后龙山绝命后卫并几乎覆没，这在红军建军史上还属首次。

湘江之战的惨胜和血的教训，标志着“左”倾冒险主义军事路线的失败，它对中央红军产生了极大的震撼，使人们清醒地认识到“左”倾冒险主义军事路线的危害。这为确定毛泽东在党中央和红军中的领导地位的遵义会议的召开奠定了思想基础和群众基础。从这个意义上来说，湘江战役是中央红军浴火重生的关键之战，对红军长征及中国新民主主义革命的胜利具有十分重大而又深远的意义。

红军长征血战湘江主战场横跨全州县的两河、石塘、凤凰、安和、才湾、咸水、绍水、枧塘、全州镇、东山、蕉江等 11 乡镇，东西长约 80 公里，南北长约 35 公里，占地约 3000 多平方公里，“湘桂古道”从这里经过，这里的每一寸土地都浸染了红军烈士的鲜血，每一个山头、每一棵树下都依附着红军烈士的英魂。当地老百姓有歌为证：“湘桂古道红军路，一寸一尺红军血；湘桂古道红军路，一步一具英雄躯；湘桂古道红军路，一草一木一英魂；湘桂古道红军路，一山一石一丰碑！三年不饮湘江水，十年莫食湘江鱼！”

红军长征发生在全州的主要战事有：觉山阻击战、白沙河阻击战、红十八团烧天岭之战、红八军团砖瓦岭之战、杨梅山之战、土桥阻击战、红八和九军团渡江之战、少共国际师渡江之战、绝命后卫师文塘之战等。

在采访中，笔者发现了很无名烈士的墓，但绝大部分都没有标记，笔者常想：“活着的人可以告诉我们他们当年战斗的惨烈和英雄们的勇敢，可是又有谁为这些死去的无名英烈来证明他们的壮烈？我想只有这些不能说话的烈士的遗骸了吧！”笔者深深地理解了红军后代黄克济所说的：“我们的父辈平时都不愿说湘江战役的事，只是在我们老是追问时，才给我们说一点。”因为他们是幸运的，一将功成万骨枯啊！

二、挖掘和宣传湘江战役及长征精神的现实意义

列宁曾经说过，“忘记历史，就意味着背叛！”习近平总书记也告诉我们，“不忘初心，方得始终！”湘江战役是长征精神最集中的体现。这

是一段刻骨铭心的历史，任何时候都不应当淡忘。

湘江战役虽过去了 87 年，党和军队的历史也早已翻开新的一页，国家已进入全面建成小康社会，逐步实现中华民族伟大复兴的新时代。在这样的一个新的历史时期，进一步挖掘和宣传湘江战役及长征精神有什么样的时代价值和现实意义呢？

（一）对党和革命事业的无限忠诚，是政治意识坚定的充分表现

坚定的共产主义信仰是中国共产党人胸中崇高的革命理想，是激励红军将士前仆后继、英勇杀敌的根本动力。在湘江战役中，面对装备有飞机大炮且五倍于己的敌人，红军将士往往在数天未进一粒米的情况下，能不分昼夜地翻山越岭，然后投入激烈而残酷的战斗，其英勇顽强和不畏牺牲的精神令人震撼。这是红军的强大精神动力，也是我们在实现中国梦的新长征中需要倡导和弘扬的正确价值观。这种精神是中华民族之所以生生不息的原因，也是中国共产党人能够取得革命胜利的强大精神力量。毫无疑问，实现中华民族伟大复兴的中国梦也需要对中国特色社会主义事业的无限忠诚。因此，它具有伟大的时代价值。

（二）从战争全局出发的整体意识、大局意识，是湘江战役中红军之所以能突破数倍于己的强敌围攻的根本保证

在湘江之战中，红军广大指战员面对如狼似虎的敌人，无不以顶天立地的英雄气概与之展开肉搏厮杀，进行殊死搏斗。红一、三军团在两侧死顶，红五军团在后卫死堵，前面的战士倒下了，后面的指挥员顶上去，前仆后继，用血肉之躯筑起的屏障，为中央纵队和后续部队过江争取了更多的宝贵时间。

（三）一切行动听指挥的看齐意识和核心意识

湘江之战中，广大红军指战员奋不顾身、前仆后继，势不可当，怀着坚定的革命理想和对革命必胜的信心；有着为革命胜利不怕任何艰难险阻，不惜献出自己的生命的决心；有着顾全大局、一切行动听指挥，严守纪律、紧密团结的精神；有着相信和依靠人民群众，同人民群众生死相依、患难与共、血肉相连的传统。

这就是湘江战役体现出来的伟大的红军长征精神，是中国共产党和人民军队的优良传统和作风，是中国共产党人世界观、人生观、价值观的全面展示，也是中华民族传统美德的继承和发扬，是中华民族宝贵的精神财富。

（四）作为湘江战役主战场的全州，对湘江战役的宣传和挖掘，与它特有的历史地位及不相称

由于历史的原因，湘江战役是我们党和红军的苦难史，是党史和军事专家不愿触及的痛。特别需要提及的是，作为湘江战役战斗最残酷的觉山阻击战是由林彪指挥的，而林彪在我党历史上是至今没有平反的人物。正是由于上述众所周知的原因，全州对湘江战役历史的挖掘和宣传远远落后于其他地方。全州作为红军烈士牺牲最多的地方，至今在古岭头、隔壁山、白露塘、上刘、杨梅山、文塘、凤凰嘴、脚山铺、白沙河等地不时发现有无名红军墓和裸露的烈士遗骸。

习近平总书记指出，铭记历史、方能照亮未来。不忘初心、方得始终。因此深入挖掘湘江战役所蕴含的伟大的长征精神，具有深远的历史价值和现实意义。湘江战役所孕育出的伟大的长征精神与“四个意识”是一脉相承的。在新的历史条件下，弘扬和传承伟大的长征精神，对增强政治意识、大局意识、核心意识、看齐意识，加强党的建设，坚持党中央集中统一领导，增强党的团结统一，形成全党的向心力、凝聚力和战斗力有重大的现实意义。我们要学习和宣传红军长征胜利的生动历史和英雄壮举，学习和宣传伟大的长征精神，弘扬民族精神和时代精神，牢固树立社会主义核心价值观；同时，学习和宣传红军在中国共产党领导下艰苦卓绝的光辉历程，研究和宣传长征在中国革命史和人民解放军历史上的重要地位，总结红军长征胜利的历史经验。在党中央的正确领导下，为实现中华民族伟大复兴的宏伟目标而奋斗！

三、全州县长征文化遗址的保护和利用现状

（一）长征文化遗址的基本情况

2017年6月—12月，中共全州县委红色史料征集整理工作领导小组办公室在全县范围内开展了长征文化遗址普查工作。这次主要是普查红军长征过全州时所产生的重要革命历史文化遗址，包括红军长征时的重要临时指挥机构旧址；重要历史人物的临时居所、红军活动地；宿营地；重要事件、重大战役战斗遗址；具有重要影响的红军烈士事迹发生地或墓地；新中国成立的纪念馆，等等。

全县有长征文化遗址共126处。其中仅有觉山阻击战遗址、凤凰嘴遗址等7处收录在册，未收录的有119处。

从保护级别看，收录的7个革命遗址中，列入国家级文物保护单位的有5处，未列入的2处。

从利用级别看，收录的7个革命遗址中，列入国家级爱国主义教育基地的没有，未定的有7个。

（二）红军墓情况

需要特别指出的是，在这次普查中，笔者还发现了大量的散葬红军墓。具体情况如下：

1. 目前全州散葬红军墓的基本情况。

目前，全州县共发现无名红军烈士墓500多座。这些墓冢的发现主要是根据当地群众口耳相传为红军墓和红军长征过全州的路线及发生过战斗的遗址地点确定的，但没有进行过DNA测定。墓冢主要集中在两河、石塘、凤凰、安和、咸水、绍水、才湾等乡镇。特别是在两河隔壁山古岭头、石塘石盆天坑、安和文塘、凤凰嘴、才湾觉山等地比较集中。这些墓冢由于历史的原因，掩埋大都比较随意和浅层，有的已经无法分辨出墓冢的形象。由于长期无人管理，部分已经湮没，还有的在20世纪六七十年代开荒造地时已被深埋或平毁。

2. 发现遗骸还未安葬或裸露出来的情况。

2018年清明节期间，根据两河镇隔壁山古岭头一带的群众反映，在当地烧天岭、砖瓦岭、下广山一带的山洞里、地圹边发现大量红军烈士的遗骸和骸骨碎片。经初步调查核实，在隔壁山的下广山发现16座无名坟墓，山地里还发现较多骸骨碎片，在板塘的耳目洞里发现了一些骸骨，据当地群众反映，仅耳目洞里就有曾发现100多具遗骸，此外在石塘天坑叮叮潭下也发现了一些骸骨碎片，在安和文塘一带的山地里群众生产生活中时常会挖到骸骨碎片，才湾觉山的山上也有群众发现过骸骨碎片。这些骸骨碎片的发现，据分析，没有掩埋的遗骸主要是当时红军牺牲在深茂的山林中或山洞中，平时没人前往，没被发现。遗骸碎化裸露，一是因水土流失，导致当时浅表掩埋的尸骸裸露在外，经风吹雨淋日晒，尸骨自然风化破碎；二是红军墓堆不太明显，人们开荒造地平坟人为造成的。

从普查结果看，全州长征文化遗址具有以下几个特点：一是遗址遗迹数量众多，但保护情况差别大，参差不齐。二是分布广，多散落在山区乡村，城镇相对较少，保护、利用难度大。而全州地区山岳起伏，河流纵横，属亚热带山区立体气候型，常年多湿燥暖热，暴雨频发，降水量较大，总体环境不利于革命遗址保护、利用。三是保护级别、利用级别不高，多数未列入保护、利用范畴，长征文化遗址的保护工作没有纳入规划，尚未步入法制管理轨道。

（三）湘江战役遗址为代表的长征文化遗址的保护利用状况

全州县历来重视对革命遗址的保护和利用，早在1995年9月，红七军全州会议旧址就被县人民政府公布为区级文物保护单位。之后，全州县陆续对部分具有重大影响的长征文化史迹进行修缮和维护。特别是近年来，在经济发展的强大推动下，在老同志、革命后代以及广大人民群众的热心参与下，全州县加大了文物保护力度，也加大了对革命遗址保护和利用力度。对已核定公布的革命遗址，按照属地管理的原则，要求当地党委政府和业主切实加强管理和修缮养护，严禁毁坏。对有文物价值长征文化遗址，申请相应级别的文物保护单位。

目前，就全州县126个长征文化遗址的保存状态来看，乡镇党委政府重视的遗址保存较好，但一些地处偏远地区的遗址，没有引起更多的保护重视，保存状态一般，有的由于无保护或保护较差，出现倒塌损毁情况。

从长征文化遗址的利用情况看，全部126处遗址勉强能开放参观的5处。不具备开放条件的121处。

全州县已有越来越多的革命遗址被列入不同级别的文物保护、爱国主义教育基地、青少年德育基地、国防教育基地中，政府重视和保护革命遗址的氛围日益浓厚，同时开发利用红色资源，促进遗址保护和地方经济社会发展双赢的力度也不断加大。

四、长征文化遗址保护利用中存在的主要问题

虽然全州县在长征文化遗址利用和保护方面做了大量工作，取得了一点成绩，但由于种种原因，还存在着较多问题，长征文化遗址的保护和利用还有很大的提升空间。主要问题表现在以下几个方面。

（一）对长征文化遗址的保护意识有待加强

长征文化遗址是“固化”的党史和革命史，是活生生的爱国主义教科书，凝聚着深刻的内涵，蕴藏着丰富的历史信息，具有重要的历史价值、社会价值、经济价值、教育价值。然而，在社会发展和城乡建设中，由于保护、开发长征文化遗址不能带来较为直接的经济效益，在长征文化遗址保护与经济发展发生矛盾时，长征文化遗址往往要作出让步和牺牲，遭受人为破坏或挪作他用。

（二）对长征遗址缺乏有效管理保护机制

全部遗址属集体所有和私人所有的125个，占99%；属国有的只有1个，占总数的1%。私人所有的多为居住场所和农村族人宗祠。产权归属不同，加大了管理难度。一是相当一部分遗址没有专人管理，缺乏相应的文件及制度规定，更缺乏有力的督导检查。二是缺乏维修和保护经费，维修和保护经费的缺乏使很多文物随着年月的推进而消失。三

是缺乏日常看管，“无专门机构管事、无专项资金办事、无专人看护”是大部分遗址保护不力的真实写照。

（三）对长征文化遗址的宣传不够

全州县对长征文化遗址的宣传还显不足，广大城乡居民除对已列入文物保护单位的觉山阻击战遗址能有所了解，对其他革命遗址以及围绕这些遗址发生的历史事件、相关重要人物却所知甚少。由于缺乏宣传，对长征文化遗址的历史价值和现实作用的重要性认识不足，保护利用重视不够。

（四）对长征文化遗址的开发利用不足

全县尚存的革命遗址多数没有得到开发利用，没有发挥其应有的社会价值。一些已列入文物保护单位或爱国主义教育基地的革命遗址利用情况也不容乐观，除了在重大纪念日或重大活动时才有人参观瞻仰或搞一些纪念活动外，平时利用很少，造成场馆、设施长期闲置浪费。

长征文化保护利用的不利因素，以“湘桂古道红军路”为例。

一是保护利用形势严峻。全州县长征文化内容极其丰富，拥有湘桂古道红军路沿线的湘江战役遗址群、传统古村落、美丽的自然生态环境、生动感人的军民鱼水情故事等丰富的旅游资源，但由于宣传教育不够、资金投入严重不足，导致一些遗址实物损毁、倒卖严重，这些宝贵资源没有得到很好的保护，更谈不上得到很好的利用。

二是交通等基础设施还相对滞后，这是致命的缺陷。湘桂古道红军路是目前全州最有吸引力的一条体验红军长征精神，进行革命传统教育的教学线路，自 2018 年以来，来自区内外的科研团体、党政机关、革命后代、大中小学校、旅游机构纷纷组团前来重走长征路，但该区域只有一条简单的村道勉强能够连接两河、石塘、安和，且路窄弯急、坡陡，根本无法满足打造红色精品旅游景区和开展红军长征精神传承教育活动的需要。

三是保护利用土地协调有一定难度。2019 年，为打造红色旅游大通路，全州县红色旅游开发领导小组办公室向国家旅游局申报了修建一条40公里的三级公路，国家交通运输部要求县交通运输局复核申报的时候，考虑到上级下拨建设资金只有100万每公里，建设用地的征地费用，县级配套资金无法落实，恐无法按时完成建设任务被追责，因此最后不敢上报该项目。土地问题解决不好，将很难推动该区域的保护和开发。

四是景区暂时无接待能力。从两河鲁水到安和文塘、凤凰嘴途中约60里路程无接待驿站，沿途无路线标识，徒步长征路的团体必须自己想办法解决给养和住宿问题。

五、对全州长征文化遗址保护开发利用的对策和建议

长征文化遗址，铭刻着中国工农红军和中国共产党人为民族独立和人民解放而英勇奋斗的光辉历程，蕴含着艰苦奋斗、不屈不挠、一往无前、敢于胜利、舍家为国、无私奉献的革命精神，是我党光辉历程的见证，是宝贵的文化遗产，是不可再生的历史文化资源。

为了能进一步挖掘全州长征文化方面的物质文化遗产和非物质文化遗产，充分发挥其宣教功能，现谨就全州县长征文化遗址的开发利用提以下建议：

（一）形成长征文化遗址保护利用的长效机制

在充分认识长征遗址保护利用重要性、紧迫性的基础上，从法律法规建设入手，做好长征文化遗址保护利用规划、管理工作，形成长效机制。

首先，制定相关法规，规范长征文化遗址的保护与利用。根据《文物保护法》的要求，全州县要加强对文物保护工作的领导，将文物保护纳入国民经济和社会发展规划、土地利用总体规划、城乡建设规划和风景名胜区规划，协调解决文物保护工作中的重大问题，正确处理经济建设、社会发展与文物保护的关系，确保文物安全。有关部门要对长征遗址进行造册登记，列入保护规划，并制定相关法规和严格的监督机制加以保护。

其次，加强对长征遗址的日常管理工作，明确相关管理部门的管理权限和职责，加大投入，多渠道融资完善长征文化遗址作为红色文化资源配套功能，为可持续发展奠定基础。相关部门在对长征遗址分门别类做好登记工作的基础上，抓紧制订维修保护方案，有计划、有步骤地进行维修。要积极主动地向上级主管部门争取维护保养经费，各遗址点要尽快树立保护简明标识，方便人们考察学习、缅怀祭奠。这项工作刻不容缓！

再次，积极做好全州县长征文化遗址的产权改革。产权明晰是实现长征文化遗址有效保护的关键所在。据普查，全州县全部长征文化遗址绝大部分归私人所有和集体所有，属国有数量很少。做好这一部分革命遗址的修缮、保护、管理、利用工作尤为重要。我们要重视对私人所有的长征文化遗址保护利用问题，多与业主沟通交流，教育其遵守有关文物保护的法律、法规，接受文物行政主管部门的指导和监督，鼓励其对文物保护事业进行捐赠，或者投资建设文物保护设施，扩大这些长征文化遗址的影响力，提高社会效益。对在文物保护、管理、利用和捐赠中作出突出贡献的单位或者个人，县人民政府及其文物行政主管部门应当依法给予表彰和奖励，建议县人民政府尽快出台相关文件。

最后，要树立全民保护意识。长征文化遗址保护与传统文物相比具有时间近、数量多、分布广、保护难度大等特点。因此，其保护体系的建立需要全体人民的共同努力，单靠某个文物保护管理部门是收不到很大成效的。任何单位和个人都有依法保护文物的义务，保护长征文化遗址不只是党委和政府的事，更是全县广大干部群众共同的使命。要以打造长征精神红色文化旅游精品线路为载体，加大对长征文化遗址的宣传力度。全州县宣传、文化、教育、党史、旅游等部门，要利用报刊、电视、广播、网络等媒体形成合力，大力宣传革命遗址的历史背景、历史地位、现实意义和价值。通过宣传，一方面可以提升湘江战役长征文化遗址的知名度，提高人们的保护意识，增强全社会对长征文化遗址保护的重视程度；另一方面可以引导广大群众特别是青少年了解长征文化遗址、瞻仰长征文化遗址，从中得到教育和启迪。同时，大力倡导长征文化遗址保护的全新理念，引导城乡居民树立和形成共识，自觉保护革命遗址。近年来，在文物保护与利用过程中出现了一些卓有成效的做法，如有的地方实行的“三权分立”（所有权归政府，管理权归相关部门，经营权归公司）模式等对长征文化遗址的保护就具有相当的借鉴意义。

（二）党史县志部门要加强长征文化征研与长征精神宣教工作

在长征文化遗址普查基础上，加大对与长征文化遗址有关的史料征集与研究，特别要注重原始资料与文物的征集，这些史料的征集是长征精神宣教，更是爱国主义教育的基础。长征文物与史料的征研工作如果没有做实做深，就难以形成良好的长征精神宣教局面，长征文化遗址作为长征精神红色文化资源所蕴藏的内涵也难以被充分挖掘、提炼。长征文化遗址保护利用离不开长征文物与史料征研工作，在做好遗址普查的同时，我们还要做好湘江战役历史和长征精神的研究，运用现代手段妥善留存、整理和开发、利用、传播方面的非物质文化遗产。可以说，长征文化遗址的保护和利用，给党史征研提供了一个好平台、好阵地，是十分宝贵的历史资源。同时，党史征研工作又进一步推动党史宣传教育工作的开展，增强了说服力，扩大了影响力，也加深了群众对长征文化遗址的了解与重视。

（三）全力打造“觉山长征精神革命传统教育学院”

在对长征文化遗址发掘整理的基础上，县党校（行政学院）要与上级党员干部教育培训机构通力合作，全力打造“觉山长征精神革命传统教育学院”，使觉山长征精神革命传统教育学院成为传承长征精神的闪亮名片。县党校（行政学院）要开拓创新，与时俱进，利用本县丰富的长征文化资料，真正起到“存史资政育人”的作用，要以长征精神教育培训学校为载体，大力开展长征精神宣传教育。近年来，全州县充分利用长征精神教育培训学校，多次开展爱国主义教育活动，不断推进长征精神进机关、进企业、进农村、进学校、进社区的“六进”工作，开展长征精神宣讲活动，组织广大党员、机关干部、青少年学生到重走“湘桂古道红军路”，到长征文化遗址和纪念场馆、教育基地参观、学习，接受红色教育，收到了良好效果。

（四）加大对长征文化遗址的保护力度，做到合理开发利用

全州县要本着“有效保护，合理利用”的原则，从这几方面对革命遗址进行适度的开发利用。

1. 继续做好纪念场馆的建设管理工作。

在纪念场馆建设中，要做到抓住重点、兼顾其他。建设湘江战役纪念场馆是进行长征精神文化宣传教育的一项重要基础性工作。重点抓好觉山阻击战旧址纪念公园、古岭头阻击战遗址、文塘阻击战遗址、凤凰嘴渡江战遗址等纪念场馆建设。湘江战役纪念场馆不仅能在我县革命传统教育工作中发挥重要作用，而且还是红色旅游的重要景观。

觉山阻击战遗址已被国家旅游局列入《全国红色旅游经典景区名录》。

2. 发展红色旅游，提升湘江战役遗址的知名度。

全州是座风景秀丽、气候宜人的红色历史文化名城，具有良好的旅游资源及旅游发展前景。全州县要以国家打造红色旅游精品线路为载体，结合“湘桂古道红军路”沿线秀丽的自然景观，结合长征文化纪念场馆建设，发展红色旅游，提升湘江战役遗址的知名度。

相比其他县红色旅游的蓬勃发展，全州红色旅游目前还是空白。空白也蕴含了发展的潜力与希望。发展全州红色旅游：一是要做好红色旅游规划，规划要突出长征文物这个主体，要把长征文化纪念地、标志物保护好、修缮好、恢复好，把长征历史、长征事迹、长征精神挖掘好、收集好、整理好等工作作为红色旅游资源保护利用的目标，具体内容上要对红色资源的挖掘、文物的保护、遗迹遗址的维护与建设、红色文化的传播、红色文化产业的发展等作出明文规定。二是解决好红色旅游资源与经济建设的关系问题，要在具体操作行为与步骤作出规定，做到城市建设、工程项目建设、旅游资源开发利用等的规划不得与红色旅游资源的保护规定相冲突，在项目实施之前要广泛征询有关专家、科研人员的意见，使资源的破坏最小化。鉴于全州县长征文化遗址多散落山区、交通不便的特点，发展红色旅游要从实际出发，立足山清水秀的自然风光，依托红色旅游资源，大力开发农副产品深加工，积极发展“农家乐”，促进新农村建设。

全州县要结合国家发展红色旅游的政策，全方位地对全州长征文化湘江遗址进行研究、挖掘、整理、整合，使其成为红色旅游资源，展现其独特的历史文化内涵，加大对红色旅游的推介力度，提升红色旅游文化品位，提升湘江战役遗址和“湘桂古道红军路”的知名度，使湘江战役遗址和“湘桂古道红军路”在维护和保护中得到利用，在开发和利用中得到更好的保护。在加快保护开发力度方面，一要积极引导和组织乡各镇党委、政府或民间投资者合理开发利用长征文化遗址；二要利用长征文化遗址开展革命传统教育和爱国主义教育。在重要的纪念日，利用长征文化遗址和纪念场馆对人民群众特别是青少年进行爱国主义教育和革命传统现场教育，使广大青少年和学生尤其是下一代人，更加了解全州的过去和历史，更加珍惜现在的幸福和美好生活，使他们深深懂得今天经济繁荣的全州，是党领导全国人民和无数革命先烈用鲜血和生命换来的，要更加热爱自己的家乡，寓教于乐。

3. 要鼓励创作更多更好的红色影视作品。

红色影视作品对民众的影响力是巨大的，具有受众广、易接受、影响深等优点。全州红色文学、影视作品的创作要以打造精品为目标，这就需要充分挖掘红军长征过全州的深刻内涵，挖掘湘江战役遗址背后蕴含的伟大的长征精神。

长征文化遗址保护与利用是功在当代、利在千秋的大事。全州县要在县委、县政府高度重视与有力领导下，不断加强对长征文化遗址的保护与利用，进一步继承和弘扬党的光荣传统和革命精神，培育和弘扬以爱国主义为核心的民族精神。

（五）深入开展红色文化进校园活动

深入开展“红色文化进校园活动”是培养有中国特色社会主义强国

建设者的必然要求。全州厚重的红色历史文化底蕴是最好的教材和营养剂。不忘初心，方得始终。习近平总书记指出，我们永远不能忘记自己是从哪里走来的，永远都要从革命的历史中汲取智慧和力量。

传承红色基因要从小从早做起。全州县要在各中小学大力开展红色文化进校园活动，加强和改进广大青少年学生的思想道德建设。要充分利用我县丰富的红色文化资源优势，进一步增强学校教书育人工作水平，做强做优全州县德育工作品牌。为此我们要做如下工作：

1. 营造“红色校园”氛围。

各校要精心设计绿化、硬化、亮化、净化工程，努力打造办学传统与红色文化相统一的校园文化。在校园内张贴宣传红军血战湘江和长征精神的内容、社会主义核心价值观的内容，设置伟人英烈雕塑，以英烈姓名命名班级、少队、中队和社团等，营造浓厚的红色校园氛围。

2. 加强“红色课堂”建设。

各校要把红色文化教育作为中小学校德育教学工作的重要内容，采取有效措施，加强组织实施。要将红色文化教育纳入学校教学计划，每学期有一定的红色文化课程。各校要大力搜集、整理当地的红色资源，组织专门人员开发和编写红色文化教育校本教材，加强红色文化教育研究，努力提高红色文化教育的针对性和实效性。

3. 开展“红色经典”读书活动。

广泛开展以“读红色经典，学革命历史，树崇高信念”为主题的读书活动，使广大师生回顾中国共产党走过的红色历程，接受革命传统教育，坚定革命信念，树立务实奉献的作风，进一步增强热爱祖国、热爱社会主义、热爱家乡的意识。

4. 开展“红色之旅”实践活动。

各校要积极组织师生到湘江战役遗迹旧址和爱国主义教育基地，重走长征路，开展重温入党（团、队）誓词，清明祭扫、成人宣誓等活动，传承革命精神，促使师生形成正确的价值观和人生观，增强感恩奋进意识。

5. 举行“红歌传唱”活动。

各校要以歌颂党、歌颂祖国、歌颂新时代为内容，开展“每周唱一红歌”“红色歌谣大家唱”“红歌手评选”等活动；各班要在音乐老师和班主任的具体指导下，开展课前唱红歌活动，传唱红色精神，传承红色文化，弘扬时代主旋律。

6. 举办“红色报告”会。

县教育行政主管每年要请本地党史专家组成红色宣讲报告团到各学校巡回宣讲红色历史，对学生进行革命传统教育。各校要充分利用节庆日、德育课、班会课等开展红色故事宣讲，使全体师生牢记历史，珍惜生活。

7. 举办“红色影片”观影活动。

各校采取多种形式举办“红色影片”观影活动，通过革命题材优秀电影的视觉冲击效果，强化师生对革命历史的记忆，提升爱党爱国意识，引导和激励学生发奋学习、教师努力争创一等工作。

8. 创建“红色网络”平台。

各校教育网要开设红色文化教育专栏，丰富内容，大力宣扬红色精神，拓宽师生接受红色教育的渠道。

[赵晓刚，中共广西区委党校（广西行政学院）党史党建教研部博士、副教授，湘江战役现场教学主讲教师，广西党史专家，广西中共党史和中共党史人物研究会理事；王文胜，桂林市党史研究室副主任]

湘江战役是长征精神的一次伟大胜利

1934年11月，蒋介石为了围追堵截中央红军进行战略转移，调集中央军、湘军、桂军、粤军及民团等40万大军，在今天的全州、灌阳、兴安沿湘江一带设置了一个严密的“大口袋”，即所谓第四道封锁线，企图消灭中央红军于湘江东岸。面对敌人的封锁和包围，中央红军最高军事领导层博古、李德等却不顾严重的敌情和红军覆灭的危险，按照既定的战略转移方针和预定的行军路线，希望通过湘江到湘西与红军二、六军团会合。从11月27日至12月1日，中央红军与国民党军在湘江一线浴血奋战5昼夜，特别是开展了觉山铺、新圩、光华铺激烈的三大阻击战和红三十四师后卫阻击战，红军终于胜利渡过湘江，以红军损失3万余人的惨痛代价，宣告了国民党企图全歼红军于湘江东岸计划的破产。

湘江战役是长征精神的一次十分重要和十分惨烈的煅烧与熔铸，是红军精神与意志的伟大展示，是长征精神的伟大胜利。

为什么这样说？原因如下。

一、湘江战役是长征中一次伟大的胜利，关系到中国共产党和中央红军的生死存亡

湘江战役是中央红军进行战略转移以来规模最大、历时最久、红军损失最惨重的一仗，也是中央红军整个长征中最重要和战斗最激烈的一仗，关系到中国共产党和中央红军的生死存亡。因此，它的胜利是一次伟大的胜利。“我们不为胜利者，即为战败者”。在“一切为了保卫苏维埃”的口号下，中央红军“人人奋起作战的最高勇气，不顾一切牺牲，克服疲惫现象”，“高举着胜利的旗帜，向着火线上去”，最终以血肉之

躯突破了湘江封锁线，粉碎了蒋介石围歼红军于湘江以东的罪恶企图，取得了湘江战役的最后胜利。湘江战役由此成为红军长征的一个重要转折点，它是突围阶段的终点，又是走向胜利阶段的起点，为开辟长征的新局面奠定了基础。而如果湘江战役红军失败了，中国共产党和新中国的历史将被改写！正如著名的老红军作家陈靖在他的《潇湘俳句》（七则）“前言”中写道：“在整个长征中，损失之大，牺牲之惨，莫过于潇水至湘江这段路程了。四五天时间，使这支 8 万 6 千人的中央红军，至少付出了一半的代价！正反两面的经验，是悲壮而又宝贵的。”虽然红军损失巨大、惨重，但是党中央组织机构还基本健全，重要的领导人和红军骨干力量还存在。俗话说，留得青山在，不愁没柴烧。中国共产党和中央红军经过湘江战役后，总结了正反两个方面的经验，结束了“左”倾错误路线的领导，选择了自己正确的路线和领导人，毛泽东重新回到了指挥层，党和红军获得了胜利的希望。

二、湘江战役是在极其复杂而艰巨条件下取得的伟大胜利，是长征精神的伟大胜利

湘江战役是红军精神与意志的一次伟大展示，是长征精神的伟大胜利，而不是任何物质条件优越的胜利，因为它是在极其复杂而艰巨的条件下取得的伟大胜利。这是一场“最复杂的战役，要在敌优势兵力及其部分的完成其阻我西渡的部署条件下，来突破敌人之第四道封锁，并渡过湘江；此战役须经过粮食较缺乏之两个大山脉，并要克服二条河道与开阔地带及部分的敌人堡垒。野战军应粉碎前进路上敌人抵抗与击溃向我翼侧进攻及尾追之敌，任务是复杂与艰巨的”。

（一）在敌众我寡、敌强我弱力量十分悬殊情况下取得的十分艰难的胜利

在第四道封锁线上，国民党军队和民团拥有 40 万兵力，而中央红军长征出发时只有 8.68 万余人，通过一、二、三道封锁线后到达湘江时大约有 6.48 万余人。从双方人数来讲，红军与敌人相比是 1∶6 以

上。再说，敌人武器装备优良、充足，有飞机、大炮和汽车等，而红军武器装备极为低劣和不足，出发时只有轻重机枪 750 余挺、轻炮 15 门，平均两人才有 1 支步枪，每枪还不足 60 发子弹，很多战士只有大刀等原始武器。生活装备也很差，冬衣人均不足 1 件，食盐人均 4 两；药品 714 担；钱 164.2 万元；牛马 338 匹。敌我力量十分悬殊，敌众我寡，敌强我弱，这种差距显然对红军极为不利。敌方不仅有重兵把守，还在湘江西岸修筑了 100 多个明碉暗堡。因此，敌人凭借湘江天堑和绝对优势的兵力，企图消灭中央红军于湘江东岸。正如 1934 年 11 月 30 日晚上一军团给军委主席朱德的电报所说："由脚山到白沙铺只二十里，沿途为宽广起伏之树林，敌能展开大的兵力，颇易接近我们，我军火力难发挥，正面又太宽，如敌人明日以优势猛进，我军在目前训练装备下，难有占领固守的绝对把握。"因此，建议"军委须将湘水以东各军，星夜兼程过河"。

（二）在"左"倾冒险主义军事路线错误指导下取得的十分艰难的胜利

湘江战役打得十分艰难，遭受惨重损失，除了客观因素，最主要的原因还在于指导思想的错误。此前，中央根据地在敌我力量对比悬殊极大的情况下（如第二次反"围剿"与敌人的力量对比是 1∶5，第三次是 1∶7.5，第四次是 1∶5），在毛泽东军事思想正确指引下，灵活采用战略战术，红军同样取得了一至四次反"围剿"的胜利。而湘江战役，由于错误思想的指导，给这次战役增加了极大的难度和惨重损失。表现在战略方向上，"左"倾冒险主义领导人否定了毛泽东等同志提出的在湖南中部建立根据地的主张，不切实际地制定了红军到湘西与红二、六军团会合的战略方针，硬往敌人的口袋钻；"搬家式""抬轿式"的行军原则和作战队形极不利于红军快速行军和机动灵活作战。湘江战役如果能充分发挥红军灵活机动的战略战术原则，充分利用敌人之间的矛盾和有利时机，抢先突破湘江，避免惨重的损失是完全可以做到的。因此，造成湘江战役巨大损失的原因不能简单归结为敌我力量的悬殊，还必须进一步从当时中共中央最高领导层在战略路线的制定、战略战术的运用以及行军的队形和速度等方面来进行分析。

首先，长征初期，红军以一军团为左路前卫，九军团随一军团在左侧跟进，并掩护左翼；三军团为右路前卫，八军团随三军团右侧跟进，并掩护右翼；军委总部、中央一、中二纵队居中，五军团担任后卫。后来，又进行了左右队伍交换。这样的行军队形，正如刘伯承所言“眼前的景象为一个八人抬的大轿子”，彭德怀“根据他在沙场上与敌人征战多年的经验，考虑红军在敌 40 万大军密集布阵阻截下，簇拥着庞大的中央机关和非战斗人员的队伍作甬道式的前进，后果不堪设想”，愤然指责“这样抬着棺材走路，哪像个打仗的样子?”这种“甬道式”的行军队形，不仅使大批作战部队都变成了掩护队，削弱了军队的战斗力，而且由于军委纵队和后勤机关行动迟缓，加上“坛坛罐罐”都带走，连机器也抬着，使得部队只能走走停停，以致造成了红军只能“哪里遇到敌人，就在哪里抗击”、随时处于被动挨打的局面。长征时任中共临时中央代书记的博古（秦邦宪）后来在 1943 年 11 月 13 日的中央政治局会议上发言，指出“长征军事计划未在政治局讨论，这是严重政治错误。长征是搬家，抬轿子，使红军受到很大削弱”；“长征军事计划全错的，使红军有消灭危险”。

在突破敌人三道封锁线后，中共中央最高领导人置蒋介石的最新兵力部署和作战方略于不顾，仍然坚持既定的战略路线，既不听毛泽东等同志的正确意见，又不吸取突破前三道封锁线的经验教训，一意孤行。在何键“追剿”计划发布后，毛泽东曾向中革军委建议，乘各路敌军正在调动之际，在薛岳、周浑元两部还没有靠拢的时候，组织力量进行反击，来一个回马枪，寻机歼敌一路或一部，以扭转战局，变被动为主动。彭德怀也积极建议，指出如果“被迫经过湘桂边之西延山脉，同桂军作战，其后果是不利的”。中央最高领导人未听取正确建议，带领中央红军硬往蒋介石布置的陷阱里钻，丧失了击破敌人的有利时机，结果在与敌人的几场战斗（如脚山铺战斗、光华铺战斗等）较量中，每一处都变成以少对多、以弱对强的局面。红军与敌人拼力量，拼消耗，最终吃亏、损失的必然是自己。

再次，中央领导人对战事的决断犹豫，也是造成中央红军湘江战役重大损失的一个原因。如 1934 年 11 月 17 日，中央红军就得知追剿军总司令何键“歼灭我军于潇、湘水以东地区”的谍报，但中央领导人李德、博古等没有采取行之有效的果断措施，相反，还在 11 月 17 日布置八、九军团改编。更难以理解的是，在那样紧迫的战争环境中，李德、博古等中央领导人还在 18 日命令部队原地休息一天，直到 11 月 25 日才下达了渡江命令。在断送有利时机的同时，也给何键部队“追剿”、堵截中央红军制造了很好的机会和争取了宝贵的时间。11 月底，在蒋介石加紧部署“五路追剿”的形势下，我一、三军团仍然先敌到达并控制了界首至屏山渡之间的湘江两岸，在此区域，甚至有四处浅滩可以渡江。军委纵队已于 11 月 27 日从桂岩赶到距离最近渡口只有 160 多里的文市一带，如果这时能轻装急行军的话，一天即可达到，仍有可能以损失较小的代价渡过湘江。但是中央最高领导人却没有利用这一大好机会，使中央红军足足走了 4 天时间才到达湘江边，这就使大队人马失去了先敌到达湘江，抢先渡过湘江的机会。中央最高领导人对战场形势的错误决断和对敌情变化的视若无睹，最终导致了湘江战役红军的巨大损失。

另外，红军各军团每天的行军路线都有明确规定，即使有特殊情况也不能离开自己的行军道路，从而使得红军无法采取机动灵活的战术来抗击强大的敌人，也不能集中优势兵力各个击破。

（三）在没有及时掌握桂军防务的重大变化，贻误了渡江最佳时机情况下拼命打出来的惨痛胜利

国民党军阀之间矛盾重重，各怀鬼胎，行动看似统一其实又是不统一的。蒋介石与桂、湘、粤及西南各省向来存在矛盾，他所部署的湘江战役，主要目的是“一箭双雕”，既要消灭红军，又要消灭异己，排除地方军阀的割据。何键的湘军为报蒋介石提拔之恩，行动比较积极；蒋介石的嫡系薛岳、周浑元两部虽然装备优良，战斗力较强，但何键对其指挥不是很灵，调遣不顺；粤、桂两军则在边境防堵，只求自保，表现消极，尤其是桂军与蒋介石矛盾尖锐，既怕红军入桂，也怕蒋军进桂，于是决定对中央红军采取不拦头、不斩腰、只尾追的“送客”方针，既要“反共”，又要防蒋。在此时期，由于李宗仁、白崇禧误以为中央红军要夺取桂林，匆忙命令全州、兴安、灌阳部队让开大道，退守龙虎关，在恭城阻止红军西取桂林。桂军11月22日撤走后，刘建绪部队还没赶到全州，致使兴安、全州一线130余里的湘江地段出现了长达6天（27日止）的无敌驻守真空状态。如果红军能够及时了解到桂军这一防务上的重大变化，并采取有力措施抢渡湘江，也许惨烈的湘江战役就不会发生，或者可以较小的损失顺利渡江西进。但是，红军似乎对此全然不知。11月25日，红军才决定分四路入广西，正式向湘江进发。就是在这样的情况下，如果中央领导人能果断作出决定，放下“坛坛罐罐”，改变行军队形，轻装前进，早日赶赴湘江，利用这最后两天（桂军27日才回防合力湘军）有利时间也是完全可以渡过湘江的。然而，中央红军顺利抢渡湘江的有利时机竟被中央领导人对战情的无知和麻木而断送了。红军先头部队到达界首已经是27号下午！因此，红军不得不面临拼命作战，为保卫党中央突围而不惜一切代价的十分危险的局面。

（四）在大部队行军速度迟缓误时情况下取得的损失巨大的胜利

兵贵神速，快速是作战的基本要求之一。对于湘江战役而言，时间就是将士的生命，速度就是军队的战斗力和胜利的保证。为什么红军大部队行动滞缓？最主要的是“大搬家”式的转移模式，使得红军行军中所带的“坛坛罐罐”太多，队列拉得太长，行动不得不迟缓。5000多名挑夫组成的辎重队伍拉成了160余里的长队，沉重的机器，有时使行军根本无法进行。其次，是红军走的多为山路和小路，道路崎岖狭窄，十分难走。湘江战役中，红军要通过都庞岭和越城岭两大山脉，要渡过潇水和湘江等河流，华南第一峰猫儿山达2141.5米，红军翻越老山界的路线也是异常艰难的。当辎重队伍进入五岭山区以后，在羊肠小道中搬运大机器，拥挤不堪，前呼后拥，每天只能走四五里甚至二三里。直到 11 月 30 日早，军委第一纵队才从界首渡过湘江，而第二纵队是黄昏才渡河。军委纵队从文市、桂岩一带到湘江边，只有 55 公里，却走了 2 天，平均每天行程 27.5 公里。由于军委纵队行动迟缓，后卫五军团及最后入关的八、九军团就无法及时过江。12 月 1 日晨，除军委纵队已经过江外，我军 12 个师，已经过江的只有 4 个师，还有 8 个师尚未过江。因此，担任两翼掩护的一、三军团为了继续抗敌，掩护后续部队抢渡湘江，就不得不付出惨重的代价。激烈的战斗一直进行到 12 月 1 日晚上，除八军团之一部被敌击散，三军团 6 师之 18 团和五军团 34 师被敌切断外，其余部队全部渡过湘江。三是连日行军和作战，指战员都已经十分疲劳，并且饥渴交加，身体难当，大多是对生命意志和生命能量极限的考验。正是在这样艰难困苦的情况下，中央红军很难夺取和控制战场的主动权，许多时候是疲于奔命，部队遭受严重损失就难以避免。

三、湘江战役是经过十分惨烈的战斗和付出巨大牺牲后取得的伟大胜利，是长征精神的伟大胜利

在湘江战役中，数万红军将士为了保卫党中央和苏维埃新中国，不怕任何困难和牺牲，勇于战斗，实现了“流尽最后一滴血”的豪迈而悲壮的誓言，凝铸和表现出伟大的湘江战役精神。

例如，全州觉山铺阻击战，林彪率红一军团在此阻击湘军，其指挥部差点被敌人端掉！据时任军团政委聂荣臻元帅回忆，11 月 28 日—12 月 1 日，觉山铺战斗异常激烈惊险，一师和二师与数倍于己的敌人血战三天，第一道阵地被敌人攻陷，11 月 30 日晚上，红军撤至第二道阵地构筑防御工事。12 月 1 号，敌人攻势凶猛，一师三团长黄永胜见形势危险，率兵进行了一个反冲锋，将敌人杀了回去，把敌人驱赶至很远的距离。因此，三团与二师四团的结合部出现了缺口。于是，敌人从缺口插入，进行迂回，结果打到了一军团指挥部。这是多年没有的事情！由于军团部遇险，军团政治保卫局局长罗瑞卿差点拿红四团团长耿飚执行

战场纪律。当得知四团损失巨大，有些阵地是在战士们几乎全部牺牲的情况下才失守的，而且耿飚在打摆子的情况下还指挥战斗，亲自与敌人拼刺刀，这才没有枪毙他。觉山铺一战，我军损失 4000～6000 人，五团政委易荡平牺牲，四团政委杨成武负重伤。连以下指挥员牺牲殆尽！

兴安光华铺阻击战，张宗逊、黄克诚的红四师 10 团牺牲 400 余人，还有 11、12 团也有牺牲，整个战斗牺牲 1000 余人。10 团团长沈述清牺牲，师参谋长杜宗美接任团长，不久也牺牲。

灌阳新圩阻击战，红五师李天佑率领 2 个团和军委炮兵营 3900 余人与桂军作战，牺牲 2000 多人，付出师参谋长胡震和团、营、连干部几乎全部伤亡的代价。

后卫三十四师近 5000 人，在全州安和镇文塘村一带被桂军重兵伏击，牺牲 3000 余人。随后撤往山区，途中不断遭遇袭击，最后全师几乎阵亡。师长陈树湘腹部负重伤被俘，他在担架上乘敌人不备，用自己的手扯出肠子，绞断肠子而壮烈牺牲。政委程翠林等将士阵亡殆尽。只有 100 团团长韩伟等几人幸存。

湘江战役后期，红军经过资源和龙胜，也有多次大小战斗，不断有红军牺牲。红军离开桂北，进入湖南通道，转向贵州，才基本摆脱了敌人的围追堵截。遵义会议后，在毛泽东的正确指挥下，红军四渡赤水，巧渡金沙江，强渡大渡河，飞夺泸定桥，爬雪山，过草地，取得了一个又一个胜利。尽管自然条件十分恶劣，也有敌军围追堵截，但是，总体情况已经与湘江战役不同，指导思想正确，战略明确，战术灵活，主动而战，牵着敌人鼻子走，而不是被动挨打、硬闯强撑要去突破敌人的重重封锁线！

湘江战役就是红军在主客观诸方面重重困难条件下取得的伟大胜利，是惊天地泣鬼神的伟大胜利，是共产主义理想和信仰的伟大胜利，是湘江战役精神和长征精神的伟大胜利。

湘江战役是长征精神的一次重要展示和凝铸，湘江战役精神是长征精神的重要组成部分。什么是长征精神？在鲜血中凝就的长征精神，就是把广大人民的根本利益看得高于一切，坚定革命的理想和信念，坚信正义事业必然胜利的精神；就是为了救国救民，不怕任何艰难险阻，不惜付出一切牺牲的精神；就是坚持独立自主、实事求是，一切从实际出发的精神；就是顾全大局、严守纪律、紧密团结的精神；就是紧紧依靠人民群众，同人民群众生死相依、患难与共、艰苦奋斗的精神。这五种精神，在湘江战役中都有十分充分的体现，它们是湘江战役取得胜利的法宝。

在纪念湘江战役胜利 87 周年、中国共产党建立 100 周年之际，我们重温湘江战役历史，总结其伟大精神，正值其时，意义重大而深远。从大处说，我们要实现中华民族伟大复兴的中国梦，必须弘扬中国精神，也就是以爱国主义为核心的民族精神，以改革创新为核心的时代精神。而这些精神的源头，无不来自长征精神。长征迸发出一种绵延不绝的精神力量，是我们构建社会主义和谐社会和实现中华民族伟大复兴的中国梦的强大精神动力。从小处来讲，我们桂北五县要认真落实习近平总书记等中央领导对湘江战役的批示精神，凝聚各界力量，切实做好湘江战役烈士遗骸收敛工作，做好红色文化遗迹遗址保护与展示等工作，做好红色旅游，需要我们贡献自己的一份力量。

注：文中引文皆出自《红军过广西》一书有关电文和回忆录等。

（杨迪忠，近年主要研究地方历史文化）

浅析湘江战役的胜利

湘江战役是中央红军长征途中伤亡最多的一次战役。这场战役伤亡惨重的原因在于“左”倾机会主义者的错误领导；蒋介石对围歼中央红军于湘军东岸的周密部署。湘江战役确实是很难取胜，但是本文从湘江战役的目标、湘江战役的过程以及湘江战役的结果来考察，最终得出的结论是湘江战役是以中央红军的胜利而结束。

一、湘江战役的目标

1933年，蒋介石为了发动对革命根据地的第五次“围剿”，做了多方面的准备，强调要实行“三分军事，七分政治”的方针。政治上，在根据地周围地区实行保甲制度和“连坐法”；经济上，对根据地实行严密封锁；军事上，采取持久战和“堡垒主义”的新战略。而此时毛泽东已经离开红军的领导岗位，临时中央直接领导了这次反“围剿”斗争。由于临时中央当时正处于“左”倾机会主义的错误领导，所以红军的第五次反“围剿”过程，使红军逐步地沦为被动的地位，根据地面积不断缩小，红军兵力、给养很难得到维系。特别是1934年4月的广昌战役，在“左”倾机会主义的错误领导下，红军与敌军硬碰硬，大打阵地战，拼消耗，红军的有生力量得到进一步的削弱。

面对这样一种敌我态势，共产国际曾在1934年6月25日来电“说到对苏区主力红军退出的事情，这唯一的只是为了保存活的力量，以免遭受敌人可能的打击”。这份电文表明共产国际已经知晓并同意中央红军撤离中央苏区。并且通过对一些老同志的回忆录来看，红军在广昌失守之后，已经开始着手撤离中央苏区，在政治、组织、军事等方面都做了充足的准备，只是当时的目的地并不是陕北，而是与红二、六军团会合，创立新的根据地。这也证明了中央红军在广昌失守后，已经开始着手撤离中央苏区的准备。

第五次反“围剿”失败后，中共中央决定实行战略转移。1934 年 10 月中央红军 8.6 万余人，从中央苏区撤离，向南突围，开始了长征。1934 年 11 月中旬，中央红军突破了国民党第三道封锁线后，由湖南省南部向广西北部行军。在行军的过程中，国民党已经在桂北地区设计了长征途中的第四道封锁线，而中革军委也在 11 月 25 日制定并下达了《我野战军前出至全州、兴安西北之黄山地带的作战部署》，同时党中央、总政治部也下达了进行湘江战役突破敌人第四道封锁线的政治动员令。动员令中指出“当前战役的胜利完成，是将决定着我们突破敌人最后的封锁线，创造新的大块苏区，协同其他红军部队（二、六军团、四方面军）一致进行全线的总反攻与彻底粉碎敌人五次‘围剿’”。从这个动员令中可以清晰地读出，湘江战役的目标就是要突破敌人的第四道封锁线，成功渡过湘江。当 12 月 1 日，中央和军委机关安全渡过湘江界首渡口，主力红军突破敌人的第四道封锁线后，那么此时湘江战役的目标已经完成。只是在此次战役过程中，红军遭遇到了严重的挫折，红军兵力损失严重，但从完成目标的结果来看，湘江战役最终是以胜利而结束。

二、湘江战役的具体过程

尽管湘江战役是以胜利而告终，但绝不是说湘江战役整个过程是比较顺利的，不可否认，湘江战役在中国共产党的战争史上是异常惨烈的一次战役。从瑞金出发突破国民党的前三道封锁线时，由于红军的灵活作战以及当时的统战工作的顺利进行，红军的战略转移没有遭到大规模的围攻，但是当中央红军突破国民党军的第三道封锁线后，由于蒋介石的施压，各地军阀在对待中央红军的态度上表现出了较大转变，并且此时蒋介石也已经弄清楚中央红军的前进方向。1934 年 11 月 10 日，蒋介石攻占瑞金，从云石山中共中央机关残存的文件中，查询到此次红军突围的战略意图，那就是与贺龙的部队会合。蒋介石在得到此份残存文件后，于 1934 年 11 月 17 日发布了“剿匪计划大纲”。蒋介石在电文中指出“查赣匪倾巢西串，我大军正分头追堵。期与湘水以东地区，将匪扑灭”。蒋介石的这份电令是否真正发挥其实际的作用，红军的转战路线是否真如残件一样？答案是显然的，红军的战略转移路线确实是沿着在云石山中共中央文件中提及的路线。

为什么红军要按照这个路线来行军呢？因为在此之前中共中央已经明白，博古、李德的“誓死保卫每一寸国土”的口号，已经逐渐被蒋介石“步步为营”的战略粉碎，于是便派出任弼时、萧克、王震率红六军团西征，这就是为中央红军主力“转移”提前探路。尽管红六军团的此次探路无比艰辛，但是仍与贺龙、关向应的红二军团会合。有了红六军团的成功探路，中央红军的战略大转移必然会按照红六军团的探路路线行进。但是，此时中央红军的西征意图已然被蒋介石识破。所以截至“剿匪计划大纲”在整个围剿红军的部队下发之后，中央红军长征的行军路线已然被国民党所掌握。

于红军而言，如果在实际作战过程中，博古、李德的“左”倾领导能够实事求是地对待战场局势，那么湘江战役的损失并不一定像后期那么严重。原因在于当中央红军行军至广西境内时，白崇禧命令部队撤出全州、兴安一线，回防平乐、恭城。借此机会，11 月 25 日中央军委决定中央红军分为四个纵队从全州、兴安间抢渡湘江，目的是突破国民党的第四道封锁线。但是当红一军团的先头部队渡过湘江，控制了湘江两岸的渡口时，中央纵队因辎重过多且杂，并未能及时赶到渡口，但此时湘军刘建绪所部也已经到达全州县城，并占领了全州县城，双方在全州、兴安、灌阳三地开始了激烈的交战。12 月 1 日，中央红军在各军团部队的掩护下，渡过湘江。在中央红军渡过湘江的过程中，部队之间的作战有很多次，但归结起来湘江战役是由“3＋1”战场的战斗组成的。

这个“3”代表的是在灌阳新圩阻击战、兴安界首光华铺阻击战以及全州觉山铺阻击战；“1”代表的是以红三十四师为代表的后卫突围战，这其中也包括红三军团红六师第十八团为掩护红八军团过江，在宁远陈家背地区大部壮烈牺牲。

11 月 27 日，红一军团红二师在广西兴安、全州间抢渡湘江，占领了兴安、全州交界处的重要渡口。11 月 28 日，红三军团红四师占领了光华铺，红五师占领灌阳新圩渡口。11 月 28 日晚，红一军团在右翼、红三军团在左翼控制了界首到屏山渡之间的 30 多公里的湘江两岸。红五军团作为全军的后卫，阻击追击的国民党军，掩护党中央、中央军委及后续部队。这样的一个战场局面就决定了这场战役，实质就是为了掩护中央红军主力渡过湘江的一场范围广大的阻击战。

新圩阻击战。新圩位于灌阳县西北部，距湘江界首渡口三四十公里，此地与界首渡口有一条公路相连，是桂军支援界首敌军的必经之地。在红三军团红五师师长李天佑的指挥下，率其所部第十四、十五两个团和军委炮兵营共计 3900 余人，在新圩附近阻击增援界首渡口的桂军，以掩护中央纵队安全渡江。11 月 28 日清晨，桂军第七军两个师向红五师的新圩阵地发动猛烈进攻，但是遭到红五师的顽强阻击。桂军伤亡近 500 人，仅仅夺得几个小山头，白崇禧大为恼火，在新圩阵地投入更大兵力。直到 11 月 30 日中央纵队安全渡过湘江后，红五师才撤离新圩阵地，此次阻击战伤亡 2000 余人，撤离时全师仅剩 1000 多人。红五师在渡过湘江后建制缩编为一个团。

光华铺阻击战。光华铺距离界首渡口仅 4 公里，这里是一片开阔的丘陵地带，易攻难守。这场阻击战由红三军团军团长彭德怀亲自指挥，指挥地点就在湘江界首渡口旁边的一座名叫“三官堂”的祠堂里。“三官堂”距离界首渡口仅仅 200 多米，在这里指挥渡江，可以随时了解红军的渡江情况。11 月 29 日晚，桂军 4 个团对光华铺阵地红军发起夜袭，突破了光华铺阵地。11 月 30 日拂晓，界首渡口失守，因为此时中央纵队即将抵达东岸渡口，在此生死存亡之际，红三军团第 4 师第 10 团团长沈述清率两个营增援界首渡口，最终夺回界首渡口。12 月 1 日中央纵队渡过界首渡口。

觉山铺阻击战。“觉山铺位于桂（林）黄（沙河）公路旁，全州县才湾镇南一村委，北距全州县城16公里，南距界首渡口约30公里”。在觉山铺发生的这场阻击战是湘江战役中投入兵力最多、伤亡人数最大的一场阻击战。11月27日凌晨，红一军团主力率先从凤凰大坪渡口渡过湘江，准备占领桂军已撤防的全州和界首，但当部队开往全州县城外4公里的柘桥村时，湘军刘建绪部的先锋部队也已经到达此地，所以红一军团被迫与湘军刘建绪的部队在觉山铺进行战斗，并紧急电令当时正在湖南道县的红一师，驰援觉山铺阵地。11月29日上午，湘军4个师在十余架飞机的掩护下，轮番向觉山铺阵地发动猛烈进攻，觉山铺的工事不断被敌军的炮火摧毁，但是部队仍拼命死守，11月30日下午，觉山铺前沿阵地相继失守，红一军团在白沙河一带构筑第二道阻击工事。12月1日中午，红一军团在得知中央红军主力已渡过湘江，红一师和红二师开始向西转移。这次阻击战红一军团的两个师伤亡近4000人，但成功地掩护了中央红军主力渡过湘江，粉碎了蒋介石聚歼红军于湘江东岸的阴谋。

后卫突围战。红五军团在长征开始后一直都是整个红军的后卫队，而红三十四师又是红五军团的后卫，所以红三十四师所执行的是西征转移的中央红军最后总后卫队的任务。中央红军进入广西境内的时候，红三十四师就在湖南与广西边界的蒋家岭、永安关、雷口关一带坚守，掩护红八、红九军团进入广西，并阻击国民党军队的追击。此时红五军团红十三师和红三军团第六师一部在灌阳县水车一带准备随时接应红八、红九军团。11月30日下午，红九军团已经抵达灌阳水车，并开始向湘江进发。红八军团抵达水车时，红六师的主力已经撤往湘江，为掩护红八军团渡过湘江，红三十四师仍在永安关、雷口关抵御追兵。12月1日，红八军团在灌阳被桂军分割包围为几段进行攻击，因此红八军团伤亡惨重，渡过湘江后兵力不足2000人。红三十四师和红六师第十八团因为桂军和湘军已经占领湘江渡口，无法渡过湘江。无奈之下，陈树湘率领 200 多人转回湖南打游击。12 月 29 日，在湖南永明遭遇当地保安团的袭击，陈树湘腹部中弹不幸被捕，被捕后敌人用担架抬着陈树湘准备请功领赏，陈树湘趁敌不备，用手从腹部伤口处掏出肠子绞断，慷慨就义，实现了他“为苏维埃新中国流尽最后一滴血”的誓言。丧心病狂的敌人见领赏无果，便将陈树湘的头颅割下，先后在湖南道县的城头和陈树湘的家乡长沙的城墙上示众。红六师第十八团由于无法渡江，转回到陈家背被敌军围攻大部牺牲。

湘江战役以红军损失兵员 3 万余人的惨重代价，但突破湘江防线而结束。湘江战役结束后，全州的岳王塘因其水流较缓，湘江战役过程中牺牲的将士尸体几乎全部汇集于此，尸体布满了整个江面，当地人便有了“三年不饮湘江水，十年不食湘江鱼”的民谣。

三、湘江战役的胜利

1935 年 12 月 27 日，毛泽东在瓦窑堡党的活动分子会议上指出：长征是以工农红军的胜利，敌人的失败而告终的，尽管“十二个月光阴中间，天上每天几十架飞机侦察轰炸，地下几十万大军围追堵截，路上遇着了说不尽的艰难险阻”，但是中央红军就是靠着两只脚长驱二万五千里，最终取得长征的胜利。湘江战役更是中央红军遭遇的长征过程中的最艰难的困难，但是中央红军在此却撕开了国民党军队的“铁壁合围”的口子，保证了红军主力、党中央和中央军委安全渡江。毛泽东还指出：“这个大转移，使得旧区域变为游击区……在转移中，红军本身又有很大的削弱。如果我们拿着整个局面中的这一方面看，敌人是得到了暂时的部分的胜利，我们是遭遇了暂时的部分的失败。”① 从毛泽东的讲话中我们能够看出，尽管在长征的过程中，中国的革命事业遭遇了前所未有的损失，但红军得以保存自身的力量，为抗日战争积蓄了力量，并且在这个过程中，中国共产党确立了新的领导集体，中国革命开

① 《毛泽东选集》第 1 卷，人民出版社 1991 年版，第 149 页。

始从“左”倾指导思想中走出来，毛泽东在中国共产党党内的地位不断地凸显出来，并且蒋介石处心积虑地设置的第四道封锁线也被中央红军突破，蒋介石欲置红军于死地的罪恶企图也被红军粉碎。

毛泽东认为，红军的长征是取得了胜利，而湘江战役作为中央红军在长征路上损失兵力最严重的一场战役，能否将湘江战役归属于失败？答案显然是否定的。尽管湘江战役损失兵力3万多人，但是这场战役却是为抗日战争、解放战争保留了胜利的火种；这场战役过后，红军的一些政策措施在桂北地区得以宣传，将国民党桂系军阀恶意宣传红军的一些言论不攻自破，让桂北人民真正地了解到红军的政策，了解共产党解放受压迫人民的政策；锻造出来了一支能打胜仗、作风优良的人民军队，在湘江战役那么严酷的战争条件下，中央红军能够严守军队纪律，对待老百姓能够做到不拿群众一针一线，经此一战，部队的战斗力、意志力都得到了质的提升；更向全世界宣告，红军都是英雄好汉，帝国主义与蒋介石的反动镇压不能使共产党人屈服。并且从当时共产国际发来的电文“保存实力，撤离中央苏区”的指令来看，尽管红军遭受到极大的损失，但是湘江战役中央红军没有失败，湘江战役是以中央红军的胜利而告终。

（安永友，中共桂林市委党校教师）

湘江战役与毛泽东军事路线确立

——整体视域下湘江战役与中国特色革命道路

长征是一部威武雄壮的英雄史诗，也是对党和红军领导人领导智慧和领导才能的大检阅。在广西东北部“甲天下”的桂林山水之间发生的湘江战役，是红军进行长征以来的第一次大的战役。1934 年 10 月，中央红军 8.6 万余人的大军分途从瑞金、兴国、于都等地撤离中央苏区，向南突围，开始了著名的长征。1934 年 11 月中旬，中央红军突破国民党军第三道封锁线后，由湖南省南部向广西北部前进。当时，全州、兴安一线敌人兵力比较薄弱，中革军委于 11 月 25 日决定中央红军分四路纵队从全州、兴安间抢渡湘江，突破国民党军第四道封锁线，到湘桂边境的西延地区。当日，先头部队渡过湘江，控制了湘江两岸渡口，但后续部队因辎重过多、道路狭窄、行动迟缓，未能赶到渡口。此时，国民党“追剿”军至。为掩护中央、军委纵队及后续军团渡过湘江，红一、红三军团奉命在桂北湘江两岸构筑工事，阻击国民党军。12 月 1 日凌晨，中革军委命令红一军团不惜任何代价守住阵地，以开辟西进的道路。在湘江两岸，红军与数倍于己的国民党军展开激战，予敌重大杀伤，自身也损失严重。12 月 3 日，在红军各部的掩护下，中央红军主力渡过湘江。湘江战役，中央红军长征途中突破国民党精心布置的第四道封锁线，打乱了蒋介石企图歼灭红军于湘江以东的计划。湘江战役，是对中央领导的战略胆识、军事战略和领导艺术的一次磨炼，“左”倾错误领导者博古对此感到责任重大，痛不欲生，甚至用手枪对着自己比画起来。聂荣臻见了阻劝道：“冷静一点，别开玩笑，当心走火。”这也提出了如何在反思的基础上构建红军的整体军事战略的命题，这为红军确立正确的军事路线开启了一个窗口。

一、湘江战役与对“左”倾冒险主义军事路线的反思

中国共产党的中国特色革命道路的探索是在不断总结失败经验教训的基础上提出来的。湘江战役虽然经过一个星期的浴血奋战，突破了敌人的第四道防线。但由于党内严重的“左”倾冒险主义领导错误和敌我力量的悬殊，红军为此付出了极为惨重的代价，红五军团的第三十四师、红三军团的第六师第十八团和红八军团被冲散的部队来不及过江，就被敌人切断了汉口，被阻于湘江东岸，大部壮烈牺牲。湘江战役是中央红军整个长征途中战斗最为激烈、损失最为惨重的一次战役。

在湘江战役以前，毛泽东在革命斗争探索中不断总结经验，提出“枪杆子里面出政权”等著名的口号，毛泽东总结井冈山斗争的经验，写了《中国的红色政权为什么能够存在?》（1928 年 10 月 5 日）、《井冈山的斗争》（1928 年 11 月）、《星星之火，可以燎原》（1930 年初）三篇文章，理论上说明了中国革命采取建立农村革命根据地，走以农村包围城市、最后夺取城市的道路。还提出在中国共产党的领导下，把武装斗争、土地革命和根据地建设三者结合起来的“工农武装割据”思想，开辟出工农武装割据的井冈山道路。在军事斗争方面，提出“敌进我退，敌驻我扰，敌疲我打，敌退我追”游击战十六字诀，到了红军粉碎国民党军的第三次“围剿”，已经总结出了积极防御，诱敌深入，集中兵力打运动战、速决战、歼灭战等一系列红军作战的原则。

毛泽东在 1925 年的《沁园春 · 长沙》中就发出“怅寥廓，问苍茫大地，谁主沉浮”的感慨。从发现农民的力量，写出了《湖南农民运动考察报告》，被称为“农民运动王”，到八七会议提出著名的“枪杆子里面出政权”重要论断，进行了“上山”结交绿林朋友的实践。盯住的是基层人民，力量来自枪杆子，道路在广大的农村。毛泽东经过革命的洗礼，逐渐发现以前被人忽视，也是世俗力量的关键力量“枪杆子”和“走就一个字”的胜利的法宝，逐渐形成了以弱胜强、以少胜多的一整

套战法。三次反“围剿”的完胜，表明毛泽东完整的战略战术成形了。这些战略战术的基本原则包括：在敌强我弱的现实状况下，“诱敌深入”是红军反“围剿”的基本战略方针；运动战是反“围剿”的基本作战形式；歼灭战是反“围剿”的基本要求。它的要点是集中优势兵力，各个歼灭敌人，避强击弱，慎重初战，采取包围迂回、穿插分割的战术，制造并抓住敌军在运动中暴露出来的弱点，出其不意地发动攻击，实行战斗中的速决战。毛泽东曾说：“等到战胜敌人的第三次‘围剿’，于是全部红军作战的原则就形成了。”① 1928 年 4 月朱毛会师以后，毛泽东逐渐成为红四方面军的核心，古田会议肯定了毛泽东的建军思想。但是“富田事变”以后，特别是 1932 年 10 月苏区中央局的宁都会议，排挤了毛泽东在红军中的正确领导，使“左”倾冒险主义错误进一步贯彻执行。1933 年 10 月，蒋介石调集 100 万兵力，200 多架飞机，对革命根据地发起第五次“围剿”。在突破三道封锁线后，毛泽东、彭德怀等向中革军委建议，乘各路敌军正在调动之际，来一个回马枪，组织力量反击，以扭转战局，变被动为主动。此时，“左”倾中央领导人仍然在政治上、军事上、组织上坚持“左”倾冒险主义（后来被称为“立三路线”），推进“进攻路线”，否定了毛泽东等同志提出的在湖南中部建立根据地的主张，将红一方面军主力实行分离作战，完全否定毛泽东确立的正确的战略方针和作战原则。同时，未进行精心反“围剿”的军事准备。

在战术方面，中央“左”倾最高领导人主张“御敌于国门之外”“不丧失寸土”。在战略上则要求“全线出击”“用两个拳头打人”，抛弃了红军在建立革命根据地时期创造的“诱敌深入”“集中优势兵力，在运动战中各个歼灭敌人”等机动灵活的战略战术。“军事保守主义遭到破产以后，又转向军事逃跑主义”。第五次反“围剿”斗争遭到失败，中央红军被迫进行长征。对战事的决断犹豫，在战略转移中采取大搬家式的做法、“甬道式”的队形，造成了红军行军速度的缓慢，严重违反

① 《毛泽东选集》第 1 卷，人民出版社 1991 年版，第 204 页。

了战略行军的基本原则。如果当时的中央领导人能提出正确意见，运用灵活机动的战略策略，也许湘江战役本身就可以避免。但是由于以李德、博古等人错误的形势判断、战略指导思想的错误、大搬家式的转移、轻慢的工作作风等，导致湘江战役的巨大损失。

杨成武在为《红军过广西》的序中指出：

"这次战役，进一步暴露了'左'倾冒险主义军事路线的危害，以血的事实宣告了'左'倾冒险主义军事路线的破产。它给广大指战员以这样的启示；必须停止执行'左'倾冒险主义军事路线，才能挽救红军，才能取得长征的胜利。""毛泽东等同志的正确意见，越来越得到多数同志的赞成，这就为不久召开的黎平政治局会议作了思想准备。红军长征途经广西的光辉战斗历程，是遵义会议召开的酝酿过程中一个重要组成部分。"

湘江战役的严重损失，标志着"左"倾军事路线的失败，为毛泽东纠正"左"倾错误路线奠定了思想基础和群众基础。从士兵到将官，都看出了问题和产生了一些抱怨。第一，受到那些了解并尊重实际情况的将士的指责。"眼前的景象为一个八人抬的大轿子"（刘伯承）。"这样抬着棺材走路，哪像个打仗的样子？"（彭德怀）。杨尚昆回忆道："这一带是湘桂边境的九嶷山区，重峦叠嶂，山道崎岖。部队掩护着包袱沉重的中央纵队，行动更加困难。五天的行程，竟走了十一天，部队拖得精疲力竭。彭总非常担忧和恼火。他对我说：'尚昆，我们要扭转被动的局面，不能光挨打，不打仗啊！要按过去毛主席领导反'围剿'的办法。机动作战。"第二，反思冒险主义军事路线的危害，认识到以毛泽东为代表的军事路线的正确，提高了马克思主义军事理论水平。聂荣臻指出："这次过湘江，进一步暴露了教条宗派集团在政治上和军事指挥上的逃跑主义，促使人们从根本上考虑党的路线问题，领导问题。"第三，让人进行湘江战役的战法与灵活机动战法的对比。杨尚昆回忆道："湘江一战，红军折兵5万，似乎已濒临绝境。面对这样惨痛的事实，全军上下自然会同前四次反'围剿'的情况对比，那时，红军一直能以少胜多，苏区面积不断扩大。而第五次反‘围剿’以来，正如彭总所说‘没有打过一次好仗’，大家对博古、李德的指挥已由怀疑、不满到完全失去信任，逐渐觉悟到这是他们排斥毛主席的领导、推行错误的战略战术的结果。”

二、湘江战役与毛泽东积极防御军事思想的确立

湘江战役后，特别是遵义会议的召开，毛泽东逐渐显示了其战略家和军事家的雄才大略，展示了其非凡的政治勇气和远见卓识，创造性地把马克思主义普遍原理与中国革命实际相结合，提出了正确主张，逐步确立和巩固了毛泽东在党和红军中的领导地位。首先，湘江之战促使中央红军战略战术的逐步改变，进而改变红军的行军路线。如通道会议毛泽东主张改变“进军路线”，转兵贵州，“这次他不仅得到了洛甫和王稼祥的支持，而且还得到了当时就准备转向，中央三人小组一边的周恩来的支持。因此毛的建议被通过了”。这为黎平会议转变红军的行军路线奠定了基础。而猴场会议为遵义会议的召开扫除了障碍。

实力是最大的真理。革命不是必然要成功，相反充满着坎坷，如怒海行舟，稍有不慎，就会葬送革命。1934 年 1 月，毛泽东被选为中共中央政治局委员，他的政治地位看上去上升了，但仍然处于被排挤的状态。博古等人的仗越打越臭，指挥和人事的调度无方，毛泽东知道局势正在失控。1934 年 3 月，毛泽东被排挤出了领导集团，在会昌“养病”，写下了《清平乐·会昌》：

东方欲晓，莫道君行早。踏遍青山人未老，风景这边独好。会昌城外高峰，颠连直接东溟。战士指看南粤，更加郁郁葱葱。

作者自注：“1934 年，形势危急，准备长征，心情又是郁闷的。这一首《清平乐》，如前面那首《菩萨蛮》，表露了同一心境。”我们从诗中看到，毛泽东在寻找一个力量，寻找一个希望。败象已露，失败就在眼前，毛泽东需要为红军找一条后路。

变被动为主动，本是毛泽东的拿手好戏。但湘江战役没有按照毛泽

东的军事思路走。相反，湘江战役中，红军大部分遭到敌人优势兵力的夹击，造成血染湘江。红军从毛泽东建军以来就是吃小亏占大便宜，从来没有这样的重大损失。数万烈士的血化成一股怨气，凝结在天，变成了一个大大的问号，谁为这场战争的失败负责。

湘江之战的惨败和血的教训，对红军产生了极大的震撼，才彻底使人们清醒地认识到“左”倾冒险主义的危害，必须改变行军路线，改变战略战术。这为确定毛泽东在党中央和红军中的领导地位的遵义会议召开奠定了思想基础，红军过广西也成为遵义会议酝酿阶段的重要组成部分。湘江战役以后，对湘江战役反思和对“左”倾冒险主义清算逐渐成为通道会议和黎平会议的主流，成为思想解放的导火索，部分核心人物转而支持毛泽东，动摇了博古、李德“左”倾领导的根基。石仲泉指出：“‘祸兮福所倚’，经过湘江之战，历史的辩证法发生了作用。它为中国共产党历史上发生第一次伟大转折提供了契机。”这也直接促进了在中国共产党历史上具有里程碑意义的遵义会议的召开。湘江战役所引发的对于军事路线的争论，成为中央红军必须要解决的问题。

领袖的必要课，必须用正确证明实力，把死棋变活棋。毛泽东杰出的军事艺术才能，加上这时候他已经是政治局委员，并且在苏区时候他已经是政府元首，让大家接受毛泽东为首领并不是什么难事。1943 年，周恩来曾指出：“过了湘江后，毛主席提出要讨论失败问题，从老山界一直争论到黎平……”聂荣臻指出：“黎平会议虽然开始转变了我军战略方向，不再往敌人口袋里钻了，但领导问题不解决，我军就难以彻底地由被动变主动。这不只是我个人思考的问题，也是当时广大红军指战员思考的问题。这些问题已经提到中国革命的议事日程了。”

毛泽东在长征出走的伊始，就申请和王稼祥、张闻天同行。而由于同是生病，毛泽东和王稼祥、张闻天经常聊天，创造了边走边交流的绝好良机，史称“担架上的阴谋”，为毛泽东重新获得认可创造了契机。张闻天回忆道：“王稼祥同志提出，应该让毛泽东同志出来领导。我说我完全赞同，我也有这个想法。而这个问题，势必要在一次高级会议上才能解决”。伍修权回忆道：“促成遵义会议的召开，起第一位作用的是王稼祥同志。”王稼祥的夫人朱仲丽也回忆说：“当时王稼祥曾为作战指挥上的问题，和李德发生过多次争执，他忧虑地对毛主席说，这样下去红军就不行了！……到遵义需要开个会，总结一下党的军事路线。”遵义会议后，中央红军重新焕发了生机，采用灵活机动的战略战术，跳出了国民党军的围追堵截，最终取得了长征的胜利。

1935 年 12 月，毛泽东在《关于军事战略问题的决议》中论证了进攻与防御的辩证关系，创立了积极防御理论。《毛泽东选集》和《毛泽东军事文集》注释指出：“这是第二次国内革命战争时期党内在军事问题上的一场大争论的结果，是表示一个路线反对另一个路线的意见。对于这个路线上的争论，1935 年 1 月中共中央召开的遵义会议作出了结论，肯定了毛泽东的意见，而否定了错误路线的意见。”此后，不论抗日战争时期提出的持久战理论、人民战争理论和游击战争的新发展，还是解放战争时期的由以游击战为主向以运动战为主的战略转变的理论的提出与实践，人民战争思想及其战略战术的新发展等，这一具有中国特色的无产阶级军事科学理论体系，为中国特色革命道路的开辟，对夺取新民主主义革命的伟大胜利，开辟中国历史的新纪元具有十分重要的意义。

大挫折造就大变革，苦难铸就辉煌。我们已经习惯回顾胜利和光荣。只满足于歌舞升平，中国永远出不了孙中山、毛泽东。那一代普遍追求真理的中国人的最可贵之处，在于创伤中寻找富强中国之路。通过对湘江战役的反思和红军过广西的反思实践，特别是经过长征的洗礼，为总结历史教训，为重新确立毛泽东军事思想路线提供了契机，这对毛泽东的军事思想从“枪杆子里面出政权”“上山”军事理论到“积极防御”军事理论的转变提供了实践基础，对中国共产党军事思想现代化和对中国特色革命道路的最终形成具有十分重要的促进作用。

（刘绍卫，中共广西区委党史办征研一处处长，研究员）

湘江战役中红军凭什么精神绝处逢生

为什么说湘江战役是胜仗？理由是，我们评价一个战役的胜败不是以伤亡比例作为唯一评价标准的，比如抗日战争的胜利，中日伤亡比例是5∶1，但是最终定性为抗战胜利。那么评价一个战役胜败的主要标准是什么呢？那就是作战双方的战略意图是否实现。蒋介石制订消灭红军的五路追剿计划："北边何键，南边白崇禧、陈济棠，后面周浑元、薛岳，一共 26 个师，30 万大军，以湘江为天堑，趁敌人半渡而击，对共匪，务必全歼于湘、漓二水以东地域。"事实证明蒋介石的战略意图最终失败了。

中央红军的作战意图是："中央红军 12 个野战师，分左右前后行军，主要意图是掩护在五大军团中间的中央一纵、二纵队顺利渡过湘江。"事实证明湘江战役后中央一纵、二纵队顺利安全地从兴安界首渡口渡过湘江，取得了湘江战役的作战主要意图的实现。

那么，中央纵队只要过了湘江就是胜利，他们凭什么能够胜利渡过界首渡口？

一次战役，战前必定进行战斗动员，兵法有云："知己知彼，百战不殆。"动员就是有针对性地对敌人的优势和自身的缺点进行思想工作，让自身优点发扬，克服缺点以战胜敌人，而这优点和要克服困难的做法就是这次战役的精神所在；另外一个就是战役过程表现出的英雄事迹最能反映出湘江战役取胜的精神。还有湘江战役敌我双方给各自部队与各自首长往来的电令，也是最能看出战斗精神的所在之处。下面先看红军的战前动员令。

动员令：1934 年 11 月 25 日，党中央及总政治部关于进行新的战役，突破敌人第四道封锁线的政治动员令内容：（1）我野战军即将进行新的、最复杂的战役，要在敌优势兵力及其部分的完成其阻我西渡的部署条件下，来突破敌人第四道封锁，并渡过湘江。此战役须经过粮食较缺乏之二个大岭脉，并要克服二条河道与开阔地带及部分的敌人堡垒，野战军应粉碎前进路上敌人之抵抗与击溃向我翼侧进攻及尾追之敌，任务是复杂与艰巨的，由于敌我部队质量之悬殊，我工农红军之顽强坚决、忍苦耐劳，可断定胜利是属于我们的。（2）为着胜利地进行这次战役，要求野战军全部人员最英勇坚决而不顾一切的行动。进攻部队应最坚决果断地粉碎前进路上一切的抵抗，并征服一切天然的和敌人设置的障碍，掩护部队应不顾一切阻止及部分的扑灭尾追之敌；各兵团不断地注意自己翼侧之安全。（3）对每一个指战员，要求明确地执行放在面前的战斗任务，与友军切实地协同作战……，指挥员应牢记：争取战斗的胜利，不仅依靠个人之勇敢，而首先是正确地指挥部队。（4）政治工作人员应以不疲倦的政治宣传与鼓动及个人的模范，克服战斗员中之疲倦落伍与各种动摇，应与指挥员一起征服为完成胜利任务上之一切客观困难，并高度地提高全体红色军人的战斗精神、顽强抗战及其坚决性。我野战军的基本口号应该是不仅安全地不受损害地通过封锁线，且须击溃及消灭所遇之敌军……党中央及总政治部（原件存中央档案馆）。

我们结合动员令和战役中的英雄事迹以及电文，不难看出红军取胜的几个重要精神，笔者按重要性一一加以论述。

一、具有坚决执行中央命令、团结协作的精神是红军取得湘江战役胜利的主要原因之一

（一）表现在五个军团坚决执行军委命令，各司其职

朱德关于向全州、兴安西北之黄山地域进军的作战命令（1934 年 11 月 25 日 17 分）：A. 我进攻部队（一军团主力及三、八军团）应迅速连续地占领营山山脉之各口隘路，并于全州、兴安之间渡过湘江。在此种决心下，应迅速坚决消灭敌之第一、第二路军及与我接触之桂军部队。B. 掩护部队（一军团一个师及五、九军团）应连续于潇水及营山

诸隘口阻止敌第三、第四、第五路军前进。

事实证明五大军团团结一致为掩护中央军委一纵、二纵队坚决按照中央的电令行动，尽管毛泽东、彭德怀等在湖南道县对中央的决定提出了自己的建议："沿潇水北上，打破敌人部署。"没被采纳，但是中央的决定和命令，所有军团包括彭德怀还是坚决认真地执行了的。

（二）表现在各军团之间的互相协作精神

1934 年 11 月 30 日 1 时电文：第四师（三军团）在彭（彭德怀）、杨（杨尚昆）赶到以前由林（一军团林彪）、聂（聂荣臻）指挥。

后卫五军团三十四师为掩护八、九军团入关而自身错过最佳时间过江，像这样的协作在湘江战役中比比皆是，这里不一一枚举。

团结精神就是先贤孟子所说的"人和"。孟子哲学名言："天时不如地利，地利不如人和。"国民党军队恰恰最缺的就是"人和"，缺这种以大局为重的团结精神，这也是他们失败的主要原因。

与红军相反的首先是国民党军队互相猜疑利用、离心离德，先失人和。

王建平（平乐人，与白崇禧为保定同期同学）时任蒋军中央参与机要，密电白崇禧的电文称："蒋介石采取政学头目杨永泰一举除三害的毒计，即红军由龙湖关窜平乐……进入广东，预计两广兵力不足应付，自不能抗拒蒋军的大举进入，如此则一举而三害俱除，消灭蒋的心腹大患。"

为何说两广军阀是蒋的心腹大患呢？蒋介石一生中有三次下野，其中两次与两广军阀有直接关系，广西处于半独立状态，与国民党中央对立。蒋介石肯定欲除之而后快。

蒋介石的高参杨永泰给蒋出的"一举除三害"之计让各军离心离德，先失去"人和"，各路军互相猜疑。

国民党 1934 年 11 月中旬基本判明红军突围的路线，他们以逸待劳，可谓占尽"天时"；沿途布置一道道封锁线，尤其是 11 月 20 日后的湘江封锁线，可谓占尽"地利"。然而国民党恰恰是失去最为重要的一个条件，就是“人和”。“一举除三害”的计谋可谓毒辣高明，利用红军与桂军粤军死拼，既消灭红军又可消耗异己势力。但是这个计划被白崇禧的同学王建平知晓。

又见1934年12月2日13—15时，桂白致何辨难冬未电：何总司令芸樵兄、刘司令恢先兄：俭、艳两日各电均获悉。……迟至本日午刻，尚在界首附近攻敌，亦有事实证明，“闭城不出”，不知从何得来，兄如不信请派机来察，或询问友军，当弟言不谬。从电文不难看出桂军与湘军之间的互相猜疑。

中央军周浑元、薛岳部紧跟红军其后，他们不袭击红军，与红军保持两天行程，白崇禧得到同学密电后让侦察飞机探知：中央军在架枪晒太阳。当然他们主要任务是追而不击，利用红军与桂军、粤军大战后收拾残局，坐收渔利而已。

再次，国民党失“人和”，进而“天时、地利”的优势发生逆转。

白崇禧跟粤军军阀陈济棠得知蒋介石的毒辣计划，各自为保存实力，陈济棠在红军过一、二封锁线时与红军达成秘密协定，放红军过境。白崇禧为自保，则采取“不拦头，不斩腰，只击尾”的作战策略，借红军第八、九军团佯攻桂林而将湘江百来公里湘江防线重兵移师恭城，湘江防线南面大门一扇虚掩。

追剿军刘司令建绪感戌电（1934年11月27日）：“据报，全州以上，无兵守河，匪两万余人，感晨窜抵文市，……，桂军主力在灌阳新圩，一部在兴安北之光华铺、唐家司一带，全城仅驻兵两营。”

桂省空军飞机侦察报告（摘录）：“桂军养日以匪窜贺、富。将其兴、全主力南移恭城，所移防务，电请我军（湘军）填接，由刘司令建绪亲率，星夜南移并于十一月廿七日赶到全州，而匪之先头，已于二十六、七等日在兴安界首架设浮桥。”

从电文和事实看，蒋介石军队的“天时、地利”优势发生逆转。让林彪第一军团一部、彭德怀的第三军团一部顺利占据湘江沿线60多公里生命通道。保证了红军，尤其是中央一纵、二纵队能从湘江界首渡口过江。

蒋介石的几大集团军，各怀鬼胎，刚才说的白、陈二位自不用说，就是蒋介石的铁杆跟随者追剿总司令湖南军阀何键也有自己的打算，他把重兵设在湘桂边界黄沙河沿线，防止红军进入湖南与贺龙、萧克的红六军团会合。

红军 12 个野战师紧紧围绕中央两个纵队浴血奋战，三大阻击战是生命通道的三个支撑点，任何一个支点过早崩溃都将导致湘江战役彻底失败。脚山铺阻击战是敌我双方投入兵力最多最惨烈的战斗，团长易荡平战死，杨成武受重伤，林彪军团长几乎成为敌人的俘虏。光华铺阻击战，第四师十团两任团长为保证第二天中央纵队从界首渡口过江，在 11 月 29 日深夜保护渡口战中相继牺牲。第八、九军团做佯攻后，绕道江华江永，因入关受阻，折回雷口关进关耽搁一天时间，晚到湘江凤凰嘴渡口，12 月 1 日，国民党各路军冲着凤凰嘴渡口而来，第八、九军团强行渡江，损失惨重，第八军团只有不足千人过江，第九军团只剩 3000 多人。后卫 34 师为接应第八、九军团入关损失殆尽。六师十八团后卫，全团在新圩阵亡。尽管红军的一些领导对李德、博古的领导有意见，但是在执行中央命令时，却不退却。红军 12 个野战师为掩护中央过江，团结协作为中央纵队杀出一条生命安全通道。

当然，在红军长征前夕，萧克西征探路，第七军团与第十军团会合北上，造成声东击西的态势，最后第七、十军团几乎损失殆尽，也是为整个中央西征布局而团结协作。

总之，湘江战役红军胜利的主要原因在“人和”，而敌人就输在“人不和”，以及失去“人和”后进而失去得湘江的“地利”。

“人和”换成我们现在的时代精神，就是以大局为重的大局意识，紧密团结在党中央周围的核心意识。红军凭借什么能够在湘江战役中绝处逢生，就是这种以大局为重的大局意识，紧密团结在党中央周围的核心意识，以及红军几大军团紧密配合，团结协作以及不畏牺牲的精神。蒋介石集团缺少的正是这种意识和精神。国民党从中央到地方都互相猜疑利用，军团间各自为政，各求自保，贪生怕死，不以大局为重，从而失去“人和”，这也应了那句得民心者得天下的古话。

二、具有顽强坚决、忍苦耐劳的精神是红军湘江战役取胜的另一个原因

从红军的动员令第一条可以看出，红军与敌军力量悬殊，靠什么取胜？就是顽强坚决、忍苦耐劳的精神。红军在 1934 年 11 月 27 日至 12 月 6 日的整个湘江战役中，表现出的正是动员令中所要求的精神，一军团与敌人血战三天三夜，顽强坚决地抵住刘建绪数倍于己的敌人进攻。彭德怀的三军团在灌阳、兴安一线血战几昼夜，苦等中央纵队过江。红十团两任团长先后牺牲，红军战士顽强坚决，光华铺、界首渡口牢牢掌握在红军之手，保证中央纵队安全渡过湘江，保证作战主要意图实现。

又如：“即十一月三十日凌晨，我一师师长李聚奎、代政委赖传珠才率部队刚刚赶到，部队非常疲劳，队伍一停下，有些战士站在那里就睡着了。但军情紧急，立即紧急动员，仓促调整部署，进入阵地。”红军战士极度疲劳，但是仍然坚持下来，就是凭借这种忍苦耐劳的精神，最后取得战役胜利。

三、英勇坚决，不畏牺牲，勇于突破、勇于牺牲、勇于胜利的精神是红军湘江战役取胜的第三个原因

12 月 1 日凌晨 3 时 30 分，周恩来以中央局、中革军委、总政治部的名义给全军起草电报：“……我们不为胜利者，即为战败者……胜负关全局……望高举着红旗向着火线上去”。从电文可以看出，当时是湘江战役最为危急的时刻，当时中央纵队虽然过江，但是五个军团十二个野战师，还有八个在江东。这是红军的主要战斗力量，从电文话外可以体会得到，12 月 1 日需要的就是红军英勇坚决、勇于突破、不畏牺牲、勇于胜利的精神。这正是红军湘江战役取胜的第三个原因。

红军表现最为英勇的是六师十八团，担任三军团后卫，全团壮烈

牺牲。

(1934 年 12 月 1 日 5 时)：“万万火急，陈（陈树湘）、陈（陈翠林）：……，在这种情况下，应最坚决的作战，直至最后的一个战斗员止。朱德”（原件存中央档案馆）。

后卫三十四师全师损失殆尽，陈树湘实现他生前的“为苏维埃新中国流尽最后一滴血”的誓言。

而与红军相对的蒋介石集团军队在湘江战役中关键部将表现为离心离德、好大喜功、贪生怕死。

1934 年 12 月 2 日 19—21 时四集团白副总司令崇禧致电广州冬电：“该匪残余不过五六万人。现我军以第（十）五军为第一追击队，第七军为第二追击队，协同友军尾匪穷追。经我军击毙之匪，在兴安一带将近万数。我军伤亡官兵百数十员名。俘匪二千余名。投诚者有原属李明瑞部之桂籍五百余名。……，听候电示。崇禧冬戌行。”（《共匪西窜记》），从电文可知白崇禧有夸大战功的事实。

白崇禧还让自己的士兵穿上红军服装与俘虏的几百红军拍成电影《七千俘虏》向上峰请赏。白崇禧为保存自己的实力，与国民党中央离心离德，贪生怕死，也只是尾追红军，不敢与红军硬碰硬。其他几个军团也有类似情况。

总之，湘江战役中红军凭借着超乎常人的精神实现了作战意图，取得战略意义的胜利。

（唐中立，中共兴安县委党校讲师）

湘江战役中与兴安县密切相关的几个问题

兴安县是两次改写中国历史的神奇之地。近年来，随着文化的复兴与信仰教育的兴起，作为拥有深厚传统文化与红色文化资源的兴安县，无疑已成为全国为数不多的几个红色文化重点与爱国主义教育基地之一。为继承发扬红军湘江战役的战斗精神，并传承红军基因，适应日益兴起的寻根访学之旅，准确还原历史的真相和匡正一些文化的认知，我们有必要对涉及或发生在桂北大地，特别是发生在兴安境内的一些红色事件及其意义，作一个深入的宣导与解读。

一、关于红军突破湘江的历史定位与胜利的必然性问题

红军长征是在第四、五次反“围剿”时期，由于中共临时中央博古等负责人执行错误的反“围剿”战略，导致红军战事失利，最后不得不为保存革命力量而进行的战略大转移。当时，中共中央、中革军委、红军总政治部在所发的指示和命令中，并没有把这次行动称为“长征”，而是称为“突围”“反攻”“西进”等。1934 年 11 月，中共驻共产国际代表团团长王明，在莫斯科向苏联外国工人出版社中国部全体工作人员作报告时，把红七军团北上和红六军团西征称为“长征”，这是目前所知最早的“长征”概念。也就是说，在红军突破湘江的同时，长征这一概念才正式成为热词，进入世界的视野。在此过程中，蒋介石为达到消灭红军的目的，在中央红军西进的路线上布置了 4 道封锁线，策划了 4 次战役，以期将中央红军最终歼灭于湘江以东的湘江地带。这是国民党军队精心设计、妄图扼杀红军于第四道封锁线的罪恶计划。所以，红军突破湘江，冲出重围，可谓是中国革命的生死存亡之战。突破湘江，是红军战略上的伟大胜利，尽管此次战役损失惨重，战术存在不足，但它

在中国革命史上是被称作“长征”的一个起点或节点，也是中国革命新的出发点。可以说，在某种程度上，正是湘江战役的惨痛教训，促使红军对五次“围剿”以来的战略及最高领导层进行反思，并成为遵义转折的直接原因。因此，其地位，应当得到肯定。

红军突破湘江，打破蒋介石的罪恶计划，有其历史的必然性。其中并非像一些学者所说的那样，是桂军“放水”，才侥幸得以成功突围，取得战略主动的。至于坊间所传李宗仁和白崇禧在对待红军过境的态度上，手心写字，互相亮出“送客”“开门”的桥段，不过是演义小说的虚构而已。红军之所以取得突破湘江的胜利，完全是红军战士浴血奋战、拼搏牺牲的结果。更是有赖红三十四师那种为了服从大局，解救战友，完成阻击任务，往复冲杀，接应和保障滞留东岸兄弟部队的成功突围，最后全师将士壮烈罹难的牺牲精神、大局精神、忘我精神的壮举所成就。所以，红军突破湘江的胜利，不是偶然的，它是红军将士践行信仰、严守纪律、无畏牺牲、忘我奉献、团结奋斗的担当精神和坚定执行力的高度体现，也是革命英雄主义和集体主义的生动演绎，故而功昭后代，名垂青史。

二、关于中央红军跨越老山界地名归属问题

中央红军突破湘江之后，随即进入越城岭地界。中央红军也一并西行到兴安华江。在此，他们分三路翻越老山界，然后走塘垌到龙胜经通道和黎平转遵义渡赤水，过草地翻雪山出彝区辗转抵达陕北，一路可谓艰险备尝。其间，因由陆定一所写的《老山界》回忆录，引起沿途省区对老山界地名的争相抢注。他们都想把陆定一所描绘的、中央红军经过的老山界认定在本地。然而，在红军长征经过的线路上，也确实存在不止一处与老山界同名的地方，即如湖南某地便有。对此，如何确定陆定一笔下的中央红军经过的老山界是兴安而非别地，当年兴安县党史办的一位负责人去北京面请曾经担任过国家宣传部、文化部部长、副总理、全国政协副主席的陆定一为兴安老山界题词时，陆老曾对他所经过的老

山界作了专门说明。即中央纵队经过的老山界，必须满足三个条件，一是土名叫作老山界；二是经过一个叫雷公岩的地方；三是雷公岩山下有个村子叫塘坊边。所以，当陆老在写好老山界题词并落款之后，为强调以上地点，他又在题词的左边，题写了“雷公岩”三个字。这样一来，陆老的题词就成为两边题词、中间落款的独特样式，这应当是在所有题词中极为罕见的。后来，湖南城步县政府办曾于1983年4月5日给陆老去信，述说城步老山界并请题词。为此，陆老当即回信，全文如下：

城步县政府办公室：

1983，4，5日信悉。

地图上只有“越城岭”，没有“老山界”。老山界是土名。

很可能就是来信所说的地方（城步与龙胜交界）。但属于何县，我不知道。

你们如要继续查清，①可查山上有无“雷公岩”，②下山后的地方是否“塘坊边”。如果有，就对了。

敬礼

陆定一

1983.4.19

所以，在湖南某地出现的陆定一的题词，字体签名也是陆老的亲笔，那是因为相关地方在延请陆老题词时，应当是从陆老的回信中抠出有关字词合成题名所致。故此，对相关细节，有必要予以指正，以正视听。因为在红军长征的万里征途上，各地以老山界或新山界命名的地方或许不止一处。而同时拥有雷公岩、塘坊边、老山界地名的，仅有兴安华江。事实上，当年的塘坊边村与雷公岩同属兴安地界，而且是两个地方，两者相距10多里。由于塘坊边村过于偏远，在土改时，该村已经全部搬迁到现今华江所属同仁村的桐子坪了，过去的塘坊边就是现在的同仁村委所在地，因此，对这一历史变迁，亦须予以特别说明。

三、关于党的民族政策最初的形成和实践问题

党的民族政策的成功实践，是中国革命之所以取得胜利的重要保

障。而党的民族政策的发端与形成，与红军长征进入本地区的兴安和龙胜紧密相关。众所周知，在红军进入广西之前，为做好即将进入少数民族地区的政策导向，红军总政治部于 1934 年 11 月 19 日在湖南蓝山发布了长征以来第一个有关民族工作的纲领性文件，即《关于争取少数民族工作的指示》，文件要求部队严格执行群众纪律，自觉尊重少数民族的风俗习惯，反对大汉族思想，严禁任何侵扰少数民族的行为，积极争取少数民族加入红军。在湘江战役迎来生死关头的 11 月 29 日，也就是继蓝山指示发布 10 天之后，红军总政治部又向全军发布了《中国工农红军政治部关于苗瑶民族工作中工作原则的指示》。同日，还发布了《对苗瑶民的口号》的指令，从而进一步强调做好少数民族工作的重要性。以上两个指示，对以后红军通过少数民族地区发挥了重要的指导作用。而最早执行这两个文件，或者说，最早践行中央这两个少数民族政策的首发地，就在桂北的兴安和龙胜。而红军在湘江战役期间颁发的两个民族政策的文件，一直成为红军长征途中与少数民族处理民族关系的指针。所以，党的民族政策自 1931 年 11 月在中华工农兵苏维埃第一次全国代表大会通过《中国境内少数民族决议案》，正式确定民族政策的原则和方针以来，真正最先付诸实践，就在兴安和龙胜。因红军越过老山界后在龙胜有过短暂的休整，对少数民族有过政策的交往，所以，有人提出龙胜是党的民族政策的践行地，这当有其所据。而这一政策在兴安得以最早制定与实施，也无可否认。对此，我们从红军在湘江战斗正酣的 11 月 29 日接连发布的两个有关少数民族政策的文件，以及陆定一《老山界》一文中作者同瑶家大嫂的对话中，不难得到相关的答案。

以上是发生在兴安土地上与红军长征密切相关的几个问题。而准确还原并揭示这段曾经发生在兴安的相关历史，是我们史学工作者的责任。因为它对我们认识兴安，认识兴安的红色文化，甚至认识中国革命，都有特殊的意义。

（唐基苏，《中共桂林市委党校学报》编审）

中国工农红军具体民族政策发祥地之我见

党的十九大报告指出，党的初心与使命是“为中国人民谋幸福，为中华民族谋复兴”。人民群众利益至上是中国共产党的根本立场，实现中华民族伟大复兴是中国共产党团结全国各族人民不懈奋斗的目标。中国共产党自成立之日起，就把谋全民族的福祉作为自己的初心和使命。中国少数民族是指生活在中国境内的少数民族。由于汉族是中国第一大种群，其他民族人口比较少，习惯上被称为少数民族，是中华民族大家庭的组成部分。

中国自古以来就是一个统一的多民族国家。各民族分布的特点是：大散居、小聚居、交错杂居。汉族地区有少数民族聚居，少数民族地区有汉族居住。这种分布格局是长期历史发展过程中各民族间相互交往、流动而形成的。旧中国时由于历史条件，地理环境的原因和旧中国实行民族压迫、民族歧视的政策，少数民族的社会经济发展一般比较落后。代表最广大人民利益的中国共产党，坚持民族平等，历来非常重视少数民族的工作，一直把争取少数民族同胞看作影响中国革命胜利的重要一环。

瑶族居民散居在湖南、贵州、广西、云南和东南亚等地。瑶族虽然和汉族杂居，在历史上深受汉族歧视，加之汉瑶经济状况发展之不平等和瑶族封建土司和汉族政府的多重盘剥，瑶族生活十分困难。1931 年开始，在桂北一带，受革命影响，不堪国民党当局压迫的瑶族群众频频举事，发动起义。1933 年 1 月 31 日，桐木江瑶民凤福山等人利用瑶民觐见瑶王及打醮（瑶族仪式）之期，聚集 2 万多瑶民暴动。此次暴动迅速得到龙胜、灌阳、兴安、全州和湖南永明、江华、道州等地瑶民的相应，声势浩大。兴安县城的对外交通被切断，灌阳、全州县城受到攻击，龙胜暴动瑶民在县城外仅 5 华里的地方扎下营寨，准备攻城。其他如灵川、象州、荔浦等地的瑶民也奔走相告，发动起义，强盛时的队伍达到数万人，曾经包围了灌阳县县城，波及广西的全州、兴安、龙胜、义宁、三江、永福、阳朔、平乐、荔浦、蒙山和湖南省的江永、江华等县。但由于政治上的局限性和组织领导、武器装备等诸多限制，瑶民起义坚持 47 天，最终被国民党反动派残暴镇压而失败。但是反抗的火种一直没有熄灭，红军三过灌阳，很多瑶民为红军带路，提供情报和粮草食物，很多瑶苗青年还参加了红军。

为何中国共产党第一个针对具体民族的政策，能在 1934 年中央红军行军途中，在灌阳文市镇出台，是有其具体原因的。

一、产生的理论基础

红军长征以前，中国共产党的民族政策中关于民族风俗的政策是相对粗略的。1922 年 7 月，党的二大宣言中提出了各民族的解放斗争是全国人民的解放斗争中不可分割的一部分，并指出内蒙古、西藏、新疆等地区的少数民族是革命动力的重要组成部分。我党在处理民族问题上坚持了民族平等这一马克思主义的根本原则，发布了一系列的指示和决议，赢得了少数民族赞同。1929 年 6 月 25 日，《中共六届二中全会讨论组织问题结论》第一次提到了民族风俗的问题，指出："少数民族问题，确是一个很重要的问题"，"各地党部应特别注意调查他们的生活状况及风俗习惯，以供给党关于少数民族策略决定的材料"，首次将了解掌握民族风俗习惯作为党制定民族政策不可缺少的重要部分。1930 年 11 月 5 日，《中共中央关于内蒙工作计划大纲》中谈到政纲问题时，首先分析了内蒙古这个区域的情况，指出："它的社会经济还停留在游牧时代，它的政治组织完全是封建制度（王公制），它的语言文字、风俗习惯都是特殊的。"在这里把民族风俗习惯情况也作为制定政纲的依据之一。1931 年 11 月，中华苏维埃第一次全国人民代表大会通过了《中华苏维埃共和国宪法大纲》和《关于中国境内少数民族问题的决议案》，以国家根本法的形式宣布了在苏维埃法律面前各民族一律平等，对少数民族不能加以限制、歧视，消灭民族间的仇视与成见，使用和发展本民族语言文字等。在苏维埃时期，在民族平等的原则下，各民族的风俗习惯得到尊重。这一时期党和人民武装活动的范围主要在汉族地区。但党在少数民族地区开展了革命斗争和武装斗争的民族政策的制定和贯彻执行有了自己的理论基础和依据。

二、现实的必然要求

红军在长征时期，面临的情况与以往有很大变化。首先，接触少数民族和民族问题越来越多，活动的主要区域将会在少数民族地区，党中央的领导同志和绝大多数红军指战员对民族问题并不熟悉，许多人甚至是平生初次接触少数民族，党基本谈不上有解决和处理民族问题的成功经验，一切工作都需要一边摸索一边总结经验再进一步开展，政策的制定有客观的要求。其次，历史上长期以来形成的民族隔阂和民族偏见不但广泛存在于各民族群众之中，也不同程度地存在于红军官兵思想深处。对民族知识的缺乏和民族地区情况的了解更是不能令人满意，这就需要制定政策进行指导，统一思想，提高认识。再次，国民党反对派和各地敌对的地方势力对中国共产党和红军队伍大肆造谣、诬蔑、诽谤，加深了各民族群众对党和红军的误解，使不少群众视红军为洪水猛兽，唯恐避不及。开展广泛积极的宣传教育，转变群众认识，势在必行。最后，制定和贯彻执行党的正确的民族政策与方针，尊重、爱护少数民族，才能得到了少数民族的拥护和大力支持。正是依靠少数民族人民的支援和帮助，红军才取得长征的伟大胜利。

三、特定机缘巧合

据老红军彭加伦（又名彭嘉伦，1906 年生，江西奉新人，1925 年参加工农运动。同年 10 月加入中国共产党。1927 年入国民党军从事兵运工作。1929 年组织国民党军 2 个营起义，参加红军。曾任赣南红军第八、九纵队政治委员，红二十二军军委秘书长、特务团政治委员，第六十四师师委秘书长兼肃反委员会主任，红十二军政治部宣传部部长、组织部部长，红一军团第一师政治部宣传科科长。参加了中央苏区历次反“围剿”斗争和中央红军长征。）早年发表的文章记载：1934 年 11 月下旬中央红军长征到达文市时，总政治部驻扎在文市镇玉溪村祠堂，28 日，红军总政治部来了一个在红军战士们看来穿着非常奇特的人（据查：此人系 1934 年“桂北瑶民起义大总统”凤福山派去联系红军一起反对民族压迫的特使凤永大），这人来到接待处，一进门就深深作了个揖，看到小通信员倒茶，连声喊“红军大人”，神情非常恭敬，坐下喝茶以后，他开始向接待他的红军领导说明来意：“听说红军大人来打富济贫，替天说道，我们瑶家兄弟非常喜欢，我们瑶王让我送一道公文来，愿同你们联合，你们是红家，我们也是红家，大家都是一家人。”说完掏出一封黄纸朱字的信，信上开头一行大字是“奉天承运瑶王致红军兄弟”。下面的内容，大概是说时代不好，奸贼当道，百姓遭劫，十二姓瑶家受尽了汉官、财主的压迫，请求红军帮助解救我们，文字是汉文，词句多土话，后面还有许多符咒。接待处同志按照群众来访的相关规定热情招待了这个瑶民，请他吃了一顿饭，并写了一封回信，表示红军愿意和他们联合，还送了一担粮食和衣服给他，临走，这个瑶民又作了无数个揖。当这件事上报后，引起了党中央的高度关注。政治部主任王稼祥和代主任李富春为此专门组织召开了相关会议，认为红军已经进入少数民族聚居区，针对红军战士对民族问题的极端重要性以及我党民族政策的严肃性知之甚少的情况，讨论并拟定了《关于瑶苗民族中工作的原则指示》，向全军发布了《对瑶苗族民的口号》十三条，提出：“实行民族平等，在经济上、政治上苗人与汉人有同样的权利！”“苗族与汉族的工农起来共同扫平国民党军阀统治！”“反对苗汉民族的对立，只有苗族与汉族的工农一体，同心打倒共同的敌人，苗族才能得到彻底的解放！”“共产党是主张民族平等，民族自决，解放弱小民族的！”中央红军进入贵州之后，大力宣传“政治上、经济上苗人、侗人与汉人有同样的权利”，“反对国民党压迫与屠杀苗、瑶等弱小民族”等政策。提出红军的基本主张是反对一切汉族的压迫与剥削，汉民与瑶、苗民一律平等，给瑶、苗民彻底的民族自决权。并于第二天在《红星报》上刊登，该指示成为我党民族政策的重要蓝本，还是第一个针对具体民族（苗、瑶）的政策文件。理所当然，玉溪村因此成为中国共产党民族政策的发祥地之一永载史册！

指示分析了瑶族、苗族的特点，阐述了党和红军对瑶苗等少数民族的基本主张和政策，提出了对苗瑶民族的口号。指出：瑶民苗民等是散布在桂、黔、湘西、云南等省的弱小民族，总人口不下千万。他们历来就受着汉族军阀、官僚地主商人、财富者的民族压迫和剥削，这促成了他们对于汉族的民族的仇恨与他们内部的团结。党对瑶苗民的政策是反对一切汉族的压迫与剥削，主张民族平等，瑶民的事由瑶民自己去决定，在精神上与物质上给他们以实际的帮助，争取瑶民弱小民族对于苏维埃与红军的同情拥护与反对帝国主义国民党的协同动作。指示指出，在反对汉族军阀官僚财富者的民族压迫方面，这些瑶民的上层阶层显然还带有革命的作用，广西等省内广大的瑶民群众在他们领导之下，同国民党军阀进行了流血的武装斗争。对这些瑶民上层阶层，我们苏维埃红军不拒绝而且欢迎同他们发生亲密的关系，同他们订立各种政治的与军事的联盟，经过他们去接近广大的瑶民群众，去推动广大的瑶民群众进入革命斗争的阵营。对于他们统治的方式、思想习惯以及宗教仪式，应该表示尊重，并且不求过早的去发动瑶民内部的阶级斗争，来破坏我们同他们的反对帝国主义的一致行动。指示要求坚决反对在中国劳苦群众中间的大汉族主义倾向，也要反对在瑶民中存在的狭隘民族主义；欢迎瑶民参加红军；在瑶民中应吸收最觉悟的先进分子加入共产党；指明只有共产主义才能使瑶民得到最后解放。指示还明确提出了对苗瑶民的13条口号。这个指示，是总政治部在长征中发布的第一个关于民族工作的指示，对以后红军通过少数民族地区时，发挥了重大的政治指导作用。

红军经过灌阳留下了大量宣传标语，里面有许多宣传民族政策内容的标语：

文市镇唐家村唐荣元家后墙上现存 9 条：“全体瑶民团结起来，扫平李宗仁白崇禧！”“反对李宗仁白崇禧强迫瑶民修炮楼修马路”“反对向瑶民派砖修炮楼！”“反对李宗仁白崇禧使用金库券！”“反对李宗仁白崇禧收缴瑶民的枪械！”“反对李宗仁白崇禧强占民田修马路！”“瑶民们不做军帽，不当后备队，不去出操！”“强迫群众当后备队就是抽丁勒索！”“反对财户的重租重息，实行不交租不交税！”

文市镇新田心村唐有清家后墙上现存 6 条：“反对帝国主义瓜分中国！”“反对国民党卖国！”“全国民众总动员，为保卫中国而战！”“全国民众全部武装起来对日作战！”“国民党是日本帝国主义的走狗！”“打倒不准民众抗日的国民党！”红军（宣）。

文市镇新田心村唐神元家墙上现存 2 条：“灾民暴动起来，实行打土豪！”“灾民只有暴动起来，才是出路！”红政（宣）。

文市镇新田心村唐荣时家墙上现存 1 条：“打倒屠杀工农和革命群众的国民党！”

文市镇老田心村蒋出发家门口左侧墙上现存 1 条：“工人农民团结起来，打土豪分田地！”

文市镇新田心村唐运林家照墙上现存 1 条：“中国有力抗日，只有国民党卖国贼才说中国无力抗日！”红政（宣）。

文市镇唐家村唐荣济家门口墙上现存 20 条：“活捉李宗仁白崇禧，消灭广西军阀！”“红军和瑶民是一家人，我们要协力同心扫平李宗仁白崇禧！”“红军是工农自己的军队！”“反对李宗仁白崇禧吸取民间现金！”“大家团结起来，不用不兑现的金库券！”“反对李宗仁白崇禧使用金库券！”“反对李宗仁白崇禧强迫民众修炮楼！”“大家团结起来，不去修炮楼修马路！”“不替李白军阀修炮楼修马路！”“反对强占民田修马路！”“反对李白军阀强迫群众当后备队！”“打倒强迫群众当后备队的李宗仁!”“强迫群众当后备队就是抽丁剥削!”“反对财户的重租重息!”“反对李宗仁白崇禧压迫瑶民修炮楼!”“全体瑶民团结起来!”“反对向瑶民派砖修炮楼!”“反对李宗仁白崇禧收缴瑶民的枪械!”“反对李宗仁白崇禧向瑶民抽税!” “反对李宗仁白崇禧压迫瑶民当后备队!”红军三(宣)。

文市镇唐家村唐廷佑家后墙上现存6条:“不替李白军阀修炮楼修马路!”“反对强占民田修马路!”“反对李白军阀强迫群众当后备队!”“打倒强迫群众当后备队的李宗仁白崇禧!”“强迫群众当后备队就是抽丁勒索!”“反对财户的重租重息,实行不交租不交税!”红军(宣)。

文市镇唐家村唐汝荣家墙上现存2条:“农民实行打土豪分田地!”“工人罢工起来,粉碎国民党卖国贼严禁罢工、强迫劳动的命令!”红军六(宣)。

文市镇唐家村唐汝才家墙上现存2条:“白军弟兄不打红军,北上抗日去!”“农民实行土地革命!”红军六(宣)。

文市镇唐家村唐荣西家墙上现存2条:“打倒卖国的李宗仁白崇禧走狗!”“团结起来,打土豪分田地!”红军三(宣)。

文市镇唐家村唐美昌家后墙上现存1条:“大家团结起来,不用不兑现的金库券!”红政(宣)。

红军民族政策的出现是一个连续的过程,但玉溪村出台的第一个具体民族政策(瑶苗)说明,红军对民族政策的重视和认识,进入一个新高度。事实证明,民族平等和民族团结始终是中国共产党处理民族问题的原则立场和根本政策。在长征途中,党和红军依据并坚持这一原则立场和根本政策,遵照党和红军有关民族工作的决议、指示、口号及文告,具体开展了多方面的民族工作,团结各族人民,为北上抗日以争取中华民族解放和推翻国内反动统治的民族压迫进行了艰苦而成功的斗争。在长征途中,毛泽东及老一辈无产阶级革命家,对此无不模范遵守,身体力行,都亲自做了大量的、卓有成效的工作,给各族人民留下了许多美好动人的回忆,红军到达陕北后,党中央和毛泽东总结了红军长征时期党的民族工作的经验教训，在党的六届六中全会上，提出了更加成熟的民族理论和民族政策。

（唐章正，桂林市灌阳县人大四级调研员）

《关于瑶苗民族中工作的原则指示》对红军长征的重要意义

在长征史上，红军过桂北的这一段历史是极为重要的关键一段，其影响是广泛深远的。

红军长征过桂北，在桂北的土地上进行了长征以来最惨烈的鏖战，冲破了敌人的第四道封锁线，赢得了战略上的胜利，接着又征服了华南第一高峰（老山界）的屏障，并顺利通过少数民族聚居区，首次成功地实践了党的民族政策，集中体现了伟大的长征精神。红军长征过桂北，使桂北各族群众深刻认识了中国共产党及其领导的工农红军是为人民谋利益的，代表了最广大人民群众的根本利益。

一、第一份民族政策纲领性文件出台的历史背景

长征途中，中央红军首先进入的少数民族地区，就是广西的桂北地区。桂北地区是一个壮、苗、瑶、侗族等少数民族居住的地方，长期以来，少数民族受到历代封建王朝和近代国民党反动政府、军阀的欺压蹂躏，与汉族的隔阂很深。以汉族为主体的红军经过少数民族地区时，不得不面对诸多民族矛盾。在这些地方，如何执行民族政策，争取少数民族的支持，就成为特别重要的一件工作。

在广西，国民党桂系集团在政治、政治、文化、军事等方面采取了一系列的措施，推行“三自”“三寓”政策和强化民团训练，有一套严密的统治政策和组织网络，对少数民族大搞民族同化，实行民族歧视和压迫政策，在桂北不断挑起民族矛盾，制造民族纠纷，加之历史的原因，少数民族与汉官、汉军的矛盾十分尖锐。红六军团和中央红军进入

桂北前，桂系利用少数民族对汉人心存疑惧甚至仇视的心理，在各族群众中进行造谣和欺骗宣传，污蔑共产党和红军“共产共妻”，是来夷平各兄弟民族的，严令红军过境时各家各户要空壁清野，不留粮食和食物给红军，妄图挑起少数民族对红军的仇恨，利用少数民族来对付红军。然而，红军为民的宗旨、严明的纪律以及正确的民族政策，不仅使红军通过了少数民族地区，而且得到少数民族同胞们的拥戴，并以各种力所能及的方式支援红军，许多人还参加了红军。长征路上留下许多红军与各少数民族团结友好、结盟的佳话。

二、第一份民族政策纲领性文件出台酝酿过程

1934 年 10 月，中央红军第五次反“围剿”失败后，被迫退出中央苏区，进行二万五千里长征。长征途中广泛宣传红军的政治主张和政策。10 月 9 日，红军总政治部就发出指令必须在沿途进行对群众的宣传工作，尽量地召集伙食单位和群众会议，广泛进行口头宣传，散发和张贴宣传品，在墙壁上多写标语（居民的告白军的）。号召多写标语和画壁报，并在连队开展写标语竞赛。红军连续突破了国民党布置的一、二、三道封锁线，于 11 月 22 日攻占了道州（道县）。11 月 25 日，中央红军正式决定突破敌人的第四道封锁线，渡过湘江。按照布置，红军分四路纵队向湘江地域前进，第一纵队（一军团之主力）沿道县、蒋家岭、文市向全州以南前进；第二纵队（一军团一个师、军委第一纵队及五军团第十三师）沿雷口关及文市南面前进；第三纵队（三军团、军委纵队及五军团第三十四师）经小坪、邓家源向灌阳山道前进，相机占领灌阳，以后向兴安前进；第四纵队（八、九军团）经永明（或绕过永明县城）从三峰山向灌阳、兴安前进。

进入广西前，红军总政治部针对广西的情况，制定了专门的宣传标语，红军宣传人员沿途书写了大量的标语。11 月 19 日，红军总政治部就有针对性地下发了《关于争取少数民族的指示》，指出：红军的“机动和作战，都密切关系着少数民族的问题，这个问题的解决，对于实现

我们的战略任务，有着重大意义。因此各军团政治部必须把这个问题提到最重要的地位”。1934 年 11 月 26 日，红八、九军团前赴江华、永明（江永）时，已知江华、永明是壮、苗、汉族混杂居住区域。九军团政治部就编印了红军告壮、苗、瑶族同胞书，并发通令。本日，八军团攻占领永明。11 月 27 日，九军团随八军团之后到达永明，部队进入县城时，周围城乡的各族人民都拥到城里来欢迎红军过境，街头上人山人海向着红军微笑，观看红军。此地的壮族、瑶族、苗族的人们穿戴着各种花色的服饰，颈项上戴着银质颈圈、手镯，琳琅满目，这样的打扮红军也从来没有见过。红军所到之处，都注意做宣传工作。宣传工作的主要方式是书写标语、散发传单和口头宣传。红军一进入广西，总政治部就针对广西的情况，制定了专门的标语。其中有：

反对李宗仁白崇禧吸取民间现金！

大家团结起来不用不兑现的金库卷（券）！

反对李宗仁白崇禧使用金库卷（券）！

反对李宗仁白崇禧强迫民众修炮楼！

大家团结起来不去修炮楼修马路！

不替李、白军阀修炮楼修马路！

反对强占民田修马路！

反对李、白军阀强迫群众当后备队！

打倒强迫群众当后备队的李宗仁白崇禧！

强迫群众当后备队就是拉丁勒索！

反对财户的重租重息实行不交租不交税！

反对李宗仁白崇禧压迫瑶民修炮楼！

特别是军委纵队经过文市、石塘、界首这三处圩镇时，宣传工作更为广泛、深入。红军还在全州石塘、兴安界首、龙胜龙坪等地，召开过群众大会；在石塘和界首演出过话剧（群众叫文明戏）。红军在广西前后 28 天（其中红六军团 9 天，红一方面军 19 天）所做的大量宣传工作，对于宣传党和红军的政策，提高广西群众的觉悟，起了很好的作用。

早在1934年9月初，中央红军长征先遣队红六军团在湖南道县蒋家岭遇阻，危急关头，东山斜水村（1951年从灌阳划归全州）当地的瑶胞主动为红军带路，从清水关秘道，突出奇兵，出其不意渡过湘江封锁线，顺利进入湘西，实现与红二军团胜利会师。红六军团在行经斜水村委途中，有18位伤员在唐雉堞大爷家驻扎，在当地瑶胞帮助下医好了伤，斜水村的村民还热情为红军战士筹粮草。当地至今还流传着一首民谣：

红军长征过东山，蒋家岭旁鏖战酣；

巧用暗度陈仓计，绕道飞越清水关。

这首民谣说的是87年前红六军团在当地瑶民的帮助下，突破湘桂联军层层围追堵截，巧走全州东山瑶乡清水关，出其不意过湘江的故事。

1934年11月26日，中央红军长征途中，在突破国民党沿湘江设置的第四道封锁线时，红三军团某部到达灌阳文市时，全县瑶民起义首领凤福山派人到此与红军联络。凤福山曾领导桂北瑶民起义。桂北瑶民起义：以全县（内建乡）桐木江为中心，其主要领导人，在桐木江方面是凤福林（瑶王）、凤福山、梁云台、赵明玉等；灌阳西山方面是蒋海清（汉），罗源等方面是侯宗宝；全县东山方面为盘天宝（瑶王）和奉老壮、邓成禄、盘雪根、唐明荣等：兴安溴川方面是龚金甫（汉）：兴安越城岭等方面是赵桂甫、赵荣保等；龙胜方面是邓广明等，波及县内东山、邻县兴安、灌阳、龙胜、义宁诸瑶区。由于谈判代表凤福林民国二十二年（1933年）2月19日被害于全县监狱中，凤福林被害的消息传到各瑶寨后。2月20日，兴、全、灌三县瑶民同时起义，龙胜提前一天起义，灵川、蒙山、荔浦、阳朔、修仁平乐、百寿及湖南江华、永明、道县等瑶区闻风响应，出动义军共约5万人，威胁龙胜、兴安、灌阳县城及全县内建、恩德等区乡。至3月25日被广西当局镇压止，历时30余天。

听说红军是穷人的队伍，是帮助穷人的。凤福山于是派人前往要求同红军联合打倒汉官与财主。红军明确表示坚决支持他们的正义斗争，向他们赠送枪支弹药，并在当地处决了几个勾结官府镇压起义的汉族土豪，鼓舞瑶族群众的革命斗志。

三、在广西制定、发布和实施的第一份民族政策纲领性文件

此事上报后引起了党中央的高度关注。政治部主任王稼祥和代主任李富春为此专门组织召开了相关会议，针对红军战士对民族问题的极其重要性以及我党对民族政策的紧迫性，讨论并拟定了《关于瑶苗民族中工作的原则指示》。11 月 28 日，军委第一纵队、第二纵队到达石塘圩以东地域。11 月 29 日，红军总政治部发布了《关于瑶苗民族中工作的原则指示》，指出：

（甲）瑶民（或称瑶子）、苗民（或称苗子）等是散布在广西、贵州、湖南西部、云南等省的弱小民族，总的人口不下千万。他们历来就受着汉族军阀、官僚、地主、商人、财富者的残酷的民族压迫与剥削。这促成了他们对于汉族的民族的仇恨与他们内部的团结。

（乙）我们对瑶民（或苗民）的基本主张，是反对一切汉族压迫与剥削、汉民与瑶民的民族平等、给瑶民的彻底的自决权（通俗些说，即瑶民的事由瑶民自己去决定，汉人不得干涉）。在这一基本主张之下，并在精神上与物质上给他们以实际的帮助，争取瑶民弱小民族对于苏维埃与红军的同情、拥护与反对帝国主义、国民党的协同动作。这一基本主张，各级政治部必须依照各地不同的环境与各地不同的情况，加以具体与通俗化。

（丙）由于瑶民经济与文化发展的极端落后，民族的与宗教的社会关系的统治，以及他们内部反对汉族压迫的民族团结，所以瑶民内部的阶级斗争，还没有显著的开展，瑶民的土司、管事等，在瑶民群众的心目中还有极大的权威与威信，他们俨然还是瑶民民族利益的唯一代表者，一切对外关系都为他们所垄断。我们苏维埃红军也不能不开始同这

些代表者发生关系。

在反对汉族的军阀、官僚、财富者的民族的压迫方面，这些瑶民的上层阶级显然还带有革命的作用。在广西等省内，广大的瑶民群众在他们领导之下，同国民党军阀进行了流血的武装斗争。这种斗争更由于中国苏维埃革命的影响与他们民族的觉醒，正在大大的开展起来。

（丁）因此，我们苏维埃红军不拒绝而且欢迎同瑶民的代表发生亲密的关系，同他们订立政治的与军事的联盟，经过他们去接近广大的瑶民群众，去推动广大的瑶民群众进入革命斗争的阵线。对于他们的统治的方式、思想习惯以及宗教仪式，应该表示遵〔尊〕重，并且不求过早的去发动瑶民内部的阶级斗争，来破坏我们同他们的反对帝国主义的一致行动。但我们并不放弃在一切实际的斗争中批评他们的动摇、犹豫与不坚决，推动更左的革命分子，走上领导的地位，团结他们在我们的周围，并从他们中间吸收共产党党员。

（戊）在一切工作中，必须不疲倦的解释，汉族的劳苦群众同样受着帝国主义与中国国民党、军阀、官僚、豪绅地主、资本家的压迫，瑶民民族的敌人即是中国劳苦民族的敌人，瑶民与中国劳苦民众是弟兄，所以要联合起来，协力同心，为推翻帝国主义国民党而奋斗。只有推翻帝国主义国民党在全中国的统治，瑶民等民族才能得到彻底的解放。必须坚决反对在中国劳苦群众中间的大汉族主义的倾向，这种倾向是汉族的统治阶级利用中国民众来反对瑶民等弱小民族；同时揭发在瑶民中间所存在着的狭隘的民族主义的害处，这些狭隘的民族主义必然会破坏瑶民民族同中国广大工农劳苦群众的联合。

（己）苏维埃与红军不但是汉族民族的政权与武装力量，而且是中国所有被压迫民族的民众的政权与武装力量。我们欢迎瑶民同志大批的到我们苏维埃政府中来，到红军中来，为着瑶民民族的彻底解放而斗争。至于瑶民在自己区域内是否愿意建立联合政府，苏维埃政府，自愿成为瑶民苏维埃共和国，或中华苏维埃共和国的一个自治区域，或建立人民政府，那完全取决于瑶民自己，由瑶民自己去决定。同样的，瑶民有权利组织自己的工农红军或人民革命军。

（庚）在瑶民中间共产主义的宣传是必要的，共产党在瑶民中间，应该不断的吸收最觉悟与先进分子加入共产党，在瑶民中发展共产党的组织，而且在一切实际的斗争中，以共产主义的教育，教育所有的瑶民群众，指出只有共产主义才能使瑶民的群众得到最后的解放。

红军总政治部还同时发布了示范性的《对瑶苗族民的口号》共13条，其中有：

1. 实行民族平等，在经济上、政治上苗人与汉人有同样的权利！

2. 实行民族自决，苗民的一切事情由苗人自己解决！

3. 苗人的首领由苗人自己选举，不要国民党军阀委派！

4. 苗人下山来与汉族工农共同□□口口土地财产！

5. 帝国主义、军阀、财富者是汉（族）工农与苗族共同的敌人！

6. 苗族与汉族的工农起来共同扫平国民党军阀的统治！

7. 反对苗汉民族的对立，只有苗族与汉族的工农一体，同心打倒共同的敌人，苗族才能得到彻底的解放！

8. 苗人自己武装起来，反对国民党军阀的压迫屠杀！

9. 收缴国民党军队及民团的枪械，组织苗族自己的红军！

10. 共产党是主张民族平等、民族自决、解放弱小民族的！

11. 红军是推翻国民党军阀统治的唯一武装力量，欢迎苗族兄弟加入红军！

12. 反对李宗仁、白崇禧和何键对苗人（瑶人）的一切苛捐杂税和差役！

13. 苗民要得到解放，不但要扫平军阀、财富者的统治，同时要肃清苗族内军阀、财富者的奸细！

12月3日，红军在龙胜江底矮岭村，瑶胞杨进芳为红三军团某部做向导，到达泗水的白面村时，他介绍正在龙舌岩下的5名参加瑶民起义的小首领的情况。红军首长派人前往看望和慰问，讲解革命道理，鼓励他们不要惧怕敌人，发动群众坚持斗争。红军还送给他们部分武器，并在岩石上书赠“红军绝对保护瑶民”“继续斗争，再寻光明”，为少数民族指明革命的道路。

红军在通过越城岭山区时，桂系军阀利用民族矛盾挑拨少数民族与红军的关系，派遣特务和地痞流氓，在红军宿营地放火，然后嫁祸于红军，污蔑红军杀人放火，企图破坏红军与少数民族的关系，给红军造成给养和向导上的困难。1934 年 12 月 2 日，中央红军最后卫的部队红五军团三十四师翻过全灌交界，海拔 1998 米的宝界山，进入桂北瑶民起义的发源地全县桐木江地区，遭到桂军一万多人的阻击，部队损失惨重，在此状况下，其突围打散的部队在极度饥饿的情况下，误食了瑶民酒糟，但红军战士还是给这户瑶民留下钱物，一个小战士因烤火不小心，销毁了瑶民的茅草屋，被枪决了。红军在全县所到之处都严格执行民族政策。12 月 3 日，中央红军进入广西的龙胜县。10 日，军委第一纵队到达龙坪寨，毛泽东、周恩来、朱德等就驻在寨子里的鼓楼附近。昔日的鼓楼原名“杨氏鼓楼”，为侗族特有的四角塔形鼓楼，为木质结构，共分 5 层；楼上瓦檐呈四角形，飞阁重檐，重叠而上；楼顶端为宝葫芦。杨氏鼓楼是侗寨引以为傲的一座古建筑，今为红军楼。当时，国民党反动派为了阻止红军北上抗日，破坏红军与各族人民的关系，派遣特务尾随红军，到处纵火烧民房，妄图嫁祸于红军，在中革军委和红军干部团住在龙坪寨的当天晚上，蒋匪特务暗中纵火烧毁 300 余座民房，在周恩来亲自组织和指挥下，红军指战员奋勇扑火，终于把这座鼓楼抢救了下来，隔断了火路，使寨东南边的 100 多户免遭火灾。当场抓住纵火特务 3 名，召开公审大会，就地处决。并对灾民发给大洋 2000 多块救济款，群众深为感激。在事实面前，各族人民更加爱戴和掩护共产党和工农红军，更加仇恨国民党反动派，敌人又一次搬起石头砸了自己的脚。龙坪的侗族人民为了纪念工农红军的光辉业绩，1976 年 9 月，侗族人民把这座鼓楼改称为红军楼。

针对敌特纵火案，为保护群众利益，打击敌人，红军采取了坚决有力的措施：凡是发生火灾，不论军情如何，都要奋力抢救；发放救济款；严惩纵火犯，揭穿敌特阴谋。龙坪和广南寨大火后，红军给受灾群众发放了救济款，同时向群众宣传党和红军的民族政策，揭穿敌人的阴谋。红军对部队内部不慎失火造成火灾的人，也绳之以法，同时给受损失的群众以赔偿。

在越城岭多民族聚居地区，广大红军指战员坚决地执行总政治部的指示，广泛宣传党的民族政策，更加严格地遵守群众纪律，尊重少数民族的风俗习惯，在少数民族地区停止打土豪，买东西用银元和铜板，买粮只买杂粮，不买大米，屋内无人，不得入内借宿，不得与少数民族群众争井水、共厕所。红军还关心少数民族民众的疾苦，争取他们的信任和支持，用实际行为驳斥敌人的欺骗污蔑。

兴安华江乡的瑶族村寨包岭村的瑶民生活艰难。红军某团郭副团长吩咐在买瑶族群众的红薯和苞米时一定要多付钱。他了解到赵良德一家6人，只有出门的一两个人才穿衣服，在家的人连衣服都没有穿，就让后勤人员从部队行李担子里拿来一匹布（约4米），送给赵良德一家，让他们好好过，等革命成功后，再来报答兄弟民族对红军的支持。在龙胜县平等乡街上，5名红军被安排住在侗族群众石万树家。石的父母煮玉米给红军吃。红军出发上路时，给户主留下两块大洋和一张字条："大伯：你们家的苞谷我们吃了，现留两块钱给您买种子，一本万利。"

红军首次实践民族政策的模范行为，使各个少数民族的群众更清楚地见识了红军是一支纪律严明、真正维护和代表群众利益的军队，敌人挑拨红军和少数民族关系的阴谋无法得逞，红军和少数民族的关系更为密切，赢得了他们对红军的支持，红军得以顺利通过桂北少数民族地区，并为后来红军通过其他民族地区提供了经验。

1935年2月，兴安、龙胜、灵川三县交界的才喜界附近几个瑶族大寨子的瑶民，化名"黄孟矮"，在才喜界的石壁上刻下了一首诗："朱毛过瑶山，官恨吾心欢；甲戌孟冬月，瑶胞把家还。黄孟矮乙亥正月一时遇恩人朱德 毛泽东 周恩来 彭德怀"。石刻诗表达了瑶族群众对红军尊重、保护和关心瑶民以及鼓励和支持其革命斗争的感怀之情。

四、民族政策纲领性文件实施对红军通过少数民族地区的重大意义

长征途中，红军曾经过苗、瑶、壮、侗、土家、水、黎、布依、仡佬、纳西、彝、藏、白、羌、回、东乡、裕固等10多个少数民族聚居区或杂居区，占红军长征经过地区的50%以上。由于长期受封建王朝和国民党反动政府、军阀的欺压蹂躏，造成少数民族与汉族的隔阂很深。红军经过少数民族地区时，积极宣传中国共产党的民族政策和红军纪律，提倡各民族平等，反对民族压迫，尊重少数民族的宗教信仰和风俗习惯，支持和帮助少数民族开展对反动政权的经济和政治斗争，帮助少数民族建立武装和人民政权。

据《党史文汇》的《藏区在红军长征中的重要地位和历史贡献》文中不完全统计，红军长征过程中，三大主力红军经过的少数民族杂居区、聚居区，包括苗、瑶、壮、侗、水、土家、布依、白、纳西、彝、羌、藏、回、裕固、东乡等10多个少数民族。据统计，红一方面军长征371天，其中经过少数民族地区132天，约占1/3时间，走了二万五千里；红二方面军长征走了二万多里，其中在少数民族地区走了一万多里，约占近1/2里程；红四方面军长征经历19个月，在少数民族地区的时间竟达15个月，约占3/4的时间。该文还有一个不完全统计：红一方面军在汉族区域为264天，占66.3%；藏族区域92天，占24.8%；苗族区域21天，占5.66%；彝族区域5天，占1.35%；回族区域4天，占1.08%；瑶族区域2天，占0.54%；侗族区域1天，占0.27%。在红军长征所经过的少数民族地区中，又以在藏族区域活动时间最长。若把红一、红二、红四方面军长征在藏族区域活动时间加在一起，接近600天！

（一）黔东少数民族地区

1934年9月，红军长征先遣军团红六军团初到黔东时，也被误认是反动军队。贵州东部的清水江流域是苗、侗等少数民族聚居地。由于

长期受封建王朝和国民党反动政府的欺压，苗、侗族人民同汉族政府和军队矛盾较深。每当反动军队一到，他们就手执利刃、弓箭，扼守山寨，控制隘口，满山呼应，以防洗劫。为解除少数民族对红军的误解，红六军团领导机关要求部队严格执行党的民族政策，尊重兄弟民族的风俗习惯，不私进民宅，不违禁令，公平交易，救死扶伤。部队模范地执行上级的指示，得到了苗、侗族人民的拥护爱戴和大力支援。红军到达黔东的南加堡，准备北渡清水江时，少数民族同胞积极帮助红军探察水势、架设浮桥，协助红军顺利渡江。

1934 年 12 月，中央红军进入贵州后，也积极开展少数民族工作。据陈云回忆："贵州之一般贫苦汉人与苗家，确受红军之宣传甚大。当萧克由湘赣边转入湘西时，亦由此经过，亦给当地汉苗居民以好感。故毛泽东朱德部红军一至，汉苗人民非但不逃，且有大批加入红军者，并有时询红军何时'安民'者。红军因有汉苗人民之助，故在此贫瘠之区未受饥饿。"

（二）四川彝族地区

四川大凉山地区是彝族居住区。当时的彝族区还处于奴隶社会。汉族不法商人经常利用彝族人民的憨厚诚实，对他们进行欺诈和剥削，国民党军阀则经常对他们进行"剿讨"和抢掠。这一切，都引起了彝族人民对汉人的猜忌和敌视。

1935 年 5 月，中央红军进入川南地区后，红军总政治部及时颁发了《关于争取少数民族工作的训令》，对部队广泛深入地进行党的民族政策教育，并具体规定了严格的纪律。当红一军团第一师第一团进入彝族沽基（鸡）家辖地后，沿途枪声不断，红军亦有伤亡。稍后跟进的红军工兵连战士也被彝族头人武装缴去枪械，脱去衣裤。但红军指战员严格执行群众纪律，不与其发生冲突，并主动退出彝族区。这就给他们留下了良好印象。

在冕宁县，红军释放了被国民党当作人质关押的不少彝族首领，并向他们进行党的民族政策宣传。同时，四处张贴红军总司令朱德签署的

《中国工农红军布告》，宣传中国共产党的民族政策，号召彝族人民同红军合作，消除对红军的误解。刘伯承还按照彝族的习俗，同沽基部族首领小叶丹歃血盟誓，结拜为兄弟，团结了彝族上层人士，留下了一段“彝海结盟”的佳话。同时，红军还帮助他们建立了“中国彝民红军沽基支队”，并赠送武器、弹药，支持彝族人民开展反压迫斗争。在彝族人民的帮助下，红军顺利通过大凉山地区。

（三）川滇康青藏族地区

四川西部、云南北部、西康和青海东部位于青藏高原东部边缘，那里世代居住着藏、羌等少数民族。1936 年 5 月，红二、红六军团进入云南中甸地区。当红军到来时，由于受国民党反动政府的欺骗宣传，藏族群众大都躲进深山老林。

为消除藏族群众的误解，红军发布《布告》，阐述了红军的性质、宗旨和中国共产党抗日救国的主张。同时，红军严格执行党的民族政策和宗教政策，尊重藏族同胞的风俗习惯和宗教信仰，严禁红军进入寺院，实行现金交易和公平买卖。上述举措得到藏民僧俗的欢迎和支持。在归化寺及喇嘛、商人、富户等的积极支持下，红军很快筹集到约 10 万斤粮食和大量盐巴、红糖。1936 年春，红四方面军在甘孜等地整顿时，帮助甘孜、道孚、丹巴等县成立了“波巴依得瓦”政府（即藏族人民政府），帮助藏族人民开展斗争。同时，红军根据国内外形势的新变化，注意做好藏族上层人士与喇嘛的统一战线工作。

（四）陕甘回族地区

甘肃静宁地区毗邻宁夏，是回族群众居住地区。1935 年 8 月中旬，红二十五军进抵甘肃静宁县城以北的单加集、兴隆镇地区。为尊重当地回族群众的宗教信仰和风俗习惯，红二十五军制定了“三大禁令、四项注意”：禁止驻扎清真寺，禁止打回族的土豪，禁止在回民家中吃大荤；注意尊重回族人民的风俗习惯，注意用回民水桶在井里打水，注意回避青年妇女，注意实行公买公卖。同时，红二十五军邀请清真寺的教主、阿訇等到军部驻地做客，热情地向他们介绍红军的建军宗旨和性质，宣传共产党抗日救国主张和红军的政策，说明红军到此是借路通过，不催粮、不派款、不拉夫，并给当地清真寺赠送匾额和牛羊等礼物。这一系列举措解除了回族群众的思想顾虑，得到了他们的理解和支持，扩大了党和红军的影响。

红军在长征途中的少数民族工作取得了巨大的成功，扩大了中国共产党和红军在少数民族群众中的影响，得到了广大少数民族群众的理解、拥护和支持，在少数民族中播撒了革命的火种。少数民族群众认识到，只有红军的道路，才是解放他们的道路，不少少数民族青年参加红军，跟随红军长征，为中国革命的胜利作出重要贡献。

（周雄，全州党史县志办副主任）

湘江战役与我国民族政策初期的制定与践行

1934年11月29日，红军政治部公布《关于瑶苗民族中工作的原则指示》（以下简称《指示》），这是我国初期颁布的民族政策。《指示》明确指出“为瑶族民族的彻底解放而斗争”。与此同时，颁发《对苗瑶族民的口号》。民族政策的制定表明了红军长征时期，中国共产党在民族地区，提出并执行民族平等、民族自治、尊重少数民族风俗习惯和宗教信仰、团结少数民族上层人士等民族政策。兴安县华江瑶族乡、龙胜县都是少数民族居住区，是民族政策颁布后的实践地。红军与瑶族军爱民，民拥军，军民鱼水一家亲。红军在瑶族居住区进行了大量的宣传工作，团结群众，瑶民的思想得到觉悟，为红军在湘江战役取得胜利打下了基础，为现行的我国民族政策开了先河。

一、湘江战役与民族政策的制定

在中国革命史上，湘江战役是一场特殊而神奇的战役。其特殊表现在：中国工农红军在错误路线的领导下与数倍于己的敌军展开了一场殊死搏斗。这场战役是中国工农红军在长征途中，战争规模最大、最为激烈的一仗；是中国工农红军损失最多、关系到中央红军生死存亡的一场战役；是中央红军长征的悲壮史诗；无数为伟大理想、伟大信念而战斗的红军指战员血染湘江。

而其神奇之处在于中国工农红军在伟大理想、伟大信念、伟大的长征精神的支撑下，尽管损失惨重而胜利过江，从此成为中国革命从胜利走向胜利的伟大转折，遵义会议在这里拉开了序幕，中华民族的伟大复兴在中国共产党领导下从这里稳步前行。长征精神、红军精神在湘江战役得到了充分的体现，中国现行的民族政策在这里碰撞出耀眼的火花。

1934 年 11 月 25 日，中革军委正式作出决定：突破敌人的第四道封锁线，渡过湘江。向西翻过越城岭进至湘西南地区，以期与贺龙、萧克的二、六军团会合，湘江战役从此打响。

在湘江战役打响前后，红军了解到 1933 年曾经爆发了桂北瑶民起义，起义规模较大。史料记载："国民党第四集团军总司令部接桂北各县关于瑶民起义的告急电，急令第七军军长廖磊率十九师合同民团等 4 万多人赴兴、全、灌等地进行武装镇压。"瑶民起义很快被桂系军阀所镇压。不久，桂系当局出台政策规定："编制保甲，使瑶民剪发易服"，"取消苗、瑶名称以期泯除界限"。瑶民对桂系当局的暴行与民族灭绝主义的行为极其不满，红军的到来让他们看到了希望。而红军要突破敌人的第四道封锁线，要取得胜利，需要得到群众的支持，当中包括瑶民的支持与帮助。1934 年 11 月 29 日，湘江战役打响没几天，红军政治部公布《指示》，《指示》明确指出"为瑶族民族的彻底解放而斗争"。同时，颁发了《对苗瑶族民的口号》。民族政策的制定表明了红军长征时期，中国共产党在民族地区，提出并执行民族平等、民族自治、尊重少数民族风俗习惯和宗教信仰、团结少数民族上层人士等民族政策，为湘江战役取得胜利打下了基础。

二、红军与瑶族军民鱼水一家亲

1934 年 11 月 29 日，《指示》颁布后，胜利渡江的中央红军陆陆续续进入广西兴安县华江瑶族乡。在瑶族居住区，红军爱护群众、帮助群众，宣传革命思想，宣传中国共产党的民族政策，得到了民众的大力支持与拥护。

红军坚持民族平等和民族团结，反对民族歧视和民族压迫。《指示》说："我们对瑶民（或苗民）的基本主张是反对一切汉民族的压迫与剥削，汉民与瑶民的平等，给瑶民彻底的自主权"。1933 年，桂北瑶民起义爆发，这次瑶民起义很快被桂系军阀所镇压，瑶民处在水深火热之中，生活已经是十分艰难，对当局的暴行极为不满，偏偏当局还颁布

《广西修筑县道办法》，规定“由县长兼任县公路局长，增加粮赋作为筑路经费”。这对于瑶民来说，无异于雪上加霜。红军关心群众疾苦，知道瑶民对桂系强迫修路、强行派工、占用田地、增加粮赋的行径极为不满。于是在宣传工作过程中，提出了“反对李宗仁强迫群众修马路”的口号，表达了桂北地区瑶民的心声。这样的内容，在华江瑶族乡千家寺标语楼，现在还有留存。

红军突破湘江后，由彭德怀率领的红三军团来到了越城岭下，在兴安县金石的文甲洞村驻扎了3天，如今还留下许多当年的故事。

文甲洞村，现有81户人家408人，是一个壮、苗、瑶、汉多民族居住的小自然村。中国工农红军到达村子之前。土豪劣绅到村里散布消息：要来共匪了，他们就是共产党的红军，要共产共妻。

村民们久居深山，没有见过大世面，便恐慌起来，纷纷跑进叫作“大场”的山里藏匿，村里只剩下一些老弱病残的人。

村里有个妇女，名叫曾国英，因为刚刚生产，体力不支，没有进山，听天由命地在家“等死”。

很快，红军队伍就出现在村中。一些行动缓的人还在往村外跑。红军见状后忙招手高声喊：乡亲们不要怕。我们是人民的军队，是为穷苦人民打天下的，请你们快转回来吧。

听到这些亲切的呼喊声，乡亲们又半信半疑地回到了家。

红军的到来，不但没有共产共妻，还给予了曾国英无微不至的关怀。妇女产后是最怕下冷水的，正值初冬之际更加需要注意，不然会落下产后病根痛苦一辈子。红军队伍的一位女红军大姐，见到她产后体虚，每天都送饭送菜、精心护理，还帮曾国英洗衣、洗尿片；曾国英看在眼里、热在心头——这支队伍不共产也不共妻，而且是一支爱护民众的军队。3天后，红军要北上了，曾国英想送点东西给这位红军大姐，可家中没有值钱的东西；思来想去，把原来留给自己坐月子的鸡蛋煮了，让这位大姐带在路上吃。

红军到文甲洞后，还打开了地主的粮仓。村里的村民都分得了粮食，还可以一日三餐到祠堂领白米饭。失去双脚的残疾人周爷爷，平常是以手代步之人，行动不便。红军知情后，每天都将饭菜送到他的手中。在他之后的人生中，始终逢人就说：红军是我最亲的亲人。

红军是工农的队伍，是维护广大群众利益的军队，所到之处，为了不扰民众，尽最大可能地将活动场所设在寺庙、祠堂。村子里的“周氏祠堂”是最大的公共建筑，有前后两进，边房一间，面积达800平方米左右。当年，在祠堂里驻扎了三个排和后勤食堂。对红军有所了解后，老百姓也主动地到祠堂给红军送柴、帮助磨谷子、做豆腐、担水、烧火。完完全全和红军打成了一片，军民一道如鱼与水。为了记住这段与红军的情，村民们将周家祠堂称为“红军堂”。

三、在民族地区做好宣传工作

为了团结少数民族，让不明真相的民族兄弟了解红军的民族政策，让他们知道中国共产党领导下的中国工农红军是自己的队伍。红军队伍从上到下做了许多的工作。

文甲洞村背山而建，一条小河从村前缓缓流过。河上有两座不知建于何时的古代石拱桥。过去，村民们把上游那座叫上拱桥，下游的叫下拱桥。上拱桥，是全村下地耕作、上山打柴的主要通道。有一天，一位首长模样的红军，在这座桥上和周义昌、周祝昌、周瑞琅等村民促膝谈心、问寒问暖，宣传打土豪、分田地、闹革命、求翻身的道理，讲民族平等、民族团结的道理。中华人民共和国成立后，村民们才知道：这位当年的“红军大官”就是彭德怀。为了让子子孙孙都记住这段历史，村里将上拱桥改名为“红军桥”。

红军在瑶民居住区，进行了大量的宣传。让当地人知道，红军是为广大人民谋利益的，是抗日救国的真正力量，他们在文甲洞书写了大量的红军标语，在红军堂内，至今保存有当年的红军标语，内容有：“红军是民众抗日斗争的主力军”。这是以爱国主义为核心的民族精神的具体表现，是伟大的历史见证，是中国共产党高举全民族团结抗战的大旗，推动了抗日民族统一战线的形成。

在回忆长征路上的纪实文章中，有一篇曾经用于小学教材的文章，就是陆定一的《老山界》。他在文章中记录了与瑶民的宣传工作和保护瑶民利益的故事：听说要爬一个三十里高的瑶山，地图上叫越城岭，土名叫老山界。……恰好在拐弯处，发现了一间房子。我们进去歇一下。

这是一家瑶民，住着母子二人，那男人大概因为听到过队伍，照着习惯，跑到什么地方躲起来了。

"大嫂，借你这里歇一歇脚。"……我们谈到红军，谈到苛捐杂税，谈到广西军阀禁止瑶民信仰自己的宗教，残杀瑶民，谈到她住在这里的生活情形，那女人哭起来了。

她说：她曾有过地，但是从地上给汉人赶跑了，现在住在这荒山上来。种人家的地，每年要特别重的租。她说："广西的苛捐杂税，对瑶民特别的重，广西军阀特别欺侮瑶民。你们红军早些来就好了，我们就不会吃这样的苦了"。

………

"知道部队今天非夜行军不可，她家的房子和篱笆都是用枯竹编成的，深怕有些人会拆下当火把点。我们问了瑶民，知道前面还有竹林，可做火把，就写了几条标语，用米汤贴在外面醒目处，要我们的部队不准拆房子篱笆做火把，并派人到前面竹林去准备火把"。

陆定一的回忆，生动地记录了当时红军与瑶民的关系。

四、民族政策成为取得革命胜利的动力

民族政策像一支火把，照亮了瑶族人的心。他们痛恨国民党军阀欺压百姓，热爱中国共产党领导下的人民军队。民族政策成为取得革命胜利的动力。

瑶族赵金万大爷与妻子盘中玉一家单独居住在叫作仑江的山腰。

1934 年 12 月初，红军的先头部队进入竹林界，刘连长带领先遣队到达了赵金万家。这时候，天色已经黑了下来。饥饿的红军战士衣

裳已经被初冬时节的细雨所浸透。饥寒交迫的战士们，原以为可以进屋，看到的却是赵金万家紧紧关闭着的大门。刘连长叩门喊话：“老乡，我们是工农红军……”

屋内的赵金万夫妻听到“红军”两字，心都要跳出来了，哪里还敢吱声。这里以前是夜不闭户的。正是因为前些日子土豪劣绅的宣传与恐吓，害怕红军才紧闭大门呀。

屋外的红军见老乡没有开门，就沿着屋檐下站着。

夜深了，赵金万夫妻见没有了动静。轻轻地走到门前侧耳向外听去。静静黑夜中，听到的只是那雨水的滴答声。于是，以为红军已经离去的赵大爷开门向外看去。只见红军一个个都在自家的屋檐下站着呢。

看到赵大爷出来，战士们异口同声地喊道：大爷好。

这情形哪里是反动派宣传中的：“共产”“共妻”的共匪，这明明是我们贫苦人自己的队伍嘛。

红军被请进了堂屋，赵金万让妻子盘中玉在家煮姜汤水给红军喝，烧火给红军取暖。家中能吃的都已经被山霸搞光了。自己背回藏在地窖的苞谷，煮了一大锅苞谷稀饭给红军充饥。

这个晚上，红军战士们围着火背靠背地睡着了。赵大爷听刘连长讲革命的道理，讲队伍对瑶民的民族政策，一直到天亮。

天亮后，先遣队要马上出发。刘连长掏出两块大洋给赵大爷。赵大爷如何肯收。受尽土豪劣绅欺压的他含着泪花说道：太见外了，只有你们这样的军队才把我们瑶民当人看。我们是一家人，这钱不能要。刘连长说：我们是工农自己的队伍，不拿群众一针一线是铁的纪律。说完后将钱硬塞进了赵大爷的口袋。

红军要离去了，他们到哪里去本不应该问，这可是军事行动。

但前些日子，桂军反动派来人，要瑶民组织民团到财喜界隘口阻击红军，那里地势险要、易守难攻，说是这样可以保护瑶民的利益，还会得到奖赏。红军的到来使桂军那几个人已经闻风丧胆，逃得无影无踪。隘口上只是一些被蒙蔽的瑶民兄弟在留守。一旦红军从那里经过，就会使双方造成不必要的伤亡。想到这，赵大爷不由得不寒而栗，他开口向刘连长说出了心里话。

好险呀，红军的行军路线就是要经过财喜界。

赵大爷坐不住了，主动提出要为红军当向导，带上猎狗与红军一起上路。

有赵大爷带路，刘连长心里踏实了许多。

临近财喜界，山上传来了警告的枪声。赵大爷挺身站了出来，他用瑶话把昨晚刘连长讲述的革命道理像竹筒倒豆子一样，全都倒了出来：红军是保护瑶民保护穷人利益的，我们应该联合起来打土豪，不要自己人打自己人。见没有什么动静又喊：红军不但不抢东西，煮了点苞谷给他们吃，还给了我两块大洋呢。你们不要守界了，快回家看看吧。

听了赵大爷的话，这些守界的瑶民放下手中的枪，跑下界来，除去原来埋在路旁的带毒竹签。就这样，红军在赵大爷的引领下，不浪费一枪一弹顺利通过了财喜界。

五、瑶民念红军　薪火相传

红军过瑶山，播下了革命的种子，留下了深得民心的民族政策。瑶民热爱中国共产党领导下的红军，他们永远不会忘记中国共产党是他们的领路人，也是他们的救命恩人。

1935 年，在龙胜县观音岩石壁上署名黄孟矮的留下了“朱毛过瑶山，官恨吾心欢。甲戌孟冬月，瑶胞把家还”的摩崖石刻。注明：“时过恩人朱德、毛泽东、周恩来、彭德怀”。从摩崖石刻的内容可以得知，是周边黄家寨、矮岭及孟村的瑶族同胞留下的。据说是 1933 年桂北瑶民起义失败后，瑶民受到政府镇压，黄家寨、孟村及矮岭的瑶族同胞藏在了深山不敢回家。红军到来后，将瑶族同胞解救下山，他们为了报恩而留下了这些摩崖石刻。这说明当年的民族政策已经深入人心，红军的行动感动了瑶民，红军的领袖是他们的恩人，是他们的大救星。

湘江战役结束后，一些红军伤病员被瑶民收养，一些红军指战员的遗体被瑶民埋葬。在兴安县华江瑶族乡的水埠村，有陈玉春等 12 名红军指战员长眠在此。现年 96 岁的瑶族老人赵良英祖孙三代祭红军，一代一代往下传。他们怀念红军，他们感恩红军，每年清明前后都会前往祭扫红军烈士墓。

六、结语

湘江战役可谓浴火重生，虽然红军损失过半，但是，这支过江的是具有伟大精神的人民军队。中国共产党领导下出台的《关于瑶苗民族中工作的原则指示》等民族政策，首先在瑶族居住区得到实践，为湘江战役取得胜利打下了基础，起到了至关重要的作用。为长征途中经过的少数民族地区提供了宝贵的经验，为现行的我国民族政策开了先河，为伟大祖国的安定、团结、繁荣昌盛贡献有加。湘江战役为遵义会议的胜利召开铺平了道路，湘江战役成为中国革命的伟大转折，湘江战役后中国共产党领导下的军队与全国民众开启的实现中华民族伟大复兴之路从这里稳步前行；中国革命一步一步地从胜利走向胜利。

（陈兴华，上海复旦大学历史系文物与博物馆专业毕业，原兴安县博物馆副馆长，现受聘于兴安县灵渠申遗办公室）

精神传承篇

缅怀革命先辈　做红色基因的传承者

我是彭德怀元帅的侄孙彭宇，我的爷爷是彭老总的弟弟，1940 年 11 月 1 日在湘潭乌石被国民党杀害，光荣牺牲。我父亲是彭老总的侄子彭起超，毕业于哈军工，从小就追随彭老总参加革命，我们在书中和电视剧里看到的，1955 年授衔时本该授上尉，因为是彭老总的侄子被降低授衔为中尉的就是我父亲。“文化大革命”中因坚决不承认彭老总反党反革命，被造反派打断三根肋骨。我是 1965 年出生，1981 年入伍，曾经是一名空军机械师，后任职空军指挥学院军务处参谋、科研部研究员。

我出生后没有见过彭老总，那会儿他已经失去了自由。儿时所有的记忆就是父亲在夜深人静时与母亲偷偷地念叨彭老总，把他对老人家深深的怀念一并埋在他改造的牛棚中。

2013 年至 2015 年，我有幸参与了由习近平总书记亲自批准的《彭德怀元帅》电视剧的筹备与拍摄工作。在重大历史题材小组多次组织的剧本研讨中，许多专家和学者的发言让我受益匪浅，对彭老总有了更深入的了解。他的铮铮铁骨和赫赫战功是我们的骄傲；他忠诚、干净、敢于担当的高尚情怀是我们的财富；他心有天下，爱憎分明，意志如铁，不怕牺牲的精神是我们的榜样。在崇高革命信仰的激励下，他敢于挑战一切阻挡人民走向解放与幸福的东西，从来不回头，也从来不弯腰。1945 年，辛亥革命元老、抗日英雄续范亭在延安第一次见到彭老总，写了这样一首诗，“爽直将军贵姓彭，志如铁石气如鲸；三军一致称模范，粗布征衣半老兵”，我想这就是我心中彭老总的形象。

湘江战役主战场这片红土地是我一直想来的，想来看看爷爷及先烈们浴血奋战的地方，圆我许久的梦。

湘江战役是关系中央红军生死存亡的关键一战，是中央红军长征途中历时最长、规模最大、战斗最激烈、损失最惨重的战役，也是中国工农红军长征走向胜利的起点。《彭德怀传》中，对湘江战役作了如下一些描述：

当红军在几十万大军密集布阵阻截下，簇拥着庞大的中央机关和非战斗人员队伍作甬道式的前进。彭德怀对这种走法感到十分恼火和担心，认为后果不堪设想。在行军中曾向中央提出关于今后军事行动的建议：三军团向湘潭、益阳挺进，威胁长沙，吸引敌主力，迫使敌军改变部署；中央率一、五、八、九军团进占溆浦，以溆浦为中心，创建根据地；甩掉笨重辎重，运用机动灵活的战术，在运动战中调动、歼灭敌人，变被动为主动。但当时的中央对彭德怀等人的建议不加理睬，仍坚持原定计划，命令红军全力突破第四道封锁线。

11 月 25 日，中革军委决定中央红军分 4 个纵队前进，在全州、兴安之间渡湘江，消火敌之第一、第二路军及桂系军队。

在彭德怀的指挥下，红三军团从左翼急行进入广西，西渡灌江，向灌阳逼近；红四师渡过湘江占领界首，牢牢控制了界首渡河点后，进入界首以南的光华铺与敌激战、对峙；红五师主力进到灌江西岸新圩以南地区；红一军团向湘江与灌江会合处西岸的全州以南前进。红二师涉水渡过湘江，阻击驻在全州的敌人，掩护中央红军主力渡江。

然而，中央还是舍不得扔掉那些笨重的辎重，由成百上千的战士挑着抬着山炮、制弹机以及印刷机、文件档案、家具等，行动十分迟缓，距湘江 100 多里的路程竟走了 4 天。时机被贻误了，敌军十几个师从几个方面压了过来，形势急剧变化。

为掩护中央纵队、军委纵队和红军大部队渡过湘江，突破第四道封锁线，红三军团进行了异常顽强、激烈的战斗。

11 月 27 日，彭德怀命令红五师急速奔赴湘江、灌江之间的新圩，阻击桂军进攻，掩护红军大队人马前趋湘江。28 日，桂军两个师向红五师阵地发动猛攻，红五师仅有两个团，坚守在没有坚固工事的十余里宽阔的阵地上，武器、弹药又不足，指战员知道，如果敌人攻占了新圩，红军将被拦腰斩断，后果不堪设想，个个英勇地与敌拼杀肉搏。苦战两昼夜，伤亡惨重，师参谋长胡浚，十四团团长黄冕昌在战斗中不幸牺牲。坚持到 30 日，终于完成掩护中央纵队和军委纵队渡过湘江的任务。红六师一个团为阻击敌人未及渡江，大部分壮烈牺牲。

11 月 29 日，红三军团在渡江点界首南光华铺打响了阻击战。光华铺距界首只有几里路，为一片较为宽广的开阔地，不利据守。为阻击由全州、灌阳出击之敌，保证红军大队人马继续渡江，彭德怀只得不惜一切代价，背水一战。他把红三军团指挥部设在湘江西岸离界首渡口仅几百米远的一座祠堂里，亲自指挥这场关系重大、异常严酷的战斗。

翌日清晨，敌人正面进攻被红四师十团拼死顶住，便沿湘江西岸向界首逼近，对红军实施迂回。十团团长沈述清指挥发起反击，中弹牺牲。彭德怀命杜中美接任十团团长。当日，杜中美又壮烈捐躯。一日之内，牺牲两位团长，此战是何等激烈！在红军和革命的生死关头，彭德怀指挥红三军团四师在界首光华铺血战 3 昼夜，付出了巨大的代价，完成了阻击任务，中央红军大部渡过了湘江。担任后卫任务的红五军团三十四师和红三军团十八团被敌围于湘江东岸，全军覆没，指战员大部分牺牲。红军由长征出发时的 8.6 万人，到渡过湘江，只剩下 3 万多人了。所带辎重，亦损失殆尽。

…………

每每读到这里，我的心情都特别沉重，战争虽然取得了胜利，却付出了无比惨痛的代价。湘江一战，红八军团仅剩 1000 余人、红五军团 34 师付出 6000 多个年轻生命的代价、少共国际师组建时 8000 多人，湘江战役后仅剩 2000 多人，等等，都让我一次次感慨并感动着，是他们用生命在中共党史、军史上写下了光辉而又惨烈的一页。爷爷曾经对我小姑彭钢说过一句话，“我只是一个幸存者。多少人都在我面前倒下去了，我却还活着。”今天在这里，我总会想起这句话。

湘江战役之后，我们党和红军开始独立思考，在血与火的洗礼中孕育出自己的领袖，为遵义会议的召开，确立以毛泽东同志为核心的新的中央领导集体作了重要的铺垫，使我们党和军队逐步走向成熟，展现在全世界面前的是一个更加坚定的政党、一支更加强大的人民军队。

历史是一个国家和民族最厚重的共同记忆，彰显曾经的奋斗与苦难，昭示未来的光明与辉煌。此行引领我走进当年浴血奋战的艰难历程，我看到并感受到了在血雨腥风的日子里，先烈们战胜死亡威胁和困苦磨难，奋勇向前，收获了取之不尽、用之不竭的宝贵财富，那就是伟大长征精神。

红色基因是中国共产党人的精神内核，是革命精神的传承，是现代中华民族的精神纽带。红色基因是信仰，是忠诚，是追求。习近平总书记说要把红色基因溶入血脉，代代相传。作为一名入党多年的红三代，传承红色基因更是我的使命与责任，更应该时时刻刻地提醒自己，要铭记历史、缅怀先烈、珍爱和平，做好红色基因传承的桥梁。

（彭宇，彭德怀侄孙）

父辈·湘江血·我辈

——血战湘江清明祭*

父　　辈

湘江血浓，红军魂在。在祭奠英勇的红军前辈血染湘江 85 周年之际，我来到了父亲当年浴血奋战的湘江战役主战场全州，和全州党政军各界代表及北京等外地前来参加祭奠活动红军后代们一起，共同祭奠为了共和国、为了我们而流血牺牲的革命前辈们！红军光荣传统永在，湘江战役精神长存！

面对奔流不息的湘江，我想起了我的父亲阮平，血战湘江的时候他叫阮金庭，85 年前的他刚刚满 20 周岁，已然是红三军团的一位团长。长征出发前，父亲任江西军区独立师补充团团长，独立师压缩后，任独立团团长，划归红三军团指挥序列；我不知道父亲这个团有多少人马，不知道血战湘江时父亲和他的战友们是如何英勇战斗、如何惨烈牺牲、如何告别湘江洒泪而行的……这一切，好似这流逝的湘江水一样，随着岁月的流逝而流逝了……然而，岁月可以流走，湘江水可以流走，父辈在这里留下的湘江战役精神不会流走……

我的父亲是广西田东县人，他 1926 年参加农会，1929 年参加百色起义，在红七军政治部担任勤务员。他随红七军历经艰险千里转战到达中央苏区，立即参加了中央苏区的第 2、3 次反“围剿”作战和以后的第 4、5 次反“围剿”，他在自传中写道：“在三、四次反‘围剿’中都表现得特别勇敢，曾多次冒着敌人炮火，完成通讯任务，手持大刀和短

---

* 本文为笔者阮英利在纪念湘江战役 85 周年祭奠活动上的讲话稿。

枪向敌人冲杀，从来没有表示过畏惧，深得上级领导机关的好评。”在这期间，他进步很快，由通讯班长、红军步校学员、到江西军区独立师特务连连长，1934 年 7 月又升任独立师一团一营营长；父亲在自传中写道：“一九三四年十月，长征开始，独立师拨归三军团建制，并缩编为独立团，原团长毕占元调军委任参谋，由我代团长。”直到“一九三五年五月独立团奉命解散，暂留三军团学习”。那么，在这 8 个月的艰苦、惨烈的征战中，父亲应该是红三军团所属的独立团团长。父亲随后写道：“一九三五年七月，派我到四师十一团三营任副营长。”在父亲填写的工作经历表格中，他在“1934 年 10 月”栏目中填写的是：“红军三军团独立团（由原独立师缩编而成，长征开始）代理团长”，并为此加了括注说明。这与他在自传中的记载相吻合。由此，可以推断父亲阮平（即阮金庭）在湘江战役中，担负的是红三军团独立团代团长的职务。红三军团独立团在湘江战役中，应该作为隶属三军团的独立团而没有编入第四、第五或第六师中。父亲在工作经历表格填写中，在“1935 年 7 月”，任“红三军团四师十一团三营（长征中）副营长”。这样看来，父亲所率独立团应该是在 1935 年 5 月解散的，而父亲则是当年的 7 月被“派”到“四师十一团三营任副营长”的。

长征结束时，中央恢复了红一师红三团建制，父亲开始与萧锋叔叔组成搭档，萧锋叔叔任政委，父亲先是任副团长，3 个月后，父亲接任团长，父亲的许多鲜为人知的故事，都是在萧锋叔叔《长征日记》的笔下得以记载并复活的，我们由此知道他们的战斗生活和革命友谊，知道了 1936 年 5 月 21 日周恩来副主席夜宿三团团部并为萧锋、阮平改名的原因和具体时间……非常感谢萧锋叔叔，没有他冒着战火硝烟不顾生死的真情记录，便没有《长征日记》《萧锋征战记》《十年百战亲历记》等珍贵文献著作的传世，这是为后辈们留下何等丰厚的精神财富啊！这是后辈们认知前辈们艰苦卓绝奋斗历史的真实写照，也是后辈研究先辈历史、继承光荣传统、传承红色基因的重要依据和精神食粮。

父亲在自传中写道：“长征途中，生活艰苦异于寻常，并且有时情况非常危急，有不少人开了小差。但是，我的革命意志是坚强的，当时唯恐负伤生病掉队以至脱离革命队伍，其原因，是经过党的教育培养，有一定的阶级觉悟，对阶级敌人非常仇恨，也认识到穷人想生存就只有革命。长征中给了我很大的锻炼，在后来的抗日战争、解放战争以至抗美援朝斗争中，遇到困难，一想起长征时期的情景，任何困难都没有了，感到容易克服了。”父亲说“一想起长征时期的情景，任何困难都没有了”。常想长征的艰苦，常讲长征的精神，这是父亲那一辈人在经常告诫并严格要求自己和后人的，这也是父辈们打下江山后的重要使命。过去，我们常听老前辈讲传统，在遇到困难时，就用“苦不苦，想想长征二万五；累不累，想想革命老前辈”来激励自己，从而敢于克服困难，迎接挑战。我们，作为红军老战士的子女，讲好父辈故事，传承红色基因，让父辈们打下的红色江山永固，更是我们义不容辞的神圣职责。

习近平总书记反复强调要求我们的党员干部要“不忘初心”，要求我们的各级党组织要“把红色资源利用好，把红色传统发扬好，把红色基因传承好”。这是我们党在新时期所面临的一个新问题，也是各级党的组织亟待解决的一个重要课题。传承红色基因不仅是党和国家的事，也是我们每个党员、每个干部、每个革命后代责无旁贷的使命任务。

湘　江　血

“湘江血·红军魂”这沉甸甸的六字主题，蕴含着许多无法用语言述说的情感，其内涵深刻，意蕴久远，引人沉思……

我对湘江战役的认识，最早是从一些老红军的回忆录中看到的，但是，印象并不深刻。父亲因为战争中积劳成疾，长期住院病休，加上我们年龄小和父亲去世比较早的原因，因此，我们并没有听到父亲讲过湘江之战等过去的事情，直到看到电视连续剧《血战湘江》的播出，看到了英勇无畏的红军战士，看到了惨烈悲壮的牺牲，看到了血染湘江，才知道了“三年不饮湘江水，十年不食湘江鱼”的原因，才对湘江战役有了铭心刻骨的认识。

血染的湘江，记载着先辈们为中国革命所作出的巨大牺牲，承载着中国共产党人为中华民族之崛起的坚定信念。这历史是鲜血写就的，这历史不能被忘记，更不该被忘记！革命导师列宁曾经说过，忘记过去，就意味着背叛。我们作为红二代、红三代，我们作为红军的后代、红色基因的传人，一定不要忘记父辈的初心，一定要敢于站到弘扬光荣革命传统的前列，敢于自觉担当传承红色基因的历史重任，继承革命前辈的遗志，当好红色江山的坚强卫士！当好红色基因的传承者！

血染的湘江，记载着后继者们踏着先辈足迹前行的每一步脚印，从湘江到长江再到鸭绿江，中国的革命历史进程，就是由这一步一步的历史脚印连接起来的，踏铁留痕，这脚印有曲折艰辛的，也有平坦舒适的，不论流逝的江水怎样冲刷，这些鲜红的脚印已经铸就，已经镌刻在历史长河中了。也许有的脚印不够清晰，也许曾被泥沙遮掩似曾缺失，但是，那脚印仍在。

历史是无情的，她不会因为某些人的刻意遮掩淡忘而改变，她会妥善保真，一旦清流荡涤，泥沙散尽，历史的本来面目就会还原，不容半点污损篡改。湘江如是，湘江血、红军魂公祭如是。

历史是有情的，她不会因为某些时段山洪裹挟浑浊而断流，她会包容一切，允许泥沙聚下，顺应潮流，大浪淘沙，一时的浊流泥沙，不损大江本色。湘江如是，湘江血、红军魂公祭如是。

遥敬三杯酒，祭我五万兵。湘江水不断，红军魂永生。

我　辈

湘江源长，红军情深。我辈今天有幸沿着父辈的足迹来到全州参加“湘江血·红军魂”祭奠活动，非常感谢全州县委县政府，是你们以敏锐的政治眼光和果敢的使命担当，把弘扬湘江战役精神、传承红色基因奉为己任，为研究红色文化和传承光荣传统提供了良好的政治平台；感谢湘江战役精神研究会，是你们始终不忘历史，并且充分利用“湘江战役”全州主战场的人文地理优势，把“湘江战役”精神发掘出来、传承下去，研究成果显著，其功至伟，令我感动。我辈有志者如此，先辈在天之灵定会感到欣慰。

我，作为红七军老战士的女儿，作为红色基因的传承者，参加这样严肃的主题活动，倍感肩负的担子责任重大。对我们全州如何在已经取得的成绩基础上，进一步做好弘扬湘江战役精神、传承红色基因工作，我有以下几点想法，不一定准确，作为一家之言，仅供领导和同志们参考。这想法概括起来就是四个字：“谋、做、多、恒”。

谋，就是要对“湘江战役研究”工作进行整体谋划，搞好顶层设计，不妨列两个五年规划，分轻重缓急，明确各阶段规划的主题与目标，既要全面铺开，考虑周全，不要有遗漏；又要有所侧重，不能眉毛胡子一把抓，每个阶段要有每个阶段的重点。俗话说“谋事在人，成事在天”，如今党和国家的大政方针政策明了，成事之“天”时业已具备，剩下的，就是我辈如何之“谋”啦，非谋不可以成大事，所以，我把“谋”列在首位。

做。就是要按照“湘江战役研究”谋划的整体布局，扎扎实实地去做、去落实。特别是在珍贵的史实资料的收集与整理上，更要优先组织力量去做抢救性的工作：一要突击采访亲历过湘江战役者及其子女与知情者，从他们那里抢救性地获取第一手的湘江战役史料，因为在世的亲历者人数不多，且均已是耄耋之年，就是亲历者的子女也都步入老年，如不抓紧时间采访收集，就可能成为不可弥补的永久遗憾；二要组织力量或发动群众多渠道征集一些资料。如从国共、中外的解密文献，记载湘江战役回忆录，有关湘江战役的图文珍藏、新闻报道、相关故事等书报刊物等史料中发掘，收集整理、甄别还原历史真相；三要通过有计划地组织湘江战役的祭奠凭吊、论坛研讨等多种形式活动，传承湘江战役精神。总之，各路人马，依计而行，脚踏实地，稳步前行，定会实现预定目标。

多。就是围绕弘扬湘江战役精神的主题活动要多，不要单调，不要搞清一色的研讨会、征文评比等，要形式多样。既有研讨会、论坛、征文结集；也有诗歌、美术、摄影、书法、绘画、歌曲、舞蹈等活动大赛；既有官方组织的，也有民间社团筹办的；既有本省本地的活动，也有全国的国际的活动；既有新媒体形式的，也有传统风格的；既有二维平面的，也有三维立体的；既有人文景观，也有自然景点；既有电视、网络、多媒体、微电影、微视频、美篇、抖音、动画，也有报刊、杂志、海报宣传；景点多、样式多、活动多，官方和民间组织的活动可交替进行，不同类型的活动可穿插进行。以多带面，以多造势，在全州形成以弘扬湘江战役精神为主流的大势与大氛围，把全州打造成全国传承红色基因的重要基地和先进典范。

恒。就是把弘扬湘江战役精神持之以恒地传承下去，不能一阵风，也不能走过场、搞形式主义，而是凝聚在血液、贮藏于灵魂之中。我真诚地希望生在全州、长在全州、工作在全州以及到过全州的每一个人，只要是到了全州，就能强烈地感受到这片土地和这片土地上的人们对湘江战役的刻骨铭心记忆；就能深刻感受到全州的土地和全州的人民由内心散发出来的这种精神风貌。无须言说，让人们一看就可以深信：湘江血，已经染透了这片土地；红军魂，已经深深地植根于这里的人们，“英勇战斗、不怕牺牲、敢于突破”的湘江战役精神，已经镕铸在全州并成为全州的精神名片。

作为我辈，何止在全州提倡“谋、做、多、恒”，而应在所有有红色基因的地方都要这样做。这样，我们的红色基因才能得到永久的传承，先辈们用生命和鲜血打下来的红色江山才能永不变色代代相传。

安而不忘危，存而不忘亡，治而不忘乱，承而不忘传。用习近平总书记勉励红军小学学生的话来讲，就是要用实际行动把红色基因一代代传下去，做对国家、对人民、对社会有用的人。

（阮英利，红军后人）

血战湘江赋

公元 2019 年 4 月，岁次己亥，序属清明，时值“湘江战役八十五周年暨新中国成立七十华诞”。社会各界，云集湘江，祭奠英烈。吾辈后人，追思先贤，深切缅怀。词曰：

潇潇清明，断魂雨纷，滔滔湘江，烟波浩荡。
悠悠岁月，无尽长河，茫茫生死，天地神伤。
忆思当年，煌煌帝国，满目疮痍，苦难沧桑。
十月革命，红船主张，国共合作，大潮滂滂。
南昌首义，军旗飘扬，秋收暴动，霹雳八荒。
工农割据，解民倒悬，井冈会师，凯歌飞扬。
左倾冒险，自毁城墙，五反围剿，精元俱伤。
铁桶合围，黑云压城，铁血突围，万里征长。
赣南于都，重兵集结，军民一体，过海瞒天。
殚精竭虑，节衣缩食，扩红支前，奋勇争先。
生死战友，天各一方，恐此永诀，黯然神伤。
南方游击，万千困苦，烈士忠魂，血沃南疆。
昔日热土，满目凄惶，十送红军，百转愁肠。
热泪纵横，仰天无语，山高水远，何日还乡？
倭寇肆虐，华夏祸殃，抗日红军，慨赴国殇。
八万铁骑，红流滚滚，神威抖擞，壮志昂扬。
一破封锁，统战高谋；二破封锁，挺进南湘。
三破封锁，三路西进；四破封锁，血战湘江。
教条作祟，贻累三军，万千辎重，人拉肩扛。
大军压境，滥炸狂轰，追歼围堵，气焰嚣狂。

万马嘶鸣，地动山摇，将士用命，气啸轩黄。
烈焰赤水，江天一色，红旗漫卷，蹈火赴汤。
一三军团，首战新圩，主帅临危，慑敌魄胆。
生死渡口，存亡之道，抢占界首，血溅光华。
血肉浮桥，血火锻造，千军所系，屹立大江。
刀光剑影，日月无光，弥天血雾，吞没战场。
少共国际，右翼雄师，监敌南进，护卫中央。
万千儿郎，血洒沙场，前仆后继，淬火成钢。
脚山恶战，重兵搏杀，层层设阻，迟滞敌顽。
红一军团，生死鏖战，大坪渡口，强涉渡江。
红五军团，文塘激战，绝命后卫，铁血担当。
尽师殒命，树湘断肠，惊天撼地，无上荣光。
凤凰渡江，雨弹林枪，五九军团，壮士不还。
红八殿后，冒死驰援，建制打光，凤凰涅槃。
五日血战，鼓角震天，万千将士，浮首沉江。
山河失色，鬼神却步，战旗军魂，血浴华章。
碧绿湘江，殷赤奔淌，中华魂魄，万古泱泱。
三年不饮，十载莫食，呜呼哀哉，湘江湘江。
生死血战，惨烈空前，痛定思痛，痛不可当。
民族国运，责任比天，伟人力挽，惊涛狂澜。
跳出陷阱，奔袭黔贵，逆天换日，重塑纲常。
遵义娄山，漫道雄关，海阔天空，乾坤朗朗。
胜利会师，奠基陕北，赤焰飘带，辉耀穹苍。
革命理想，亘古齐天，长征精神，地老天荒。
八十五载，弹指挥间，万貌新颜，巨变沧桑。
大国新生，七十华诞，高歌猛进，国运盛昌。
九州振兴，足慰先烈，热血沃土，血花怒放。
苦难殷鉴，刺股悬梁，卧薪尝胆，忧思不忘。

丝路文明，勃勃复兴，与结同心，天下大同。
人类命运，共为一体，世界潮流，浩浩汤汤。
初心使命，众志成城，励精图治，圆梦共襄。
和平正义，照耀人寰，巨擘擎天，彩旗飞扬。
抚今追昔，情思难忘，感念先贤，鼎定八方。
昭昭青史，忠魂义魄，滚滚湘江，永世流芳。
泣血祭拜，铭心刻骨，英灵不朽，万古祭场。
无尽思念，化作江水，浩浩湘江，天地共长。
悲哉湘江，壮哉湘江，呜呼先辈，威仪堂堂。
佑我华夏，永享安康，山河同在，日月辉煌。

红军后代湘江战役清明祭奠团

2019年4月3日　湘江之滨

祭奠团成员：

朱德、彭德怀、张云逸、黄克诚、伍修权、陈士榘、邓华、萧锋、阮平、曹玉成、葛接调等革命后代——刘武、徐克敏、彭宇、张胜华、张晓龙、黄煦、张小娴、伍一曼、陈人康、邓欣、萧南溪、阮桂恩、阮武英、阮英利、阮英才、曹银环、张根帻、葛江洋、刘战、萧江、胡山等。

后　记

青山处处埋忠骨，一草一木一英魂，一山一石一丰碑。当年中国共产党领导的红军，血战湘江，杀出了一条血路，最终取得了红军长征的胜利，成立了新中国，进而开创、坚持和发展了中国特色社会主义。一切向前走，都不能忘记走过的路；走得再远、走到再光辉的未来，也不能忘记走过的过去。

在庆祝中国共产党成立100周年的重大时刻和“两个一百年”奋斗目标历史交汇的关键节点，我们撰文并出版本书，是学习贯彻习近平总书记关于发扬红色传统、传承红色基因、赓续共产党人精神血脉重要论述和关于湘江战役重要指示精神，学史明理、学史增信、学史崇德、学史力行，学党史、悟思想、办实事、开新局的积极探索，是以担当的行动向中国共产党成立100周年暨湘江战役87周年献礼！

本书得以出版，是各级党委政府及其宣传、党校、党史、文化、旅游、教育、民政等部门高度重视的结果，是多位专家学者、红军后人精心研究的结果，得到了广西壮族自治区党委宣传部课题、广西马克思主义理论研究与建设基地项目（运用湘江战役红色资源开展爱国主义教育研究）、桂林市委宣传部湘江战役研究课题和2021年度广西社会科学界智库重点课题（运用广西红色资源开展党史学习教育）支持，也得到了中共中央党校出版社的大力支持。

由于时间仓促，难免有错漏，期盼广大读者批评指正。

80 多年前，红军向死而生，一往无前，突破封锁，杀出一条血路，功勋卓著；

80 多年来，后人追思缅怀，持续奋斗，薪火相传，开创事业新篇，前景光明！